Jürgen Föhr

FRÜHSTÜCK MIT DELFINEN

13 Monate - 7 Länder - 5500 Seemeilen

Segeln zwischen den Kanarischen Inseln und Schottland

Bennele Verlag GmbH

Besuchen Sie uns im Internet

www.Bennele.de

© Bennele Verlag GmbH, Bad Neuenahr-Ahrweiler

Alle Rechte vorbehalten. Ohne Gebehmigung des Verlages, darf das Werk, auch Teile daraus, weder kopiert, übertragen oder reproduziert werden.

Fotos: Beate und Jürgen Föhr
Umschlag: Bennele Verlag
Druck und Bucheinband: CPI books GmbH, Leck

Überarbeitete Neuauflage 2011

Printed in Germany

ISBN 978-3-939279-02-0

Für die wundervollen Menschen, die unsere Reise bereicherten und so erlebnisreich machten.

INHALT

Prolog 9

Holland-Belgien-Frankreich 13
Ijsselmeer - wechselhafte Nordsee - Vive La France - Rauschefahrt

England 24
Einen Bourbon zur Anmeldung - Hektik vor Portsmouth - Traumcrew in Yarmouth - ein englischer Klassiker - die teuerste Marina Englands - very British

Biskaya 43
Traumhaft - gespenstig - stressig - Hurra, Spanien

Spanien 49
Mittelalter in La Coruña - Feuerwerk - ehrgeizige Fischer in Camarinas - wunderschöne Rias - Idylle vor Islas Cies - gelebter Traum

Portugal 60
Mysteriöser Kutter - historisches Porto - lebhaftes Lissabon - touristische Algarve

Portugal – Kanaren 80
Ruhiger Beginn - Sternschnuppen und ›Robert‹ - Träume in Blau - Selbststeuerung einmal anders - umfangreiche Segelgarderobe - Land in Sicht

Lanzarote 89
Ein Hundeleben - seriöse Briten, französische Spaßvögel - Wasser im Boot - Leinen im Propeller - Cocktailparty - Fischfang und Neptuns Rache

Fuerteventura 106
Der Manager von Castillo - Massentourismus - stürmisches Wochenende - ein makaberer Scherz

Gran Canaria 112
Rauschefahrt - Computer und Segeln - hochsommerliche Vorweihnachtszeit - ein gefährliches Stadtgebiet

Teneriffa 120
Anstrengendes Seglerleben - mit Salsa-Rhythmen ins neue Jahr - Traumtörn - Inselerkundung - Donald Duck

Gomera 129
Idyllischer Hafen - Wandern - Letzte Hippies in Valle Gran Rey - Kinder und Segeln - Naturschauspiele

Teneriffa 143
Dieselblues und Salsa - Karneval und Feuerwerk - Toni und Teenager - Wind und Wellen

Lanzarote 156
Kreis geschlossen - Aufschrei der Bordkasse - Juan und der Dieb

Isla Graciosa 160
Zieh die Schuhe aus - Träume und Karneval

Madeira 162
Beschaulicher Törn - Marina im Abseits - prächtiges Funchal - Nobelhotel und Bergdorf - Levada Wanderung - Sturmzeit

Porto Santo 175
Blaue Symphonie - noch ein Sturm

Porto Santo - Portugal 178
Muntere Crew - flottes Boot - rollendes Boot - No Scotch, No Bourbon, No beer - Verwirrung vor Lissabon

Portugal 184
Skippers Philosophie - Dieselfontäne oder wie versenkt man ein Boot - der portugiesische Norder - männliche Urinstinkte - zurück in Galicien

Spanien 197
Endlich Spanien – schnelle Reise – ein Glas auf La Coruña

Spanien – Irland 200
Super Start - Action mit Großsegel - Jazz- oder Bastelkeller - Irische See - im Mast

Irland 206
Zweite Biskayaüberquerung - irische Gastlichkeit - Spurt in Dublin - Feuerschiff - Feststimmung

Schottland 218
Mull of Kintyre - beschaulicher Crinan-Canal - Whirlpools - Filmkulissen - Traumziel Caledonian-Canal - Steinkreis und Whisky

Nordsee 241
Kurze Nächte - Firth of Forth - kurzweiliges Edinburgh - musikalisches Glasgow - Pipers in Eyemouth

Rolling Home 254
Traumhafte Törns - Möwen lieben James Cook - Nordsee Wahrzeichen - Sternschnuppe und Taube

Epilog 263

Segelyacht Athene 266

Die Reiseroute 268

Glossar 270

Prolog

Die Luft ist klar, der tiefblaue Himmel scheint zum Greifen nah. Im Westen steht die Sonne als glühender Ball tief über dem Horizont, der eine scharfe, leicht gebogene Linie zeichnet. Die Atmosphäre über mir ist in rotes Licht getaucht, das immer intensiver wird, je näher der Blick zur Sonne schweift. Der Wind füllt die vollgesetzten Segel und schiebt unser Boot dem Horizont entgegen. Die Luft ist warm, eine Wohltat, sie auf der Haut zu spüren. Langsam hebt und senkt sich der Bug in der See, immer im gleichen Rhythmus, ein Zustand der Harmonie zwischen Meer und dem, was der Mensch erschuf. Ich spüre diesen Einklang und fühle mich glücklich.

Am Bug bilden sich kleine Wellen, weißer Schaum strömt am Rumpf vorbei und zischt wie Champagner. Langsam gleiten wir aufs Meer hinaus, die Sonne berührt gerade den Horizont, die Farben sind so grell, dass es schmerzt, hinein zu sehen. Von Nordwest läuft eine leichte Dünung über den Atlantik; zusammen mit der untergehenden Sonne entstehen fortwährend neue Farbenspiele. Auf meinen Lippen schmecke ich Salz, ja, ich rieche die salzige Luft des Meeres und genieße jeden Atemzug.

Die Sonne ist nun untergegangen. Hoch in der Atmosphäre leuchtet noch ihr warmes Licht, im Osten sind bereits die ersten Sterne zu sehen, eine wunderschöne sternenklare Nacht beginnt. Unser Ziel ist La Coruña in Nordspanien, wir befinden uns in der Biskaya und unternehmen heute die erste Nachtfahrt in unserem jungen Seglerleben.

Einmal aus dem täglichen Einerlei auszubrechen, weg von der Arbeit, der Hektik im Alltag, dem Mechanismus, in den wir eingebunden sind; für eine Weile Abstand gewinnen. Und da gab es einen Traum, die Sehnsucht nach fernen Ländern und Inseln.

Wie gerne hätten wir im Sommerurlaub den Bug unseres Bootes Richtung Sonnenuntergang gesteuert, nachgeschaut, was hinter dem Horizont liegt ...

Ein Nachmittag im Herbst 1998, das Telefon klingelt, Beate spricht mit aufgeregter Stimme: »Eben habe ich erfahren, dass ich ein Sabbatjahr nehmen kann, der Antrag ist reine Formsache.« Ein Satz, der unser Leben verändern wird.

Über einen Makler kaufen wir unser Boot, eine Cumulant 38F, ein solides, neun Jahre altes Stahlboot aus der bekannten holländischen Werft Harlinger Yachtbau. Die Yacht absolvierte bereits eine Langfahrt, ist behaglich eingerichtet und hat für zwei Leute die richtige Größe. Die notwendigen Reparaturen und Ergänzungen entpuppen sich bald als nicht nur finanziell umfangreicher als gedacht. Dennoch sind sie kein Problem; endlich haben wir ein Boot, das uns gefällt, haben genug Zeit, es segeln zu lernen und in den Zustand zu bringen, den wir uns vorstellen.

Über Jahre lasen wir viel Segelliteratur, sprachen mit erfahrenen Langstreckenseglern. Im Ergebnis bildete sich eine genaue Vorstellung unserer Reiseziele. Die Südküste Englands mit vielen bekannten Städten und Plätzen war schon immer Wunschziel, die wunderschönen Rias in Galicien, das historische Portugal mit der warmen Algarve. Den Winter auf den Kanaren zu verbringen, davon konnten wir mit offenen Augen träumen, speziell während der regenkalten Jahreszeit in Deutschland. Irland und Schottland, grandiose Landschaften in unberührter Natur, weit weg vom Massentourismus - auch diese Länder interessierten uns.

Ein wichtiger Aspekt ist, keinesfalls unter Zeitdruck zu segeln, hinein in den Ort, Postkarte und T-Shirt kaufen und weitersegeln kann nicht Sinn der Sache sein. Termine bestimmen unser ganzes Leben, im Sabbatjahr soll nur das Wetter Zeitabläufe bestimmen. Ein nicht zu unterschätzender Vorteil: Unsere Reise führt, England ausgenommen, durch einen Währungsraum.

Unterwegs lernten wir Segler im Ruhestand kennen, die körperlich augenscheinlich fit waren. Häufig sagten sie uns, rückblickend fänden sie es besser, wenn die Möglichkeit besteht, bereits in jüngeren Jahren eine berufliche Auszeit zu nehmen, eine Pause mitten im Leben. Man ist noch jung und fit, um eine Segelyacht ohne Probleme zu zweit zu segeln. Wer weiß, ob es in 10 oder 20 Jahren noch möglich ist? Später im Alter ist man gemächlicher; vielleicht lässt auch die Gesundheit eine solche Reise nicht mehr zu. Aber das Entscheidende ist, so hörten wir immer wieder, ihr lebt einen Traum, den nimmt euch niemand weg. Die Energie, die ihr daraus beziehen werdet, ist viel wert, eure Köpfe sind frei, ihr macht etwas anderes, während viele Menschen nie aus dem Einerlei herauskommen und das Leben vielleicht pessimistisch betrachten. Ihr befreit euch davon.

Holland-Belgien-Frankreich

Juli 2002

Ijsselmeer - wechselhafte Nordsee - Vive La France - Rauschefahrt

Südwestliche Winde treiben dunkle Regenwolken vor sich her, wie wachsame Hirtenhunde die ihnen anvertrauten Schafe. Leichter Regen fällt, für Anfang Juli ist es kühl in Holland. Am Bug bereitet Beate die Leinen zum Ablegen vor, sie trägt ihre wärmste Segelkleidung. Segeln unter blauem Himmel, in blauem warmem Wasser, nur in Shorts und T-Shirt gekleidet, wird für heute ein Traum bleiben. Aber es ist ein Traum, für den wir jetzt ablegen, der nun Wirklichkeit werden soll.

Ein Stegnachbar steht im Cockpit seines Bootes und schaut uns interessiert zu, wie wir nach und nach alle Leinen lösen und aufs Deck legen. Er zögert nicht lange, kommt herüber und bietet Hilfe an:»Wohin soll es denn gehen?« Wahrscheinlich denkt er, wie verrückt doch manche Leute sind, bei diesem Wetter loszufahren, man sollte besser mit einer heißen Tasse Kaffee im Boot sitzen und ein Buch lesen. Beate, die eben kniend eine Leine von der Bugklampe löst, richtet sich auf; sie hörte ihn nicht kommen. Etwas irritiert antwortet sie:»Ja, äh, zu den Kanarischen Inseln«. Die Antwort überrascht ihn sichtlich. Ist das nun eine ironische Anspielung auf das Wetter oder die Wahrheit?»Zu den Kanaren? Oh, na dann gute Reise«.

Seit dem Frühjahr laufen unsere Vorbereitungen auf Hochtouren. Letztes notwendiges Zubehör kaufen und das Boot zu Wasser bringen. Das Auto ist abgemeldet, die Post zu Freunden umgeleitet, die Wohnung unter Aufsicht. Ein Segler sagte uns vor einigen Jahren, das Schwierigste an der Langfahrt sei abzulegen. Es gebe so viele Gründe, warum man nicht starten kann. Dieser Satz ist für uns heute besser zu verstehen. Irgendwann erreicht man tatsächlich einen Punkt, an dem man sich fragt: Ist das wirklich eine gute Idee, ein Jahr segeln? Von Familie und Freunden verabschiedeten wir uns auf einer gut besuchten Party, die wir passend zum Anlass ins örtliche Freibad legten. Alle fanden es toll, den Mut zu haben, mitten im Leben eine berufliche Auszeit zu nehmen, einen Traum zu leben und nicht nur davon zu sprechen. In Gedanken werden sicherlich viele mit uns segeln. Jedenfalls gab es reichlich ›Handbreit Wasser unter dem Kiel‹ und ›Mast- und Schotbruch‹ Wünsche. Eigentlich sollte nichts mehr schief gehen.

Die Fahrt führt unter Motor durch den Kanal Makkumer Diep, die Verbindung zum Ijsselmeer. Beate hat inzwischen alle Leinen und Fender verstaut und sich im Cockpit einen geschützten Platz gesucht. Am Ruder stehend schaue ich gedankenverloren über den Bug voraus; die ersten Fahrwassertonnen des Ijsselmeers sind im Dunst zu sehen.

Unser erstes Segelerlebnis begann vor sieben Jahren an diesen Tonnen. Im Januar besuchten wir die Bootsmesse in Düsseldorf, sahen die vielen schönen Segelyachten und beschlossen spontan: Wir möchten auch segeln. Nur, wie lernen? Für die übliche Segelkarriere, von der Jolle bis zur Yacht, hatten wir keine Lust und auch keine Zeit. Mit Motorbooten verfügten wir über einige Erfahrung auf Binnengewässern in Irland und Holland. Mit einem Vercharterer in Makkum klärten wir unser Anliegen ab: »Das ist kein Problem. Wir können einen Skipper besorgen, der dann für einige Tage an Bord ist und die wichtigsten Manöver erklärt«, ließ uns die Firmeninhaberin mit einem gewinnenden Lächeln wissen. »Uns ist es lieber, jemand sagt, er kann nicht segeln, als wenn er Erfahrung vortäuscht, sich gefährdet und unter Umständen das Boot beschädigt.«

Vier Monate später übernahmen wir in Makkum die Charteryacht, eine Comfortina 32, und trafen unseren Skipper mit seiner Frau. Den Abend verbrachten wir in einem gemütlichen Restaurant, lernten einander kennen und hörten uns begeistert die Geschichten aus deren Segelleben an. Wir hatten das Gefühl, die richtige Entscheidung getroffen zu haben; Segeln, das ist es, und die beiden sind die idealen Lehrer.

Der nächste Tag brach an; wir konnten den ersehnten Moment kaum erwarten. Im Kanal Makkumer Diep prüfte unser Skipper die Windrichtung und rollte das Vorsegel aus. Eigentlich hatten wir ein tolles Manöver erwartet, aber nein, einmal kräftig an einer Leine gezogen, das Ende um eine Winde gewickelt, Motor aus, und schon segelten wir. Das Gute an unserem Skipper war, an seinem Gesicht konnte man leicht den Grad seiner Zufriedenheit ablesen. Er lächelte, die Segelführung schien richtig zu sein. Schnell näherten wir uns der Tonnenreihe.

»Zu den Tonnen muss ich ja nichts weiter sagen«, begann er zu dozieren, »die grünen bleiben an Backbord, die roten an Steuerbord.« Eine kleine Gedankenpause. »Eigentlich sollte man immer zwischen den Tonnen bleiben, dafür sind sie ja ausgelegt. Ich kenne das Ijsselmeer ein wenig. Man kann zwischen den ersten beiden hindurchfahren, es ist dort tief genug.«

Der Mann strahlte Zuversicht aus, eine kleine Abkürzung, warum auch nicht? Die besagte Stelle war erreicht, er legte Ruder, das Boot folgte willig. Den Kurs kaum geändert, ging ein kurzer Ruck durch die Segelyacht, der Bug senkte sich leicht, die Crew suchte nach einer Möglichkeit sich festzuhalten, dann war der Spuk vorbei, das Boot saß fest. Unser Revierkenner fuhr zwischen die falschen Tonnen. Mit Motorkraft kam das Boot frei. Die folgenden drei Tage wurde dann streng nach Karte navigiert. Ich denke, das ist keine Überraschung.

»Erinnerst du dich an diese Tonnenreihe, als unser Skipper falsch abbog und die Comfortina auf Grund fuhr?«, frage ich Beate.

»Klar, das habe ich nie vergessen.« Sie macht eine kleine Gedankenpause. »Du weißt, mit 1,9 m Tiefgang können wir nicht schneiden. Fahr schön die Tonnenlinie entlang, ich habe es nicht eilig. Wir haben ein Jahr Zeit. Ist das nicht toll? Ich kann es nicht glauben, dass wir nun in unser Sabbatjahr starten. Unser Jahr.«

Die Segel sind gesetzt, der Kurs liegt an, allmählich verschwindet Makkum im Regen achteraus. Über das Ijsselmeer segeln wir zur Seeschleuse Den Oever, die uns die Tore zur Nordsee öffnen wird. Nach Passieren folgt das betonnte Fahrwasser durchs Watt. Das Wasser ist schmutzig braun. Zu unserer Überraschung schwimmt ein Seehund neben dem Boot, dreht sich herum und sieht uns mit seinen dunklen Augen an. Eine schöne Begegnung.

Im Marinehafen in Den Helder legen wir an; der Start ist geglückt. Am nächsten Morgen regnet es immer noch in Strömen. Auf einem Nachbarboot steht ein Segler im Cockpit seines Bootes, der Gesichtsausdruck kommentiert das Wetter ohne Worte. Auch uns beeindruckt der Regen, Hafentag. Später bricht die Sonne durch, dazu guter Westwind, ideale Bedingungen zum Weitersegeln, wir zögern und bleiben. Ausspannen.

Am frühen Nachmittag läuft eine amerikanische Yacht ein, die Crew schaut suchend umher. Die Hafenmeisterin weist ihnen einen Liegeplatz in unserer Nähe zu, wir kommen ins Gespräch.

Matt und Dottie nutzten vor zwei Jahren die Möglichkeit eines Sabbatjahres. Sie segelten ihre Yacht von Maine über Neufundland nach Europa und verlebten schließlich die meiste Zeit ihres Jahres in Frankreich. Das Boot stand dort im Winterlager. Jetzt verbringen sie darauf ihre Urlaube, verbunden mit dem Wunsch, weitere europäische Länder kennen zu lernen. Die beiden sind Professoren an einer

kalifornischen Universität; ihr Leben verlief bisher geradlinig.
»Das Sabbatical hat uns verändert, wir glauben nicht mehr so richtig an die Dinge, die wir vorher gemacht haben«, sagt Dottie, »es gibt noch viel mehr im Leben zu erfahren. Besonders Matt hat diese Gedanken«.

Hört sich gut an, denke ich, mal sehen, wie sich unser Leben und unsere Lebenseinstellung ändern werden. Änderungswünsche sind vorhanden. Abends lädt Matt uns zu einem Glas Wein ein. Mit Freude nehmen wir die Einladung an, eine andere Yacht zu sehen ist immer klasse, eine amerikanische aus Mangel an Gelegenheit erst recht.

VERITAS ist eine ehemalige Rennyacht, die die beiden mit ihren 10 und 15 Jahre alten Söhnen segeln. Die Fahrt von Neufundland bis Irland dauerte nur zwei Wochen.

Ijmuiden

Das haben wir prima überlegt. Gestern idealer Wind, heute weht es mit 4-5 Bft aus Südwest, ungefähr von dort, wo unser Ziel liegt. Wir legen trotzdem ab.

Möchte der Segler unbedingt gegen den Wind reisen, spricht er von ›Aufkreuzen‹. Jede Richtung, die er dann segelt, ist ein ›Schlag‹.

Mehr als zehn dieser Kreuzschläge sind notwendig, bis endlich die wenigen Meilen des engen Fahrwassers Schulpengatt achteraus liegen. Die Wellenhöhe ist mit durchschnittlich 1.5 m bestimmt nicht hoch, jedoch überlagern sich manchmal die Fluten zu deutlich höheren Wellen. Hat man Glück, geschieht das Gegenteil: ein Wellenberg läuft in ein Wellental, füllt es auf und die See ist glatt. Hin und wieder kracht der Bug tief in die See, sogar unser schweres Stahlschiff zittert, viel Wasser rauscht über das Deck. Einmal spritzt eine gewaltige Dusche weit über das Boot, dringt durch alle Öffnungen und findet über den offenen Niedergang (Treppe) den Weg ins Innere. Wir haben verstanden, das nächste Mal

werden unter diesen Bedingungen alle Luken verschlossen.
    Der Törn wird mit jeder Stunde mühseliger, das Aufkreuzen und Dichtholen der Schoten fällt mir zunehmend schwer, es fehlt die nötige Kondition für die kräftezehrende Arbeit an den Winschen. Wollten wir nicht gemütlich anfangen? Von ATHENE als Muckibude war nie die Rede. Sollte die weitere Reise ebenso verlaufen, werde ich mit Oberarmen zurückkehren, die Popeye in nichts nachstehen.
    Vor der Hafeneinfahrt beginnt es heftig zu regnen, die Sicht beträgt vielleicht zweihundert Meter. In solchen Schauern legt üblicherweise der Wind zu, ganz nach Lehrbuch auch jetzt. Glücklicherweise ist ATHENE das einzige Boot weit und breit; die Sorge des Ausweichens und weiterer Segelmanöver ist genommen. Die Einfahrt Ijmuiden ist für Großschifffahrt gebaut. Mit dichten Schoten segeln wir in den großen Vorhafen, in der Seaport Marina endet der Törn. Sehr erschöpft, aber zufrieden fällt die Crew bald in die Kojen.
    Das schlimmste an Salzwasser ist: alles an Deck ist klebrig, egal, was man anfasst. Und die Kombination aus Stahl und Seewasser ist auch nicht immer sehr glücklich, wie wir am nächsten Tag im Hafen sehen. Für die ganz Unbedarften: das bedeutet kleine Rostblasen am Rumpf, des Skippers Feind!

Scheveningen

Ein gemütlicher Törn zwei Tage später. Der Wind drehte über Nacht zu unseren Gunsten, später schläft er vor Erschöpfung ein und der Motor, unser eisernes Segel tief unten im Boot, bringt uns nach Scheveningen. Im Hafen herrscht rege Betriebsamkeit, Boote laufen ein oder legen ab. Die einlaufenden sind letztlich in der Mehrheit, so dauert es nicht lange und der Hafen ist voll.
    Wieder verbringen wir einige Tage in der geschützten Marina; auf der Nordsee weht Wind der Stärke 5-6 Bft aus Südwest. Ich denke, Sie wissen bereits, worauf ich hinaus

möchte: In 65 sm Entfernung liegt unser nächstes Ziel.

Wir nutzen die Zeit zur Erledigung einiger Restarbeiten an Bord, aber was noch wichtiger ist, wir leben uns ein. Auch wenn unser Boot nicht klein ist, so ist es im Vergleich zu einer Wohnung doch sehr eng. Steht einer von uns in der Vorschiffskabine, der andere mittschiffs, ist es nicht möglich, aneinander vorbeizugehen, ohne dass einer ausweichen muss. Die Crew mag sich; manchmal dauern diese Begegnungen daher ein wenig länger, ein Vorteil des engen Bootes.

Direkt am Hafen gibt es einen Schiffsausrüster, der außergewöhnlich gut sortiert ist. Dort kaufen wir die fehlenden Seekarten für die englische Küste und einige Ersatzteile.

Scheveningen ist ein sehr touristischer Ort, speziell entlang der Uferpromenade. Alles, was irgendwie mit Amüsements zu tun hat, ist dort angesiedelt. Jugendliche fahren mit Autos die Uferstraße entlang, aus denen entweder lautstarke Discomusik dröhnt, oder sie protzen mit Fahrmanövern, die quietschende Reifen verursachen. Wir verlassen bald die fürchterliche Straße und wenden uns der Innenstadt zu, aber da ist nicht viel Interessantes zu sehen.

Mittlerweile liegen im Hafen die Yachten dicht gedrängt, jeder sucht Schutz vor den starken Winden und wartet auf eine Gelegenheit weiterzusegeln. Man spricht miteinander, tauscht Erfahrungen aus, lernt andere Menschen kennen. Ein Aspekt des Segelns, der uns schon immer sehr wichtig war, Gespräche mit Gleichgesinnten, Gedanken austauschen. Die Verständigung mit holländischen Seglern ist einfach. Abgesehen davon, das viele sehr gut deutsch oder englisch sprechen, kommen wir auf dem Steg mit ›daag‹, ›hoi‹, ›prima‹ und ›bedankt‹ schon sehr weit.

Im Cockpit sitzend schaue ich mich gedankenverloren um, fühle, wie langsam innere Ruhe einkehrt und wir entspannen. Der erste ›Schritt‹ ist getan, an Bord kehrt Routine ein, wir lassen unser Zuhause und unsere Sorgen los.

Bald lenkt meine Nase die Gedanken in eine andere Richtung, es duftet verführerisch nach köstlichem Essen.

Die Düfte, die aus den Schiffskombüsen aufsteigen und durch die Marina wehen, sind ein fester Bestandteil der Hafenatmosphäre, sie gehören zum Segeln wie der Mast zum Boot. Hier Fisch à la Skipper Jan, dort nach Anna, Jupps Fleischgericht lässt uns sofort wieder hungrig werden. Eine Gemeinsamkeit scheint es zu geben: in keiner Küche fehlt Knoblauch.

Im Boot hinter uns schreit im Moment eine Katze (eine von dreien), auf dem Boot vor uns (acht Meter lang) leben drei Erwachsene und ein Jagdhund. Manche Hunde tragen eine Rettungsweste auf dem Rücken. Mir tun die Tiere leid; von artgerechter Haltung kann auf einem schwankenden Boot wahrlich keine Rede sein.

Blankenberge

Endlich ist das Wetter besser. Bis zur Hoek von Holland können wir noch segeln, dann ist der Wind weg und bleibt es bis Blankenberge in Belgien. Das bedeutet fast acht Stunden unter Motor fahren, aber wir kommen voran. Den Reisenden freut es, den Segler nicht so sehr.

Da es nichts Besonderes zu tun gibt, probieren wir unsere tollen Angelgerätschaften aus. Die Wahl fällt auf einen Köder, von dem der Verkäufer sagte, der geht immer. Er vergaß wohl, das den Fischen zu erzählen. Der einzige Fang ist Seegras. Vom Fischfang billig leben, daraus wird nichts.

Beim Passieren von Zeebrügge setzt Regen ein, Beate verholt klugerweise ins Boot und beginnt, noch schlauer, zu kochen. Kurz vor Blankenberge duftet es so toll aus der Kombüse, dass der hungrige Skipper spontan beschließt, das Ziel Oostende aufzugeben und nach Blankenberge abzudrehen, ganz im Sinne des Smutje. In der flachen Hafeneinfahrt steht die Tide noch hoch genug, um einzufahren. Der Hafenmeister ist sehr freundlich und hilfsbereit; wenn nicht das Wetter, so möchte er uns einen netten Empfang bereiten.

Ostende

Eigentlich sollte der heutige Törn nach Dünkirchen in Frankreich führen. Kaum haben wir den Hafen verlassen und Segel gesetzt, regnet es in Strömen, Wolken auf dem Wasser. Ostende Radio verliest einen Wetterbericht, der sogleich mit einer Starkwindwarnung beginnt. Die Sicht ist miserabel; selbst das Radar ist keine große Hilfe, das Bild durch den starken Regen sehr undeutlich. Zwei Stunden später ist Oostende erreicht, wir nehmen Kurs auf den Hafen und rufen die Port Control in Englisch an, sie antworten in Flämisch. Für einen internationalen Hafen ist das eine seltsame Reaktion. Ohne weiteren Anruf folgen wir einfach den anderen Booten. Später erzählt ein lokaler Segler, entgegen den Anweisungen der Revierführer ist es nicht üblich, über Funk um Einwilligung zu bitten.

So ganz unsinnig war die kurze Fahrt dann doch nicht. Ein holländischer Bootsnachbar gibt uns den Tipp, den englischen Kanal nicht von Calais nach Dover, sondern von Boulogne nach Eastbourne zu queren. Die Karten sind an Bord, der Vorschlag ist überzeugend, da wir so die Engstelle im Kanal um Dover mit den dortigen schwierigen Strömungsverhältnissen nicht passieren müssen. Prima! Bedankt!

Das Problem ist, alle sechs Stunden ändert der Strom die Richtung. Dünkirchen müssten wir mit ablaufendem Strom verlassen. Leider reicht die Zeit nicht aus, um in einer Tide nach Dover zu segeln, dazu ist unser Boot nicht schnell genug. Vor Dover würde uns für einige Stunden heftiger Gegenstrom erwarten, mit der Folge, dass wir sozusagen auf der Stelle segelten und das in einem Gebiet starken Schiffsverkehrs. Zwischen Boulogne und Eastborne ist die Wasserfläche größer, damit der Abstand zur Großschifffahrt und der Strom geringer.

Wir sehen uns Ostende an, schlendern die lange Uferstraße entlang, an deren Ende eine Pferderennbahn liegt. Drei Straßen weiter ist das Ladengeschäft eines Pferdemetzgers. Ein Schelm, wer dabei böses denkt.

Dünkirchen - Boulogne

Was für ein Törn! Die starke Strömung des englischen Kanals schiebt kräftig mit. Fünf Stunden später stehen wir vor der Hafeneinfahrt Dünkirchen, dürfen aber nicht hinein, die Ampel zeigt rot. Nach Passieren der Großschifffahrt leuchtet das grüne Licht, beim Yachtclub ›Le Vieux Cormoran‹ legen wir an. Vive la France, heute ist mit dem 14. Juli französischer Nationalfeiertag. Und endlich scheint die Sonne! Es ist sehr warm. So macht der kurze Rundgang durch Dünkirchen Spaß, auch wenn die Stadt keine besonderen Sehenswürdigkeiten hat.

Das Wetter unterstützt uns mit gutem Wind und Sonnenschein in der zweiten Woche unseres Segeljahres. Ein Hoch über Skandinavien schloss mit einem weiteren Hoch über Schottland eine windbringende Allianz: herrlicher Nordost der Stärke 4-5, genau das, was unsere ATHENE mag. Die Strömung voll nutzend, laufen wir gegen 06.45 Uhr aus, Kurs 240 Grad. Bereits vier Stunden später liegt Calais backbord querab. Unsere Kurse führen nun durch das türkisblaue Wasser des englischen Kanals, einem Seegebiet des Atlantiks. In der Ferne sind schemenhaft einige Fähren zu sehen, vereinzelt Frachtschiffe, im Dunst umzeichnen schattenhafte Linien die englische Küste.

An Bord steigt die Stimmung. Der Mitstrom erreicht jetzt seine volle Stärke, die Geschwindigkeit über Grund beträgt zehn Knoten. Das ist wie Autobahn fahren mit Sturm als Rückenwind. Am Horizont tauchen bereits die ersten Häuser von Boulogne auf. Rasch kommt die Hafeneinfahrt in Sichtweite, wird schnell größer; um 13.10 Uhr heißt uns der Hafenmeister willkommen. Die Marinagebäude scheinen erst kürzlich errichtet, die Anlage sieht neu aus. Auf den gelungenen Törn genehmigen wir uns ein Bierchen.

Was das Hafenwasser durch seinen sehr strengen ›Duft‹ bereits andeutete, scheint sich auch auf den ersten Blick zu bestätigen, die Stadt ist laut und schmutzig. Wir gehen in die Altstadt, spazieren auf der Stadtmauer und sehen uns die Kirche Notre Dame de Boulogne an. Zum Glück täuscht der anfängliche Eindruck. Die Altstadt gefällt uns sehr gut und bietet herrliche Motive für den Fotografen. Das französische Savoir-vivre erreicht auch uns, in einer Bäckerei kaufen wir frisches Baguette, köstlich.

Wir könnten einige unbeschwerte Tage in Boulogne verleben, aber das erwähnte Hoch ist stabil. Es wäre zu schade, die Gelegenheit idealer Ostwinde zu vergeben, die Gelegenheit, entspannt nach England zu segeln.

England

Juli - August 2002

Einen Bourbon zur Anmeldung - Hektik vor Portsmouth - Traumcrew in Yarmouth - ein englischer Klassiker - die teuerste Marina Englands - very British

»I think you like a Bourbon or a cup of tea first, before we do the registration«, begrüßt uns der Hafenmeister in Brighton. Willkommen in England.

Unsere Fahrt von Boulogne zur britischen Südküste ist anfangs fantastisches Segeln; bei gutem Nordostwind und Sonnenschein rauschen wir über drei Stunden Richtung West. Aus dem Rauschen wird mit nachlassendem Wind sanftes Gleiten und schließlich Dümpeln in ruhiger See. Wann schläft der Wind gerne ein? Ein ungeschriebenes Gesetz sagt, dann, wenn man ausweichen muss. Bisher sind wir keinem Frachtschiff begegnet, jetzt in der Flaute, nähern sich zwei Großschiffe; sie halten genau auf uns zu. Ein Blick in die Karte, wir befinden uns in einem Verkehrstrennungsgebiet, eine Art Autobahn zur See. Es ist uns zu gewagt, inmitten der ›Fahrspur‹ zu treiben, wir starten die Maschine und nehmen Fahrt auf. Die Steuerleute der Großschiffe sehen unser Boot, ändern den Kurs und weichen aus.

Eine Vorschrift besagt, Großschiffe müssen sich über Funk bei der Coastguard Dover melden und Angaben zu Zielhafen, Ladung und Stärke der Besatzung machen. Die Hafenangaben lassen den Schluss zu, hier fährt die halbe Welt vorbei. Auch für uns sind diese Angaben interessant, so wissen wir, aus welcher Richtung ein Fahrzeug zu erwarten ist. Im Moment unseres Querens der Schiffswege werden nur wenige Funkgespräche abgewickelt; scheinbar sind wir fast allein unterwegs.

Da die Wetterbedingungen günstig sind, beschließen wir, statt nach Eastbourne sofort nach Brighton zu segeln. Auf dem

Weg dorthin gibt es ein wichtiges Ereignis: das Überschreiten des Längengrades Null. Die nächsten zwölf Monate werden wir uns auf der westlichen Erdhalbkugel bewegen.

Das Boot liegt in Brighton Marina an seinem zugewiesenen Platz, Beate möchte die Liegegebühr zahlen, die notwendigen Schlüssel und Zugangskarten im Marinabüro holen. Nach langer Zeit kehrt sie zurück und erzählt von einer abenteuerlichen Tour durch viele verschlossene Tore, vor denen sie warten musste, bis andere Segler kamen und sie öffneten. Irgendwie ist hier alles umständlich, der Strom funktioniert erst, nachdem der Hafenmeister die Sicherungen einschraubt, die Toilettengebäude sind in äußerst einfachen Baracken untergebracht. Der Schimmel an der Decke feiert seit Wochen eine Hausparty, zu der sich offensichtlich immer mehr Gäste einfinden. Mit Blick auf die Platzgebühren ist uns nun klar, warum der Hafenmeister vorschlug, zuvor einen Bourbon zu trinken, England ist nicht billig. Ein Patriot ist er vermutlich auch nicht, sonst hätte er selbstverständlich einen Scotch empfohlen.

Brighton

Sonne, blauer Himmel, so begrüßt uns Brighton am nächsten Morgen. Die Marina liegt am Stadtrand im Osten, ein Weg entlang der Strandpromenade führt in Richtung Zentrum. Der Straßenverkehr irritiert mich, zuerst rechts schauen, dann links. Fußgänger haben absolut keine Rechte; man lebt hier den Spruch: es gibt zwei Arten von Fußgängern, die Schnellen und die Toten.

Entlang der Straße stehen schöne, imposante Gebäude, Britanniens große Vergangenheit spiegelt sich darin wieder. Die Gegenwart allerdings auch. Es wird sehr viel restauriert und Arbeit ist noch reichlich vorhanden. Handwerk scheint ein gutes Geschäft zu sein, Autos der Marke Porsche sind häufig zu sehen.

Rummel am Brighton Pier. Der Krach ist nach der Ruhe auf See schrecklich. Bunte Plakate hier, irgendetwas Blinkendes dort, schrille Musik aus Lautsprechern, Reizüberflutung pur; einige Fotos und schnell weg hier.

Schon von weitem fällt ein orientalisch aussehendes Gebäude auf, der Royal Pavillon Garden. Während wir uns langsam gehend umsehen, begegnen wir einer kleinen Gruppe von Gewerkschaftlern, die Handzettel verteilen. Interessiert nehme ich ein Papier. »Thank you, Sir«, entgegnet der Mann und lächelt dankbar. Das Papier ruft zur Unterstützung der Local Government Worker auf. Streikbeginn ist um 12.00 Uhr. Ich muss augenblicklich an die Wildwestfilme meiner Kindheit denken. Öffentliche Auseinandersetzungen beginnen Schlag Mittag. Der Streikgrund: die Worker erhielten 6% mehr Gehalt, während sich die Councils bis zu 60% genehmigten. Es ist wie in Deutschland, denke ich, nur die Zahlen scheinen höher.

Kurz vor 12.00 Uhr folgt ein halbes Dutzend Leute dem Aufruf. Sie halten Schilder hoch und gehen im Gänsemarsch ruhig hintereinander durch den Park. Nicht wie bei uns, mein Gedanke.

Unweit des Pavillons steht der imposante Brighton Dome. Das Gebäude ist beeindruckend und bedarf einer genaueren Inspektion.

»Can I help you, Sir?«, fragt uns der Wärter in seiner schmucken Uniform, in einem Ton, der besagt: Was wollt ihr denn hier?

»Is the building open to the public?"

»No, Sir! Not today", ist seine Antwort. Das Day klingt in der Aussprache dem Australischem überraschend ähnlich. So gehen wir und zitieren den Wärter noch einige Male zum Spaß.

In der Shoppingmeile stehen wir bald, wie von einem Magneten angezogen, vor einem Café. Der Magnet heißt hier Internet, einige Eingaben und Mausklicks und wir sind wieder up to date. Mag man über die Computerisierung schimpfen, für uns ist diese Erfindung eine enorme Erleichterung. Wir sind von zu Hause weg und können dennoch mit Freunden auf einfache Art in Verbindung stehen oder Bankgeschäfte durchführen.

Da Seglerfüße nicht zum Umherlaufen geeignet sind, gehen wir zurück zur Marina, schauen jedoch zuvor in einem Supermarkt vorbei, um Vorräte zu ergänzen. »Had a nice day?", fragt die Kassiererin. Wir dachten, Englisch wenigstens etwas zu verstehen, die Sprache hier ist uns jedoch völlig unbekannt. Dennoch haben wir eine Idee, was sie gesagt haben könnte; ähnliches fragte sie die Dame, die vor uns an der Kasse stand. Beate antwortet, aber es scheint die Kassiererin nicht zu interessieren.

Am Tag zuvor, von Beachy Head Richtung Brighton segelnd, sahen wir kurz vor dem Hafen auf einer Anhöhe ein schlossähnliches Gebäude. So stellen wir uns die Schule des Zauberlehrlings Harry Potter vor und möchten sie genauer inspizieren. Das eingezäunte Anwesen ist von saftig grünen Wiesen umgeben und grenzt an steile weiße Klippen zur Seeseite. Der Zugang erfolgt durch ein großes Eingangstor, das offen steht. Auf dem Gelände machen wir einige Fotos, schauen uns um, bis ein Kleinlastwagen auf uns zufährt und anhält. Der Fahrer, der auf der falschen Seite sitzt, ich kann mich noch immer nicht daran gewöhnen, fragt, was wir hier wollen.

Fotos machen!

»This is a Girls' School, private property, no access to the public. Please leave for security reasons.«

Das Gelände verlassen wir sofort und werden auch kein Privatgrundstück mehr betreten, mag es noch so öffentlich aussehen.

Security. Das scheint in England ein wichtiges Thema oder Bedürfnis zu sein. Viele Autos sind mit einer zusätzlichen Sicherung am Lenkrad ausgerüstet, an fast jedem Haus befindet sich eine Alarmanlage, CCTV, oder es gibt Schilder mit der Aufschrift: ›This is a neighbourhood watch area.‹

Auch die Marina ist mit etlichen Toren und Infrarotkameras ausgestattet. Unsere Füße drängen uns, lieber zu segeln als zu laufen. Wir geben nach und kehren um zur Marina.

Portsmouth

Wind S-SO 4, Kurs 260 Grad, Brighton verschwindet im Dunst achteraus. Robert, so nennen wir unsere Selbststeueranlage, hat offensichtlich nicht viel zu tun, ab und zu surrt er. Das Segeln vor der Küste Südenglands ist genauso ›anstrengend‹ wie auf dem Ijsselmeer bei schönem Wetter, nur viel besser. Wir nutzen die Zeit zum Schreiben, Faulenzen, Saxofon spielen (die Crew hört derweil vom anderen Ende des Bootes zu), essen und trinken. Nur der Seefunk stört ab und zu die Ruhe:
»Dover Coast Guard, this is vessel SEASTAR, over«, ruft ein Schiff.
Die Coast Guard fragt: »What was your last port of call and is your next port of call, Sir?«
»Last port was Stavanger, Norway, next port ist Genoa, Italy.«
»What is your draft, Sir?«
»My draft ist 14.2 m.«
»How many persons on board, Sir?«
»23, including myself.«
»What is your cargo?«
»14444 Megatons crude oil.«
»Thank you very much, Sir, have a nice trip to Italy.«

Vor uns liegt die Untiefe ›The Looe‹ mit der engen Passage ›Street Boulder‹. Ein Fehler und wir sitzen fest, also Schluss mit Saxofon spielen und schon kommt Stress auf: Es herrscht Gegenstrom, obwohl wir berechnet hatten, bei Stillstand darüber hinwegzusegeln. Nochmaliges Nachrechnen bringt dasselbe Ergebnis. Nun, jetzt ist es egal, wir sind hier und kommen bei ruhiger See auch gut durch. Kurz nach der Passage liegt Kurs Portsmouth an. In die gleiche Richtung läuft an Backbord ein riesiges Containerschiff der Hapag Lloyd. Es ist faszinierend, welch große Schiffe der Mensch mit Hirn und Muskeln bauen kann.

Leider kommt die Fähigkeit, unser Hirn zu nutzen, vor Portsmouth zu kurz. Wie kann man sich auf einem Boot unnötigen Stress machen? Indem man glaubt, mit dem größten Segel an Bord in unbekannten Gewässern bis vor den Hafen segeln zu müssen.

Durch Kursänderung hatten wir Wind von achtern und setzten das Passatsegel mit 110 m². Das Segel wird in einem Schlauch aufbewahrt. Zum Setzen hievt man den Schlauch in den Mast, bringt am Segel die Schoten an und zieht den Schlauch von unten nach oben weg. Der Wind füllt das Segel und entfaltet es. Zum Bergen werden die Schoten gefiert und der Schlauch von oben nach unten gezogen. Hat man alles richtig gemacht, hängt eine lange dicke ›Wurst‹ von der Mastspitze bis zum Deck, die man verstaut. Ganz einfach, wenn alles funktioniert ...

Das Segel hatten wir bestimmt ein Jahr nicht benutzt und offensichtlich waren einige Leinen unklar - der Norddeutsche sagt, verdüddelt -, was nicht zu sehen war. Jetzt lässt sich der Schlauch nur bis zu einem Drittel über das Segel ziehen, das restliche Tuch schlägt im Wind. So etwas geschieht mit Vorliebe, wenn ein halbes Dutzend Segelboote auf Gegenkurs sind, eine Fähre ausläuft und wegen Felsen eine Kursänderung in ein anderes Fahrwasser erforderlich wird.

Beate startet den Motor, weicht herannahenden Booten aus und fiert nebenbei das Fall des Segels. In meiner Not öffne ich die vordere Luke und versuche, das Tuch hineinzustopfen. Das Segel und die Leinen schlagen. Ich passe höllisch auf, einerseits nicht von einer Leine über Bord gezogen zu werden und andererseits, dass keine Leine über Bord geht. Sie könnte in den Propeller kommen und den Antrieb blockieren. Dennoch fällt ein Teil des Segels ins Wasser, ein Engländer weicht uns mit seiner Jolle aus, unser Trouble ist offensichtlich. Es folgen noch einige fetzige Worte zwischen Crew und Skipper und umgekehrt, dann sind wir im Hafen, links Gosport, rechts Portsmouth.

Auf der Gosportseite gehen wir bei Camper & Nicholson an den Steg, die Anlage sieht schön aus, Beate zahlt ›mit ihrem guten Namen‹, an Bord herrscht wieder Frieden.

Mit der Fähre fahren wir am nächsten Tag nach Portsmouth, wo eine kleine Besichtigungstour im Hafenbereich der Marine folgt. Dort liegt unter anderem die HMS Warrior, ein Segelschiff, das als schnellstes und stärkstes Kampfschiff seiner Zeit galt.

Wir interessieren uns mehr für die City. Der Weg dorthin führt an der Lord Nelson Kaserne mit dem noblen Eingangsbereich vorbei, zum Victoria Garden und schließlich zur Guildhall. Das helle Gebäude setzt sich gigantisch vom stahlblauen Himmel ab. Das haben wahrscheinlich auch Studenten der Universität geahnt und ihre Abschlussfeier (Graduation Ceremonies) dorthin verlegt. Sie tragen schwarze eckige Hüte. Manche Studenten könnten auf den ersten Blick in unserem Alter sein.

An der Kathedrale von Portsmouth sagt Beate: »Lass uns dort hineingehen, ich möchte die Kirche gerne von innen sehen.«

Wir betreten das gewaltige Bauwerk, sehen uns um. Eine Dame bemerkt unsere suchenden Blicke, stellt sich als Joan Benning vor und bietet an, die Kathedrale zu zeigen. Ohne unsere Antwort abzuwarten, legt sie gleich los, Bau der Kirche im 12. Jahrhundert, diverse Erweiterungen, Bürgerkrieg und schließlich die verstorbenen Geistlichen, die unter dem Fußboden der Kirche beerdigt wurden. Die Gebeine wurden mittlerweile umgebettet, weil es der Statik des Gebäudes nicht zuträglich war, schmunzelt Joan. Sie bemerkt unsere verwirrten Gesichter angesichts der Fülle von Daten und lässt uns allein in Ruhe die Kathedrale besichtigen.

In einer Ecke steht ein Priester und hält eine Messe für eine Person, die ihm direkt gegenübersitzt. Das macht uns neugierig, wir fragen Joan, ob es sich bei dem ›Service‹ um eine private Messe handelt. Sichtlich erfreut über unser Interesse sagt sie: »Nein, es ist 12.00 Uhr und dann gibt es einen Service, egal, ob jemand da ist oder nicht. Manchmal steht er allein dort. Die Leute haben nicht viel Interesse, in die Kirche zu kommen, sie vergnügen sich lieber. Am Wochenende ist die Messe besser besucht.«

Die Geschichte von Henry VIII., der vor Portsmouth in einer Schlacht sein Lieblingsschiff Mary Rose verlor, hören wir mit Interesse. Joan dazu: »Anfang der 80er Jahre wurde das Wrack der Mary Rose geborgen und die Reste ins Museum gebracht. Das Schiff sank bereits kurz nach dem Ablegen, weil es für die Schlacht mit Mannschaft und Waffen überladen war. Daher war es nach der Bergung noch gut erhalten. Man fand die Knochen eines Crewmitgliedes, dessen Skelett noch vollständig aussah.« Und weiter: »After they thought we have collected enough bones they buried him in the Cathedral on July 19th 1984.« Mir gefällt diese Art von Humor.

Joan zeigt uns eine Kanonenkugel, die in einem Bürgerkrieg zwischen Gosport (Parlamentarier) und Portsmouth (Royalisten) die Kathedrale traf. Wir werden nicht entlassen, bevor wir das Geschoss in Händen halten und ihr bestätigen, dass es sich um ein wirklich schweres Stück handelt (8,2 kg).

Portsmouth ist auch die Geburtsstadt des Schauspielers Peter Sellers, der im Film ›Der rosarote Panther‹ einen schusseligen Kommissar spielt. Ein Schild an einem kleinen blauen Eckhaus, in dem jetzt ein chinesisches Restaurant ist, erinnert an ihn. Spielte nicht Peter Sellers in einem Film einen Chinesen?

Auf dem Rückweg zum Boot müssen wir unbedingt Fish und Chips probieren. In Holland nennt man es gebakken Vis, das ist der Unterschied.

Isle of Wight - Yarmouth

Die Vorschot auf Kammerton A gestimmt, durchsegeln wir den Solent Richtung Yarmouth. Solent heißt das Seegebiet zwischen der ›Isle of Wight‹ und der englischen Südküste. Im Norden der Insel liegt die Stadt Cowes. Sie ist DAS Segelzentrum in England; man sieht es sofort, mit uns kreuzen einige Dutzend Yachten.

Sportlich wie die Engländer auch, gehen wir hoch an den Wind (so weit wie möglich gegen den Wind segeln) und können gut mit den anderen Yachten mithalten, trotz des hohen Gewichtes von ATHENE. Die Strömung im Solent ist mitunter recht heftig. Zur Zeit haben wir Mitstrom. Die Hafeneinfahrt in Yarmouth erreichen wir bei Ebbe. Wer die Strömung nutzen möchte, läuft leider bei Niedrigwasser ein. Vor dem Hafen empfängt der Hafenmeister in einem Schlauchboot die Gäste und weist den Yachten einen Platz zu. Er fragt nach Länge und Tiefgang.

»Length 38 ft., draft 2 m.« Mit der Angabe zum Tiefgang schummeln wir gerne ein wenig, es ist sicherer.

»Pile D 4-5«, seine Antwort.

Langsam bewegen wir uns auf die Pfahlreihe zu. Unser zögerliches Fahren fällt sofort einem Berthing Master auf, er braust mit seinem Schlauchboot heran und fragt nach der Dalben Nummer. »Follow me!«, ruft er. Am Dalben hat er eine kleine Debatte mit einem dort liegenden Engländer, der ablegen möchte. Im zweiten Anlauf gelingt das Anlegen. Der Berthing Master bringt für uns noch zusätzliche Leinen vorne und achtern aus, so müssen wir uns nicht mehr darum kümmern. Zwischen zwei Pfählen liegend, benötigen wir nun unser Beiboot, um an Land zu gelangen.

Das Schlauchboot wird aufgepumpt und erhält seinen Namenszug: ›Tender To ATHENE Makkum‹; jetzt ist es mitversichert. Nach der weniger guten Erfahrung mit dem Außenborder nutzen wir heute einen klassischen Antrieb, Muskeln und Riemen.

Vor Reiseantritt kauften wir zur einfacheren Handhabung ein kleines Beiboot mit einem leichten Außenborder. In Holland probierten wir die Neuerwerbung an einem schönen Nachmittag aus. Ruckzuck war das Boot aufgeblasen und der Motor montiert. Im Schlauchboot sitzend zog ich einige Male den Starterzug, der Motor sprang an und drehte allmählich hoch. Irgendwie kam der Vorwärtsgang rein und meine Odyssee begann.

Der Motor schob das Schlauchboot nach vorne und stieg sogleich mit dem Bug empor, weil es vorne hoch am Dalben festgebunden war. Ich saß hinten, war mit dem neuen Motor nicht vertraut, gab noch mehr Gas und bekam den Gang in der Hektik nicht heraus. Dann geschah alles ganz schnell: der Motor zog das Heck tief ins Wasser herunter, der Bug stand fast senkrecht, ich verlor das Gleichgewicht und sah plötzlich nur noch hellgrünes Wasser vor meinen Augen. Ich hatte nur einen Gedanken: Weg von hier! Bloß nicht mit den Beinen in den Propeller kommen. Dass das Wasser eine Temperatur von elf Grad hatte, nahm ich überhaupt nicht wahr.

Ich machte einige kräftige Züge unter Wasser und tauchte in der leeren Nachbarbox wieder auf. Von dort sah ich ein ziemlich seltsames Bild: Ein Schlauchboot senkrecht am Dalben stehend, mit dem Bug nach oben. Das Heck stand auf dem Außenbordmotor, der quer auf der Wasseroberfläche lag. Mir ist zum Glück nichts passiert, vermutlich war der Motor bereits aus, als ich ins Wasser fiel. Beate schaute ziemlich irritiert auf das senkrecht stehende Beiboot. Es ging alles so schnell; auch sie konnte es kaum fassen.

Wir drehten das Schlauchboot um, bauten den Motor ab und trockneten ihn. Damit war meine Schlauchbootfahrt beendet und unsere Nachbarn hatten endlich mal ein richtiges Spektakel.

Heute wird gepaddelt, die Ausrüstung in einer wasserdichten Tasche, legen wir los bis zum Dingidock, Landfall in Yarmouth.

Ortsbesichtigung. Drei Straßen nach Norden, eine nach Westen und wir kennen den Ort. Es folgt eine weitere Tour, diesmal langsamer. Beate ersteht einen Sonnenhut und für uns beide Eiscreme; es ist sehr warm.

Dem Coastal Path folgend, marschieren wir in Richtung ›The Needles‹, dem berühmt berüchtigten westlichen Ende der Isle of Wight, wo schon manches Schiff gesunken ist. Es ist ein schöner Spaziergang durch Wälder und Wiesen, für die Augen und die Nase eine willkommene Abwechslung zur See. Mit einigen Fotos der Felsen kehren wir zum Boot zurück. Auch an ATHENE hat eine Yacht angelegt, WHITE LEOPARD, jetzt liegen sechs Boote an zwei Dalben.

Aus den gemeldeten Gewittern in der Nacht wurde nichts, dennoch ist es merklich kühler. Wir frühstücken im Cockpit, allmählich erwacht die Bootsgemeinde. Die ersten Wassertaxis rauschen vorbei.

Die Crew der WHITE LEOPARD besteht aus sechs Personen. Die Leute waren weder zu hören noch zu sehen, nur der Skipper kam sporadisch an Deck. Engländer scheinen sehr zurückhaltend zu sein, sie grüßen wenig.

Unser Nachbarboot hat aus meiner Sicht eine Traumcrew, zwei Männer und vier Frauen, die sich gerade mit den Vorbereitungen zum Ablegen beschäftigt. Mein Eindruck: der Skipper ist clever. Zuerst platziert er den zweiten Mann weg von den Frauen, an der unwichtigen Bugleine, keine Chance zum Punkten. Die schönste der Damen legt die Achterspring (eine Leine) zu recht, glücklicherweise vor meinen Augen. Die anderen drei Damen sitzen rechts neben dem Captain, der nun am Ruder steht. Der Skipper, ein Mann mit weißgrauem Vollbart (weißer Leopard?), fährt rückwärts in die Spring. Der Bug kommt frei, die Hübsche gibt die Leine los, gekonnt legt das Boot ab. Es folgt ein kleiner britischer Temperamentsausbruch: sie lächeln und winken uns zu. »Bye«.

Weymouth

Jetzt wollen wir ablegen und überlegen das gleiche Manöver wie WHITE LEOPARD, da fährt zufällig ein Berthing Master vorbei. Ich winke ihn heran und bitte ihn, den Bug ein Stück gegen den Wind wegzuziehen, damit wir einfacher freikommen. Für ihn ist das eine Selbstverständlichkeit. Er reicht Beate eine Leine, die sie am Bug belegen soll, dann zieht er mit dem Schlauchboot unser Schiff seitlich weg. Selten sind wir vor den sehr genau beobachtenden Augen anderer Segler so einfach bei Seitenwind losgefahren. Wind und Strom lassen uns mit zehn Knoten an den Needles vorbeirauschen. Es hat sich gelohnt, den Solent zu durchfahren. Zielkoordinaten eingegeben, Autopilot eingeschaltet, Segel getrimmt, fertig. ATHENE läuft von selbst. Gegen Mittag das übliche ›Motoren‹, dann dreht der Wind, schließlich segeln wir bis Weymouth. Kurzes Umschauen im Hafen, die Marina ist überbelegt. Eine britische Crew winkt uns an ihr Boot heran, die beiden Herren sind ungewöhnlich redselig. Es folgt eine Ortsbesichtigung einschließlich Strandpromenade. Dort zählen wir vier Amüsements, Spielsäle, in denen es bunt flimmert und dröhnt. In vielen Pubs hängen Plakate im Fenster mit Aufschriften wie zum Beispiel: ›Today Quiz, 9 pm.‹ Sagt man den Deutschen nach, sie verfeinern ihre Bildung durch amerikanische Spielfilme, so tun es die Briten offensichtlich beim Wissensquiz in der Kneipe.

Brixham

Das Kap Bill of Portland passieren wir in respektvollem Abstand, die Strömung erreicht hier bis zu sieben Knoten und kann eine chaotische See bilden. Ein Revierführer schreibt: Bereits bei mäßigem Wind gegen Strom kann eine zu dichte Passage sehr gefährlich werden. ATHENE wird durchgeschüttelt, der Kamera gefällt es auch nicht, Fehlfunktion. Leider müssen wir gegen den leichten Westwind unter Motor fahren. Laut Fünf-Tage-Vorhersage, ist heute die beste Gelegenheit, nach Westen zu kommen, die nächsten Tage haben deutlich stärkeren Wind aus dieser Richtung im Gepäck.

Am Nachmittag ist segeln möglich, in Brixham legen wir an einem einfachen Betonsteg an. Diese Marina ist kein Traum, die Boote liegen im Päckchen - Seite an Seite -, kein Wasser- und Stromanschluss, aber stolze 22 Pfund Gebühren.

Der nächste Tag beginnt mit einem britischem Klassiker: Nieselregen. Der erste Regen seit unserer Ankunft in diesem Land, der Wind bläst wie vorhergesagt aus West mit fünf bis sechs Beaufort. Die Entscheidung für einen Hafentag fällt unter diesen Bedingungen nicht schwer. Ein Spektakel gibt es abends im Hafen. Ein Schwarm kleiner Fische ist ins Hafenbecken geschwommen und jagt tieffliegende Insekten. Das Wasser sieht aus, als würde es kochen. Möwen machen sich mit viel Geschrei über die einfache Beute her.

Dartmouth

In der Mündung des River Dart empfängt uns eine großartige Kulisse bei hochsommerlichem Wetter. Zu beiden Seiten durch begrünte Berghänge begrenzt, leuchtet rechter Hand ein Weizenfeld goldgelb in der Nachmittagssonne, links die weißen Häuser des Ortes. Blau, weiß, grün und gelb sind die bestimmenden Farben an diesem Tag.

Die Suche nach einem Liegeplatz gestaltet sich schwierig. Ankern, Boje oder Marina, das ist jetzt die Frage. Und vor allem, wo ist noch ein Platz frei? Viele Dutzend Boote liegen zwischen zwei Bojen vertäut, einige vor Anker. Schließlich legen wir in der Dart Marina an, wieder einmal an einem anderen Boot. Die große Überraschung folgt beim Zahlen der Platzgebühr, 37,80 Pfund sind fällig, rund 60 €. Dartmouth ist die teuerste Marina Englands; ein Diener ist nicht zu sehen, die Festmacher müssen wir selbst anbringen. Wir sind ein wenig ungehalten angesichts der hohen Gebühr, bleiben aber aus Mangel an Alternativen und wegen der fortgeschrittenen Tageszeit.

Direkt an der Marina versieht eine alte blauweiße Kabelfähre, durch Schaufelräder angetrieben, ihren Dienst. Auf der anderen Uferseite pfeift und faucht eine schwarze Dampflokomotive. Unser Rundgang führt auf eine Anhöhe, von wo man den Ort gut überblicken kann. An der Mündung des River Dart gelegen, besichtigen wir Fort Alice aus dem 14. Jahrhundert. In Verbindung mit dem im Ort liegenden Bayard's Cove Fort, erbaut 1534, bildeten beide Festungen ein Verteidigungssystem.

Zurück in der Marina nutzen wir die tollen Badezimmer, die dem Stand eines gehobenen Hotels entsprechen. Auch mit unseren Bootsnachbarn kommen wir ins Gespräch, eine Familie mit vier Söhnen. Die Leute sind sehr nett und erklären uns gerne einige englische Ausdrücke von Schiffsteilen sowie diverse Aussprachen. Sie geben uns ein Heft (The Competent Crew), in dem alle wichtigen Teile eines Bootes in Englisch beschrieben sind. Im Gegenzug versprechen wir eine Postkarte aus La Coruña und kurze Beschreibung der Fahrt.

Plymouth

Der Tag beginnt mit Nieselregen und sehr mäßiger Sicht, die sich gegen Mittag weiter verschlechtert. Dennoch, die Marina Dartmouth ist für unser Budget ein Albtraum, der Preis treibt uns hinaus. In der engen Flussmündung des Dart liegt alles jenseits der 50 m Grenze im Dunst, es ist gespenstisch. Mit Radarhilfe, das unter diesen Bedingungen hervorragend arbeitet, sind auf Anhieb alle Tonnen auf dem Bildschirm zu sehen, wo sie sein sollen. Beate steuert und hält Ausschau, wenn ich ihr sage, auf welcher Seite ein Fahrzeug vorbeikommt, meistens Segelboote. Kurz nach Verlassen der Mündung lichtet sich der Nebel, die Sonne scheint. Es ist ein lokales Nebelfeld, das sich bereits eine halbe Meile seewärts auflöst.

In Plymouth lassen wir die schöne Kulisse des Naturhafens auf uns einwirken. Mehrere Marinas sind hier angesiedelt. Nach und nach steuern wir sie an, entscheiden uns letztendlich für eine Bucht, wo der ›Haken‹ gegen Abend fällt. Es ist ein schöner, geschützter Platz, direkt vor einem Wald gelegen. Hier werden wir einen Tag verbringen und unser Boot auf die bevorstehende Biskaya-Überquerung vorbereiten.

Am Nachmittag wird mutig das Schlauchboot ausgepackt und der Außenbordmotor angeschraubt. Plymouth ist der größte englische Marinehafen, dennoch herrscht ausgesprochen wenig Betrieb. Zwei Fregatten laufen aus, daneben zweimal täglich eine Fähre und einige Ausflugsboote, Harbour-Tour. Am nächsten Morgen ›gehen wir Anker auf‹ und verlegen ATHENE in die nahe gelegene Marina Mayflower, die vor schöner Kulisse liegt und very British ist.

Der Hafenmeister trägt eine dunkelblaue Hose und einen Pullover, darunter ein hellblaues Hemd mit Krawatte. Er erkundigt sich, ob alles zu unserer Zufriedenheit ist. Er ist der einzige Hafenmeister mit Krawatte, dem wir je begegnet sind. Seine Boys laufen ebenfalls in der Farbkombination herum, allerdings ohne Krawatte, Rangordnung muss sein. Alle sind sehr freundlich und hilfsbereit.

Der große Vorteil einer Marina sind die guten Versorgungsmöglichkeiten. Die Batterien werden geladen, die Wassertanks gefüllt und das gesamte Boot mit dem Schlauch abgesprüht. In den vergangenen Tagen hatte sich eine dicke Salzschicht darüber gelegt.

Am frühen Abend macht hinter uns ein Regattaboot fest. Die Jungs tragen blaue Hemden, weiße Hosen und die in den Regattakreisen obligatorischen Sonnenbrillen. Gleichzeitig steuert vor uns eine englische Familie mit Sohn einen Liegeplatz an. Der Vater trägt, erraten, blau auf weiß, die Mutter umgekehrt. Anstatt beim Anlegen zu helfen, schaut der Sohn auf die ›Rennziege‹.»William«, ermahnt ihn die Mutter,

in einer Art, die man wahrscheinlich nur in England hören kann, und schon erinnert er sich an seine Pflichten.
Die Stadt Plymouth ist kontrastreich. In der City, mit ihren Geschäften und Touristen, ist alles schön gepflegt und sauber, die Gebäude gut erhalten. Weiter vom Zentrum entfernt stehen viele verfallene Häuser, Geschäfte, deren Fenster mit Brettern zugenagelt sind. In der Fußgängerzone sehen wir uns das Rathaus und eine gewaltige Kathedrale an. Viele Menschen sind auf den Straßen und Plätzen unterwegs. Auf dem Rückweg zur Marina passieren wir einige Lokalitäten zweifelhafter Art. Es ist bestimmt keine gute Idee, in der Nacht hier herzugehen. Typisch deutsch, wir kommen an einem ALDI vorbei. Nein. Nicht vorbei, es ist die Gelegenheit zum Aufstocken unserer Vorräte.

Fowey

Nach vier Tagen Aufenthalt ist es an der Zeit, die Leinen loszuwerfen. Die Fahrt verläuft nach bekanntem Muster: Sonne, dichter Nebel, Wind, kein Wind. Schließlich erreichen wir nach 20 sm Fowey in der Grafschaft Cornwall. Schon von See aus gefällt uns diese Küste sehr gut.

Ähnlich wie Yarmouth legt man hier mit Bug und Heck zwischen zwei Tonnen an, der Hafenmeister übernimmt von seinem Boot aus das Festmachen der Leinen. Das Schlauchboot geht zu Wasser. Wir machen am Dingidock fest und besuchen die Stadt. Enge Gassen und viele Touristen prägen den kleinen und schönen Ort. Ein wahrer Hindernislauf, möchte man von einem Ende zum anderen gehen.

Heute, am 29. Juli, hat Beate Namenstag (ein Anlass ist schnell gefunden), somit steht ein Pub-Besuch auf dem Programm; wir testen englisches Bier, Cornish und Bass. Es ist ein wenig gewöhnungsbedürftig, aber gut. Zu ATHENE zurück geht es natürlich wieder mit dem Beiboot. Kneipenbummel mit Schlauchboot.

Falmouth

Die bevorstehende Wetterverschlechterung lässt uns tags darauf nach Falmouth segeln. Wenn schon eingeweht, dann lieber dort, wo gute Versorgungsmöglichkeiten sind. Mit dem Mittagshochwasser laufen wir aus. Traumhaftes Segeln, schnell ist Falmouth erreicht; wir machen an einer Boje fest. Hier werden wir bleiben und warten, bis das Wetter eine einigermaßen gute Überquerung der Biskaya zulässt.

An Bord besteht die Möglichkeit, Wetterberichte und Karten aus Deutschland und zusätzlich Wetterkarten aus England zu empfangen. Die Vorhersagen beider Stationen differieren gelegentlich, zur Zeit sind sie identisch, starker Wind für die kommenden Tage. Das Schwierige ist, wir benötigen für die Strecke nach Spanien eine Prognose für mindestens drei Tage, der Wetterdienst hingegen gibt Vorhersagen in Textform bis maximal 48 Stunden. Über diesen Zeitraum hinaus ist es erforderlich, die entsprechenden Wetterkarten selbst zu interpretieren, mit dem Risiko der Fehleinschätzung.

Dass das Seegebiet Biskaya nicht ohne Gefahr ist, zeigt die folgende Meldung, die über Navtex (Nautischer Informationsdienst) verbreitet wird:

›Nordwestküste Spanien und Golf von Biskaya. Überfällige Segelyacht. Information erbeten über Segelfahrzeug HAKUNA MATATA. Verließ am 9. Juli Ponta Delgada, Azoren, wurde zum 22. Juli in Arzal, Frankreich, erwartet. 11,80 m Länge, blauer Stahlrumpf, weiße Segel, zwei Personen an Bord.‹

So eine Meldung stimmt schon nachdenklich. Hat man erst mal die Leinen losgeworfen, muss man die Dinge nehmen, wie sie kommen. Es hilft dann nur noch, das Beste aus der Situation zu machen, eine Herausforderung und Bedrohung zugleich.

Heute ist der 1. August 2002; dem Jahresurlaub im Juli schließt sich jetzt der offizielle Beginn unseres Sabbatjahres an. Die Bilanz nach einem Monat Reisen fällt ausgesprochen erfreulich aus. Wir haben uns sehr gut eingelebt und genießen es, ohne engen Zeitplan zu segeln.

Wir halten uns im Cockpit auf, als jemand mit dem Schlauchboot unser Schiff ansteuert. »Hallo, ich heiße Peter und bin gestern von den Azoren hierher gekommen. Wollte euch fragen, ob es hier immer so teuer ist?« Die Frage müssen wir leider bejahen.

Peter arbeitete als Volkswirt, baute sich ein Boot und sparte Geld für die Reise. Vor acht Jahren kündigte er seinen Job und umsegelte in dieser Zeit die Welt. Er lebte lange in Australien, Südafrika und Französisch Polynesien. In Rio de Janeiro versuchte jemand, ihm eine Kamera zu stehlen, der einzige ›Raub‹ während der gesamten Zeit.

Wir sprechen von unserem Sabbatjahr, nach Peters Maßstab eher ein Kurzurlaub. Dennoch findet er es toll, dass wir uns Zeit lassen und nicht an allem vorbeisegeln. La Coruña sei eine seiner Lieblingsstädte. Zur Biskaya sagt er: »Wartet auf einen guten Wind zum Start und macht West, dann müsst ihr das Wetter nehmen, wie es kommt. Macht euch keinen Stress, auf einen Tag mehr oder weniger kommt es nicht an.« Wir beneiden ihn. Noch können wir nicht so denken. Noch nie sind wir während einer Nacht gesegelt. Zweifel steigen auf. Ist die Biskaya wirklich der richtige Ort für die ersten Nachtfahrten?

Falmouth wird von einer hektischen Tourismusmeile durchzogen, auf der zu allem Überfluss auch noch Autos fahren. Nichts für uns. Angenehmer ist der Besuch des Pendennis Castle, außerhalb der Stadt, das wir schon beim Ansteuern des Hafens sahen.

Tags darauf verholen wir zu einem Bunkerschiff und ergänzen die Dieselvorräte. Eigentlich ist es nicht notwendig, aber dennoch beruhigend zu wissen, dass der Tank randvoll ist. Am Nachmittag nehmen wir den Zug nach Truro, einer schönen Stadt mit einer imposanten Kathedrale und einem sehr gepflegten Park, der, wie so oft in England, den Namen Victoria trägt.

Die Wetteraussichten sind günstig, der Überquerung der Biskaya steht nichts mehr im Wege.

In England verlebten wir eine sehr schöne, kurzweilige Zeit und hatten oft Glück mit dem Wetter. Der Aufenthalt hat uns viel Spaß gemacht, auch sind wir der englischen Sprache wieder ein kleines Stück näher gerückt. Die Engländer empfanden wir als sehr freundlich und, wenn man nicht gerade von EU oder Euro spricht, auch als ganz locker. Wir freuen uns jetzt schon, in einem Jahr wieder die Insel zu besuchen, auch wenn das Leben dort leider nicht preiswert ist. Vor allem Liegeplätze kosten im Vergleich zu Holland weit mehr als das Doppelte.

Auf die Preise angesprochen, möchten wir entgegnen: Wie macht man in England ein kleines Vermögen? Antwort: Indem man ein großes mitbringt.

Ein Engländer würde auf die Frage der Kosten vielleicht antworten: »I think you should have a Bourbon first.« ›Essienie‹, wie man in England ATHENE ausspricht, verabschiedet sich von Großbritannien; vor ihr liegen jetzt rund 440 sm offener Atlantik.

Biskaya

August 2002

Traumhaft - gespenstig - stressig - Hurra, Spanien

1. Seetag

Die Wetterberichte sprechen von nordwestlichen Winden um 4-5 für die nächsten Tage. Mit Kurs Südwest segelnd, ist das eine gute Basis, die Biskaya zu überqueren. Wir bereiten das Boot auf die mehrtägige Fahrt vor. Auf See nutzen wir die Salonkoje mittschiffs, ein relativ enger Schlafplatz, der vermeidet, dass man bei Seegang hin- und hergeworfen wird. Dort sind die Schiffsbewegungen kaum noch wahrzunehmen und ermöglichen einen erholsamen Schlaf. Die benötigten Lebensmittel liegen griffbereit in der Kombüse; für alle Fälle packen wir zusätzliche Nahrung in ein wasserdichtes Fass, das im Cockpit aufbewahrt wird. Sollte ein Notfall eintreten, der zum Verlassen des Bootes zwingt, verfügen wir neben dem Wasser in der Rettungsinsel über zusätzliche Versorgungsmöglichkeiten.

Mit ablaufender Tide verlassen wir am frühen Morgen Falmouth, Kurs Lizard Point, dem südlichsten Punkt Englands. Kurz vor der Landzunge weht endlich der angekündigte Wind, der mit jeder Meile vom Festland immer stetiger wird. Die englische Küste verliert sich langsam im Dunst achteraus, weiter westlich ist Lands End schemenhaft zu erkennen, letzte Landsicht für die nächsten drei Tage. Unter vollen Segeln gleitet ATHENE bei strahlendem Sonnenschein durch das blaue Meer, ein Bilderbuchstart.

Der anfängliche Kurs beträgt 235 Grad; haben wir den Längengrad von La Coruña erreicht, drehen wir nach Süden ab. Die alte Strategie der Großsegler war, weit nach Westen zu segeln, um auch bei einer gefürchteten Winddrehung auf Südwest noch Spanien ansteuern zu können. Wir vertrauen auf die Vorhersage mit nordwestlichem Wind und nehmen den direkten, kürzeren Weg.

Zur Zeit segeln wir auf 108 m Wassertiefe, die Sonne hat das Vorschiff verlassen und erwärmt jetzt das Cockpit, T-Shirt-Segeln. Großschifffahrt ist kaum zu sehen, die wichtigsten Knotenpunkte liegen bereits zu weit nördlich.

Unser erster Angelversuch auf der Biskaya hat den Verlust des teuersten Köders zur Folge, Neptun hat jetzt sein Opfer. Inzwischen ist es Abend, die Luft ist klar, der Himmel über uns tiefblau. Im Westen steht die Sonne sehr niedrig, jeden Moment wird sie den Horizont berühren, eine scharfe, leicht gekrümmte Linie, eine, die uns zeigt, wo unsere Welt endet und das Universum beginnt. Der Bereich dazwischen ist in grelles rotes Licht getaucht, das mit zunehmendem Abstand von der Sonne in schwarz übergeht. Die Luft ist warm, am Bug rauschen sanft die Wellen. Es ist ein Traum, ein Geschenk, hier zu sein. Wie oft haben wir vom Segeln in die Abendsonne auf einem Ozean geträumt, nun ist es Realität geworden. Der Atlantik zeigt sich von seiner ruhigsten Seite; wir empfinden große Dankbarkeit für diesen Anfang.

Vor Anbruch der Dunkelheit wird die große 50 m² Genua gesetzt, der Wind hat nachgelassen. Es ist 22.30 Uhr, die Sonne versinkt tiefrot am Horizont, gleich beginnt meine erste Nachtwache, Beate wird von 01.00 Uhr bis 03.00 Uhr übernehmen. Nachts sind wir noch nie gesegelt, wir probieren diesen Wach-Schlaf-Rhythmus.

Mittlerweile ist es völlig dunkel. Leider müssen wir den Motor mitlaufen lassen, der Wind ist zu schwach. Robert, unser Autopilot, ist auf die Koordinaten 48° 20′N und 008° W programmiert; er erfüllt seine Aufgabe sehr genau, das Boot läuft wie auf Schienen.

Der Himmel ist wolkenfrei, es sind so unglaublich viele Sterne zu sehen, wie ich sie noch in meinem Leben sah. Man glaubt, einfach die Hand heben und einen nach dem anderen wie weiße Trauben vom Himmel pflücken zu können. Der Nachthimmel ist in dieser Klarheit und Vielfalt

atemberaubend. Vereinzelt leuchten Sternschnuppen, gelegentlich blinken Lichter hochfliegender Flugzeuge. Ich sitze im Cockpit und bin von der Größe des Kosmos gefangen. Völlig entspannt genieße ich den Augenblick. Über uns das Universum, unter uns der atlantische Ozean, wir mitten drin, da werden Relationen bewusst. Die Wellen des Bootes leuchten grünlich, ATHENE zieht einen langen phosphoreszierenden Schweif hinter sich her. Man hat das Gefühl, durchs Wasser zu rasen.
In der Ferne leuchtet ein starkes Licht. Durch das Fernglas betrachtet, sind mehrere rote und weiße Laternen erkennbar, ein Arbeitsfahrzeug. 05.00 Uhr, Beate übernimmt jetzt bis zum Sonnenaufgang. Müde falle ich in die Koje.

2. Seetag

Die Augen sind klein, die Gespräche kurz, die Körperhaltung lässt zu wünschen übrig, Gähnen. Klingt wie nach einer Party bis tief in die Nacht, aber nein, es ist der Zustand der Crew nach 24 Stunden segeln. Wir fahren jetzt eine heiße Salonkoje. Sobald der eine aufsteht, freut sich der andere auf die vorgewärmte Schlafgelegenheit. Gegen Mittag sind wir ausgeschlafen und mit der Bilanz des Vortages sehr zufrieden, 133 sm wurden zurückgelegt.
Nach Spaghetti Carbonara folgt Position à la Sextant. Jetzt offenbart sich der Unterschied in Theorie und Praxis. Mit Kurs Südwest verdeckt das Vorsegel den besten Platz, am Mast, zur Messung der Mittagsposition. Ich setze mich am Bug aufs Deck, gebe den Versuch aber schnell auf. Dort schwankt das Boot zu sehr. Dann setze ich mich am Mast aufs Deck und versuche, unter dem Vorsegel hindurch, eine Position zu bestimmen, auch diese Idee ist kein Erfolgsschlager. Warum müssen wir auch unbedingt mit einem kleinen Boot fahren? Zu Hause sah ich mich vor dem inneren Auge in aufrechter Haltung, den Sextanten fest in Händen, ganz souverän die Messung

durchführen. Jetzt verdeckt entweder ein Schiffsteil den Blick zur Sonne, oder mein Beobachtungsplatz ist mit dem Risiko, über Bord zu fallen, verbunden. Angeleint gehe ich schließlich wieder zum Bug, setze mich weit vorne aufs Deck und versuche mein Glück. Wie gut, dass es Satellitennavigation gibt; mein Respekt vor Seglern, die ohne diese Hilfe unterwegs waren, ist in den vergangenen Minuten gewaltig gewachsen. Die Berechnung ergibt einen Fehler von 30 sm zum tatsächlichem Standort, weitere Übung ist erforderlich.

Gegen Nachmittag nähert sich aus Osten eine Gruppe französischer Fischereifahrzeuge. Geschäftig legen sie Treibnetze aus und kennzeichnen diese mit orangefarbenen Bojen und einem spärlichem Licht für die Nacht.

Am Abend segeln wir auf 4000 m Wassertiefe und damit im Seegebiet der äußeren Biskaya. Zur Begrüßung schickt Neptun eine Delfinschule. Die Gruppe schwimmt für einen Augenblick neben dem Boot, einige Delfine tauchen quer unter uns hinweg, um auf der anderen Seite kurz aufzutauchen. Knapp eine Minute später sind sie verschwunden. Es wird hier die einzige Begegnung bleiben.

War die erste Nacht ausgesprochen schön, so erhält die zweite das Attribut unheimlich; diesig mit Nieselregen. Das Leuchten der Bug- und Heckwellen empfinden wir als gespenstig, im Cockpit ist es feucht und kalt. Starrt man lange genug in die Dunkelheit, glaubt man plötzlich, die verschiedensten Dinge zu sehen; die Fantasie hat jetzt freien Lauf. Ab 04.20 Uhr liegt Kurs Süd an. Bilanz des Tages: 132 sm.

3.Seetag

Wir finden unseren Rhythmus. Mit drei Stunden Wache und drei Stunden Schlafen kommen wir am besten durch die Nacht. Am Vormittag endet der Wach-Rhythmus, abwechselnd legt sich jeder hin, solange er möchte. Nachmittags sind wir fit, jedoch macht sich am frühen Abend bereits wieder

Müdigkeit bemerkbar. Es ist absolut windstill, leider müssen wir wieder auf die ›Hilfsmaschine‹ zurückgreifen, wie es in älteren Segelbüchern so schön heißt.

Gegen 23.30 Uhr schreckt uns ein kurzes, seltsames Geräusch auf. Der Motor klingt ungewöhnlich dumpf, die Geschwindigkeit sinkt langsam und stetig. Beate fehlt das im Schlaf vertraute Brummen und sie erwacht. Verschlafen fragt sie, ob der Motor in Ordnung sei. Ich weiß es nicht, nehme den Gang raus und blicke in den Motorraum. Auf den ersten Blick ist dort alles in Ordnung. Plötzlich riecht es nach verbranntem Gummi. Der Geruch dringt von außen ins Boot ein. Im Nu sind wir draußen und schauen nach. Im Cockpit, wie auch außerhalb, ist kein Verursacher zu finden. Ich lege den Rückwärtsgang ein, der mit einem ungewöhnlich deutlichen Knacken einrückt. Kurzes Gas geben, auskuppeln und einen Moment warten. Dann wieder Vorwärtsgang. ATHENE nimmt Fahrt auf und läuft wieder ihre gewohnte Geschwindigkeit, die Geräuschkulisse ist vertraut. Vermutlich ist etwas in den Propeller gekommen oder am Kiel hängen geblieben und wurde durch den Rückwärtsschub weggespült. Der Geruch wird ein Rätsel bleiben.

Damit nicht genug. Diese Nacht ist wild entschlossen, uns eine Lektion in Stress zu erteilen, als eine Armada spanischer Fischer in der Dunkelheit auftaucht. Wir fahren etliche Ausweichmanöver um Schlepp- und Treibnetze herum. Die Markierungen dieser Netze sind in der Dunkelheit sehr schwer zu erkennen; auch kleine Fischkutter tauchen erst ab einer Entfernung von drei Seemeilen auf dem Radarschirm auf. Häufig ist der Bildschirm auf einmal voll von Punkten. An vermeintlich fischreichen Stellen stehen oft viele Kutter. Auch ist es nicht einfach zu erkennen, in welche Richtung sie sich bewegen, oftmals treiben die Fahrzeuge oder fahren kreuz und quer.

Endlich geht die Sonne auf. Der Wind ist eingeschlafen, ATHENE rollt in den Wellen von einer Seite auf die andere. So geht es Stunde um Stunde, das Großsegel schlägt, wenigstens dämpft es das Rollen ein wenig. Immer wieder stoppen wir, überzeugen uns, dass der Wind zum Segeln zu schwach ist. Manchmal weht er, aber nach zehn Minuten herrscht wieder Flaute. Bilanz des dritten Tages: 145 sm und 24 Stunden Motorfahrt.

4. Seetag

Wieder Fischkutter, spanische Schleppnetzfischer. Wir haben auch gefischt, aber nach fast 300 sm Schleppangeln nichts gefangen. Ein weiterer Köder steht auf der Verlustliste, der dürfte jetzt auf 4000 m Meerestiefe liegen. Wahrscheinlich sind wir mit durchschnittlich 5,5 Knoten zu schnell. Mit dieser Methode werden wir nur versehentlich einen Fisch fangen, der am Haken hängen bleibt, weil er nicht schnell genug ausweichen konnte.

Um 09.20 Uhr tauchen am Horizont die ersten Berge Spaniens auf, gegen Mittag ist der Leuchtturm Torre de Hercules bei La Coruña in Sicht. Um 15.40 Uhr laufen wir in der Marina ein, einige Plätze sind frei. Wir gehen an den Steg, der am leichtesten erreichbar ist. Vom Cockpit aus blicken wir jetzt auf ein altes Fort. 450 sm und 80 Stunden Fahrzeit liegen hinter uns. Wir sind überglücklich, in Spanien zu sein.

Auf die gelungene Biskaya Überquerung stoßen wir mit einem Glas Sekt an und telefonieren mit Freunden. Beates Mutter ist begeistert und spricht im Überschwang von einer Ozeanüberquerung.

Spanien

August 2002

Mittelalter in La Coruña - Feuerwerk - ehrgeizige Fischer in Camarinas - wunderschöne Rias - Idylle vor Islas Cies - gelebter Traum

Hat eine solche Seereise möglicherweise Nebenwirkungen? Man stelle sich vor, zwei Segler unternehmen ihren ersten Landgang. Auf dem Marktplatz schwankt der Skipper und stößt innerhalb von fünf Minuten drei Leute an, pardon. Später quert er eine gut befahrene Straße unter dem Gesichtspunkt stehender Peilungen, die Crew protestiert. Die Geschwindigkeit der Autos völlig unterschätzend, ist es noch einmal gut gegangen.

La Coruña ist eine schöne, saubere und sehr lebhafte Stadt mit 250.000 Einwohnern, die wohl alle bei unserem ersten Landgang auf der Straße waren.

Es ist ein Traum, hier zu sein. Die Wärme und die an der Hafenpromenade stehenden Palmen unterstreichen das südliche Flair. Man sieht wenig Touristen, keine deutsche Würstchenbude. Außerdem, so sagte man uns, ist die Stadt ruhig und friedlich.

Wir sitzen im Cockpit und essen ohne Ende, selten hat ein Frühstück so gut geschmeckt. Peng! Eine weiße Rauchwolke, die verdächtig nach Elektronik riecht, steigt aus dem Boot auf. Das Ladegerät des Mobil-Telefons und der Spannungswandler, an dem das Gerät angeschlossen ist, sind in Rauch gehüllt. Diagnose: beide nur noch Erinnerungswert.

Das Castello San Anton, mit einem wunderschönen Blick über den Hafen, ist einen Besuch wert. Von dort geht es zum Touristenbüro. Eine hübsche Spanierin gibt uns einen Stadtplan und zeichnet alle ihr bekannten Elektro- und Computerläden sowie Internet Cafes ein. Am nächsten Tag erstehen wir unser Ladegerät, »Cargador de Baterias para

Coche«. Diesen Satz kennen wir mittlerweile auswendig. Da wir jetzt wieder Anschluss zur Außenwelt haben, trauen wir uns hoch hinaus, auf den Torre de Hercules, der älteste noch funktionierende romanische Leuchtturm der Welt, dessen Turm 112 m hoch über See steht. Von dort oben hat man einen majestätischen Blick über die Stadt und den blauen Atlantik.

In der Innenstadt findet auf dem Marktplatz, direkt vor dem beeindruckenden Rathaus, ein mittelalterlicher Markt statt. Die Aussteller tragen historische Kostüme. Sie bieten traditionelle Produkte an, von Brot bis zu Fleischgerichten. Der Markt ist ausgesprochen gut besucht. Oft ist es schwierig, an einen Stand zu kommen, um zu sehen, was dort zubereitet wird. Zwei Falkner halten in einer Seitenstraße die Leute in Atem. Sie lassen den Vogel immer wieder im Tiefflug einander zufliegen. Ein schönes, majestätisches Tier, aber auch nicht ungefährlich; Krallen und Schnabel sind kräftig.

Nach England ist das Leben wieder angenehm preiswert geworden, auch der spanische Brandy ist nun Bestandteil der Bordbar.

Auf das ausgiebige Kosten des neuen Getränks ist das späte Aufstehen am nächsten Morgen zurückzuführen. Das Wetter schenkt uns eine kleine Abkühlung, es regnet bis zum späten Nachmittag.

Abends sind wir bei Hazel und Kevin zu Gast. Sie sind Engländer und liegen mit ihrer Yacht direkt neben uns. Wir klönen bis weit nach Mitternacht. Sie erkundigen sich nach unseren Eindrücken von England. Leider ist die Kriminalität hoch und macht viele Sicherungsmaßnahmen notwendig. Das Pfund ist überbewertet, Yachting ein Elitesport.

Ein neuer Tag, ein neuer Versuch, ein Ersatzgerät für den defekten Spannungswandler zu erstehen. In einem der vielen Telefongeschäfte fragen wir nach einem Elektronikladen. Die Damen sprechen kein Englisch, wollen aber helfen. Das Ganze läuft ungefähr so ab, nachdem wir zuvor in einem Wörterbuch die notwendigen Worte nachschlugen:

»Buenas tardes.«

»Hola.«
»Neccesito un adaptador para un computador portable.«
Bingo, das kam an. Pech nur, wir verstehen die Antwort nicht.

Sie erklärt den Weg, der an einem Brunnen vorbeiführt. Die Verkäuferin steht vor uns, legt den Kopf in den Nacken, öffnet den Mund, pustet und betont mit den Händen die Bewegung des spritzenden Wassers. Es ist köstlich. Ihre Kollegin sieht sie, beginnt laut zu lachen, wir können uns auch nicht mehr halten. »Si, si fuente«, ein Brunnen. Leider war der Tipp nicht erfolgreich.

Gegenbesuch von Hazel und Kevin. Die beiden sind sich ebenfalls nicht schlüssig, wie gut der Brandy ist, und bleiben gut fünf Stunden, um es herauszufinden.

Es ist Sonntag. Wir liegen in der Sonne auf dem Deck und halten ausgiebig spanische Siesta. Heute gibt es am Castillo ein Feuerwerk, herrlich, direkt vor unserem Boot. Gegen fünf Uhr folgen die ersten Donnerschläge, dazu klassische Musik. Das Feuerwerk hat einen historischen Hintergrund. Das Castello San Anton war einst Stützpunkt der spanischen Armada. Drake versuchte, die Stadt zu erobern, was ihm nicht gelang. Klar, so eine Schlacht muss aus spanischer Sicht inszeniert werden. Im Laufe des Abends folgen immer wieder Kanonenschüsse, sie sollen das Gemetzel zwischen den Parteien darstellen. Um 22.00 Uhr dann der Höhepunkt, die Engländer sind geschlagen, es donnert und knallt, wir stehen auf dem Vorschiff, das Deck unter den Füßen bebt.

Dummerweise hat inzwischen der Wind gedreht, wir befinden uns in Lee; anders ausgedrückt, was auf der einen Seite hochgeschossen wird, fällt über uns herunter. Rasch kommt Bewegung in die Crew und wir treten glühende Reste von Feuerwerkskörpern auf dem Boot aus. Kaum vollbracht, zieht Rauch auf, rieselt Asche nieder. Das Feuerwerk wird unterbrochen, sie spielen einige Takte ›God save the Queen‹, es donnert wieder, ein ohrenbetäubendes Spektakel, schließlich das super Finale. Die Leute an Land klatschen, die Bootsleute nutzen ihre Hände zum Deck waschen. Handgroße Plastikteile liegen auf dem Deck, mächtig verrußt sind dessen Aufbauten. Dann mal los.

Ein letzter Versuch, das kaputte Teil zu ersetzen, ist von Erfolg gekrönt. »Now you're back in business«, kommentiert Kevin. Es folgt ein Tag mit großer Wäsche, einkaufen und klar Schiff machen.

Abends schauen vier Mann der Guardia Civil mit Schlauchboot vorbei, notieren sich Bootsname und Heimathafen und fahren wieder weg.

Camarinas

Schwacher Wind, viel Sonne. Wir möchten weiter nach Westen, um bald unser nächstes Ziel zu ereichen, Kap Finisterre. Kaum abgelegt, kommt uns ein Mann im Schlauchboot heftig rudernd entgegen. Es ist Kevin, er bringt Müll an Land. Wir sehen ihm nach, er erhöht die Schlagzahl. Kevin hat in diesem Moment etwas von Popeye, es fehlt nur noch die Pfeife.

Der angekündigte Wind hält eine Siesta, der Motor muss mal wieder ran. Lucas, ein Freund, der Wochen zuvor diese Strecke segelte, brachte es auf den Punkt, als er uns auf die hiesigen Windverhältnisse einstimmte. Es gibt in der Tat drei Arten von Wind: guter aus der falschen Richtung, zuviel oder gar keiner. Die Segelei ist manchmal zum ›Mäuse melken‹. Nach Runden des Kap Villano steuern wir in die Ria de Camarinas, wo zwischen anderen Yachten der Anker fällt.

Der 15. August ist in Spanien Feiertag, Nossa Senhora. Wir erkunden die nähere Umgebung; zuerst zu Fuß in herrlich duftenden Pinienwäldern, dann stilsicher mit dem Schlauchboot durch die Ria, mit anschließender Anlandung an einem der Strände. Beate sammelt Muscheln.

Abends schauen Dieter und Astrid von der WINDLISE vorbei, auch sie sagen, der Wind sei in diesem Jahr ungewöhnlich schwach. Sie sind diese Strecke schon einmal gesegelt und befinden sich auf dem Weg nach Madeira, wo sie auf ihrer letzten Tour ein Haus erworben haben.

Es ist fünf Uhr morgens, als die am Abend zuvor ausgelaufenen Fischerboote zurückkehren. Das tun sie, indem sie mit Höchstgeschwindigkeit zwischen den ankernden Booten hindurch fahren. Die Wellen, die sie verursachen, lassen die Yachten tanzen. Selbst unsere schwere ATHENE kommt mächtig ins Rollen, fahren die Fischer doch so dicht wie möglich vor und hinter ihr durch.

In der Koje liegend, höre ich die drehenden Propeller, die mit Annäherung der Kutter immer lauter werden. Manchmal ist das Geräusch so laut, dass ich die Luft anhalte und hoffe, die Fischer werden uns nicht rammen. Passiert ein Fischkutter, ist es für einen Augenblick ruhig, dann holt das Boot mächtig über. Im Halbschlaf bin ich Arnold Schwarzenegger, gehe zu den Fischern rüber und rechne mit ihnen nach Hollywood-Art ab. Bestimmt wird am Jahresende derjenige Fischer prämiert, der am schnellsten und dichtesten an einer Yacht vorbeifuhr. Und die Captains sind sehr ehrgeizig!

Portosin

Völlig gerädert fahren wir am Morgen los. Dunst liegt auf dem Wasser, der sich schnell zu Nebel verdichtet. Unter Radar verlassen wir die Ria, an deren Ausgang uns eine kleine Delfinschule begegnet, sie schwimmen in die Bucht hinein. Ein spanisches Segelboot ohne Radargerät folgt uns, die Crew vertraut auf unsere Navigation und bleibt lange im Kielwasser.

Mit Erreichen des offenen Atlantiks nimmt die Dünung schnell zu. Die Wellen dürften gut zwei Meter hoch sein; der erste Gruß von Kap Finisterre, einem Kap, von dem man damals glaubte, es sei das Ende der Welt. Wir glauben es bald auch, im Nebel ist es nicht zu sehen. Mit Annäherung an das Kap steigen die Wellen weiter an. Ein Seehandbuch weist auf diese Besonderheit um Finisterre hin. Nach Aussage des Buches muss es hier recht heftig zugehen, wenn Wind gegen Strom läuft. Aber zum Glück sind die Wellen sehr lang, der Einfluss auf die Schiffsbewegungen erträglich. Neben uns taucht ein mittelgroßes Fischereifahrzeug aus dem Nebel auf. Sind beide Fahrzeuge - der Fischer und ATHENE - auf einem Wellenkamm, sehen wir einander, sonst versperrt ein Wasserberg den Blick. Am Nachmittag beobachten wir in direkter Bootsnähe große Rückenflossen. Die Tiere sind bestimmt doppelt so groß wie Delfine, die Körper glänzen schwarz; möglicherweise Pilotwale.

Kap Finisterre liegt nun backbord querab, irgendwo im Nebel. Wie schade! Gegen Abend befinden wir uns in der Ansteuerung zur Ria de Muros; unser Ziel ist die Marina Portosin, die weit in der Bucht liegt. Nach neun langen Stunden lichtet sich der Nebel endlich und gibt den Blick auf die umliegenden Berge frei. Ein großartiges Panorama der bewaldeten Berge vor dem blauen Wasser, im Licht der Abendsonne.

Auf dem Atlantik soll es laut Wetterbericht in den kommenden Tagen sehr ungemütlich werden. Daher werden wir in Portosin eine Pause einlegen. In der Nähe sind Supermarkt, Waschmaschine und Internet, alles, was der heutige Segler braucht. Damit werden wir uns beschäftigen, ebenso, wohin die morgige Radtour führen soll.

Der höchste Berg der Umgebung ist das Wunschziel. Eine Strecke von zehn Kilometern, die aber auch mit 550 m Höhenanstieg verbunden ist. Nach zwei anstrengenden Stunden endet auf einem vorgelagerten Berg die Fahrt, mit den Bordfahrrädern ist der weitere Anstieg zu mühsam. Im Moment unserer Ankunft schieben sich dicke Nebelschwaden über den Berg, Wolken, die vom Atlantik heranziehen und sich hier stauen. Bald klart es auf, das einzigartige Panorama übersteigt unsere Erwartungen. Die gesamte Ria de Muros lässt sich überblicken. Die Stadt Muros im Norden, die auch Namensgeberin ist, die brandenden Wellen des Atlantiks im Westen, und Portosin im Osten, dessen heller Sandstrand in der Sonne leuchtet. Die Fahrt zurück, eine Schussfahrt zu Tal, dauert kaum mehr als 20 Minuten.

Am frühen Abend besuchen wir das Marinarestaurant und sind die einzigen Gäste. Gegen 22.00 Uhr betreten viele Crews zum Dinner das Lokal und uns wird der stilechte Ablauf klar: Zuerst mit einem Sundowner auf die Terrasse, den Sonnenuntergang genießen, danach zum Abendessen. Die ATHENE Crew lernt dazu. Später plaudern wir noch mit dem Pianisten, der offensichtlich gerne Jazz spielt.

Santiago de Compostela

Nach Einweisung in die Feinheiten des spanischen Bussystems machen wir uns auf den Weg nach Santiago de Compostela. Selten haben Busse eine erkennbare Haltestelle. In Portosin ist es die Telefonzelle, es kann aber auch ein Restaurant, eine Straßenkreuzung oder ein Baum sein. Es gibt keinen Fahrplan, der genaue Uhrzeiten an Haltestellen ausweist, nur ein Plan, wann der Bus im Busbahnhof abfährt. Zu welcher Zeit er ankommt, darf sich jeder selbst ausrechnen. Nach gut zwei Stunden erreichen wir Santiago de Compostela. Die Stadt liegt am Ende des quer durch Europa verlaufenden Jakobsweges, dessen Bedeutung auf die Ursprünge des Christentums zurückgeht. Um 1070 entstanden Pläne, eine Kathedrale zu bauen, so wundervoll wie die in Rom. Und sie musste groß sein, um viele Pilger aufzunehmen. In ihrer Grundform ist sie ein liegendes Kreuz, das Symbol für Jesus. Fertiggestellt wurde das gewaltige Bauwerk um 1211.

Die Kathedrale ist eine Wucht. Uns beeindruckt die Liebe zum Detail der Erbauer. Ein Weihrauchbrenner mit einem Kessel in gewaltiger Größe hängt von der Decke und schwingt rauchend hin und her. Hunderte Leute bevölkern das Gotteshaus. Sie stehen in einer scheinbar endlos langen Schlange an und warten geduldig, um vor das Grab des Apostels Jakob zu treten.

Die Geräuschkulisse in der Kirche ist keineswegs dem ehrwürdigen Ort angemessen und steht der eines Rummelplatzes nicht nach. Mehrfach werden die Besucher über Lautsprecher aufgefordert, ruhig zu sein, aber vergebens. Am Tag unseres Besuchs ist der Wallfahrtsort mit Touristen überflutet, die durch die schmalen Gassen strömen. Die Stadt hat sich auf den Kommerz sehr gut eingestellt. Zahlreich sind neben Kirchen auch Geldautomaten, Restaurants, Apotheken und Souvenirshops vorhanden. Die Logik entspricht der heutigen Gesellschaft. Zuerst in die Kirche zur Läuterung der Seele. So gestärkt zum Geldautomaten, damit dem Restaurantbesuch nichts im Wege steht. War das Essen zu üppig, ab zur Apotheke. Wem die Arznei nicht hilft, muss zurück auf eins, die Kirche, ansonsten rückt man zum Souvenirladen vor.

Es ist Zeit, an die Rückfahrt zu denken. Der Weg führt über Noia, dort umsteigen und dann weiter nach Portosin. Die Fahrkarte erstehen wir auf Anhieb, aber welcher Bus fährt wo ab? Wir fragen einen Mitarbeiter der Busgesellschaft, »Por favor, Autobus para Noia?« Er schaut sich im Busbahnhof ratlos um. Seiner Gestik und wenigen Worten ist zu entnehmen, der Bus hat Verspätung. Nach zwanzig Minuten kommt der Bus, der Fahrer dreht das Schild hinter der Windschutzscheibe um, Santiago – Noia. Prima. Wir sind froh, im richtigen Bus zu sitzen und sagen uns, die Fahrt ›para Noia‹ wurde zum Glück keine Paranoia für uns.

Am Steg fällt uns eine Yacht auf, in deren Vorstag eine Flagge hängt, auf der ein Känguru mit roten Boxhandschuhen vor grünem Hintergrund abgebildet ist. Neugierig fragen wir die Segler nach der Bedeutung. Das boxende Känguru ist die Flagge eines australischen Segelclubs in Perth. Jane und Noel reisen bereits seit zehn Jahren mit dem Boot über die Weltmeere. Zwei Jahre verbrachten sie in Europa. Nun haben sie Furcht vor dem Zoll, Boote von anderen Kontinenten dürfen maximal ein Jahr in Europa bleiben, dann ist Mehrwertsteuer zu zahlen. Sie möchten auch zu den Kanaren, im Winter in die Karibik, im nächsten Jahr über den Pazifik und dann sind sie auch schon wieder zu Hause. Ach so, klar, na dann gute Fahrt, diesen Satz denke ich mir. Die Australier sprechen uns auf die Ria de Arosa an. Einem englischsprachigen Revierführer zufolge, den offensichtlich alle lesen, soll die Ria ein Schwerpunkt im Drogenhandel sein. Die beiden müssen in die gleichnamige Stadt, wo eine der besten Schiffswerften Galiciens sein soll. Der Dieselmotor bereitet ihnen Probleme und fällt mit Vorliebe vor Hafeneinfahrten aus.

Islas Cies

Ob es in der Ria wirklich Probleme mit Drogenhandel über See gibt, wissen wir nicht. Das heutige Ziel liegt weiter westlich, die Islas Cies. Der Atlantik ist wie glatt gebügelt. Sie wissen, was das heißt, der gute Dieselmotor verrichtet wieder sein Werk. Nach acht Stunden im Sonnenschein fällt der Anker auf sechs Meter Wassertiefe, vor einer traumhaften Inselgruppe für Strandurlauber. Da die Hauptinsel fast unbewohnt und der Zugang nur mit der Fähre möglich ist, haben die hier ankernden Yachties abends die Insel für sich allein. Richtig so! Eine zweite Insel der Gruppe ist als Vogelschutzgebiet ausgewiesen und das Betreten nur mit einer Sondererlaubnis gestattet.

Mit uns geht ein Boot des spanischen Zolls vor Anker, eine halbe Stunde später sitzen zwei Zöllner in unserem Cockpit und möchten die Personalausweise sowie die Bootspapiere sehen. Sie sind ausgesprochen freundlich und verfügen über guten Sachverstand, um meine Position an Bord direkt zu erkennen. Sie sprechen mich nur mit Capitane an! Nach Erledigung der Formalitäten essen Beate und ich am Kapitänstisch und genießen den Abend. Leicht wiegt das Boot in den Wellen, in der Ferne rauschen die Wellen am Strand, Buenas noches.

Frühstück im Cockpit, in einer Umgebung, von der alle sonnenhungrigen Menschen träumen; weißer feiner Sand, der vor tiefblauem Wasser leuchtet. Der Ankerplatz ist gut besucht, dennoch ist es nicht eng. Die meisten Yachten fahren am Heck skandinavische oder britische Flaggen, eine amerikanische Yacht gesellt sich später auch hinzu.

Bevölkerten früh am Morgen Vögel den Strand, sind es jetzt am späten Vormittag Touristen, die durch laufenden Fährbetrieb hergebracht werden. Mit dem Schlauchboot fahren wir zum Strand und setzen uns dazu. Warum wir das tun, ist uns selbst nicht klar. Vielleicht war es der Strand, der von Bord aus betrachtet so verführerisch in der Sonne leuchtete. Verführerisch sind auch einige Strandschönheiten, nur geht uns deren Eitelkeit und Gehabe bald auf die Nerven. Rückkehr, für heute reicht unser Bedarf an Massentourismus, an Bord ist es erheblich angenehmer. Abends sind die Menschenmassen verschwunden. Mit Astrid und Dieter unternehmen wir einen wunderschönen Spaziergang zum Leuchtturm, der auf dem höchsten Punkt der Insel errichtet wurde. Von hier ist die benachbarte Vogelinsel zu sehen - steile grün-braune Felsen im rötlichen Abendlicht. Wie schön doch Galicien ist!

Bayona

Was nützt der schönste Strand, wenn die Crew den Lockruf der Ferne hört! Tage später wird der Anker eingeholt, wir segeln nach Bayona. Der Wind ist der eigentliche Grund für den Aufbruch, er ist wieder da, vor Freude segeln wir in der Bucht von Bayona einige Schläge.

Die Marina ist voll belegt, August ist Hochsaison. Einige Mooringbojen sind noch frei, aber seltsamerweise kostet das Liegen an einer Boje denselben Preis wie am Steg, obwohl es an einer Boje selbstverständlich weder Wasser noch Strom gibt. Da die Bucht ebenfalls gut geschützt ist, gehen wir wieder vor Anker, genießen den Blick auf die Stadt und schonen die Bordkasse.

Bayona wird von einem ehemaligen Fort beherrscht, das heute im Schutz seiner Mauern ein Hotel beherbergt. Teile der Anlage sind auch für die Öffentlichkeit zugänglich. Auf einer Anhöhe gelegen, bietet es einen atemberaubenden Blick über den Atlantik. Wir schauen uns um und genießen den Tag. In der Ferne liegt ATHENE vor Anker und dümpelt friedlich vor sich hin.

Auf dem Weg zurück fahren wir aus Neugierde mit dem Schlauchboot durch den Hafen. Mit Frank und Tini von der WILDCAT kommen wir ins Gespräch, das mit einer Einladung an Bord zum Abend endet, die wir gerne annehmen; es soll eine lange Nacht werden.

Hinter uns liegt eine holländische Yacht, dunkelblauer Stahlrumpf, schwarzer Mast, THALASSA II. Wer Bobby Schenks Bücher zu seinen Weltumseglungen las, wird früher oder später auf den Namen stoßen; und tatsächlich, der Holländer bestätigt, die Yacht gehörte einst dem bekannten Autor und Segler. Als fünfter Eigner ist der Holländer auf dem Weg nach Brasilien.

Bayona ist unser letzter Hafen in Spanien, nächste Woche folgt Portugal. Der Aufenthalt im einzigartigen Galicien geht mit einer deutlichen Verbesserung der Lebensqualität einher. Wir genießen das Leben! Selten fühlten wir uns so wohl wie im Augenblick.

Portugal

August - September 2002

Mysteriöser Kutter - historisches Porto - lebhaftes Lissabon - touristische Algarve

Der Wind macht heute eine Ausnahme und weht aus der richtigen Richtung mit der richtigen Stärke. Sehr schnell sind wir 5 sm von der Küste entfernt; mit diesem Sicherheitsabstand gehen wir auf Kurs Süd. Das Log zeigt ständig 6,5 – 7 kn an, so macht Segeln Spaß. Gegen Nachmittag brist es auf, es weht mit 25 – 30 kn. Unsere gute ATHENE zeigt Segelleistungen einer neuen Dimension. Das Log pendelt ständig zwischen 7,5 und 8 kn, ein Geschwindigkeitsrekord. Unserem Autopiloten gefällt diese Raserei nicht so sehr; eigentlich müssten die Segel gerefft werden, aber wer macht das schon, wenn es so toll läuft? Grundsätzlich steuern wir das Boot nicht, heute macht es viel Spaß, und so steht der Skipper am Ruder, während Beate die Gastlandflagge wechselt. In die Hafeneinfahrt von Viana do Castelo rauschen wir mit mehr als acht Knoten, werden kurz von spritzendem Wasser geduscht, dann ist der Spaß vorbei.

Die neu angekommenen Yachten legt der Hafenmeister an einen Steg. Kurze Zeit später kommt er mit dem Schlauchboot vorbei und fährt alle Captains zur Kommandantur, wo die Formalitäten schnell erledigt sind. Das Personal ist äußerst freundlich und hilfsbereit.

Frank und Tini von der holländischen WILDCAT liegen direkt neben uns, abends sind sie unsere Gäste. Die beiden sind mit Mitte 50 im Vorruhestand und möchten sich die Welt ansehen. Ihre Reise vor 20 Jahren nach Mittelamerika hat sie zu Globetrottern gemacht. Sie lebten lange in Kanada und sprechen hervorragend Englisch. Wir sind froh um jede Gelegenheit, die englische Sprache zu praktizieren, ist es doch die Sprache, die ein Langfahrtsegler beherrschen muss.

Viana do Castelo

Hoch über Viana do Castelo liegt der Tempel der heiligen Lucia. Der Weg nach oben führt über eine lange Treppe mit endlos vielen Stufen. Auf halbem Weg schätzen wir sie auf 1000, oben angekommen auf 2000. Ein fabelhafter Panoramablick ist Lohn der Mühe.

Leixoes

Mit mehreren Yachten verlassen wir Viana zeitgleich. Jeder versucht den vorherrschenden Nordwind zu nutzen, die meisten kreuzen vor dem Wind, einer lässt sich gemütlich vom Vorsegel ziehen. Wir nehmen unser Zaubertuch, das Passatsegel, und laufen direkten Kurs. Von Zeit zu Zeit schauen wir uns um, möchten wissen, wo unsere Mitstreiter sind. Zwischen all den Yachten fährt ein blauer Fischkutter in unserem Kielwasser. Wir nehmen ihn zur Kenntnis, schenken ihm aber keine Aufmerksamkeit. Unser Bordleben geht seinen üblichen Weg, essen, trinken, lesen, in der Sonne liegen. Delfine begleiten uns und beobachten, was wir so machen. Es ist immer wieder eine Freude für Augen und Herz, die eleganten Tiere zu sehen. Unsere Bugwelle gefällt ihnen besonders gut, sie springen hinein oder tauchen dort auf. Als ich auf dem Vordeck Saxofon übe, bleiben sie weg.

Zwischendurch blicken wir uns um. Wie ist der Stand der Dinge? Mit dem Passatsegel stechen wir alle mitlaufenden Yachten ohne ein ähnliches Tuch aus; nach drei Stunden sind nur noch die Mastspitzen zu sehen. Der Fischkutter hat den Abstand zu unserem Boot verkürzt und läuft exakt im Kielwasser. Was hat er vor? Durch das Fernglas ist kein Schleppnetz oder ähnliches zu sehen; mühsam ist eine Person im Steuerstand zu erkennen. Zu allem Überfluß lässt jetzt auch der Wind nach, der Kutter holt rasch auf. Er fährt unter französischer Flagge, im Steuerhaus stehen zwei Männer und ein Junge.

Zum Glück brist es wieder auf, ATHENE segelt gut 6,5 Knoten, sehr viel schneller ist der Kutter auch nicht. Dennoch, es reicht. Wir wollen ihn per Funk anrufen und nach seinen Absichten fragen, genau in dem Augenblick dreht er nach Steuerbord ab. Das Manöver nehmen wir mit Erleichterung zur Kenntnis, sind aber auf der Hut, nicht, dass er plötzlich vor uns rüberzieht und so eine Havarie herbeiführt. Er bleibt auf Kurs, überholt, setzt sich genau vor unseren Bug und dreht schließlich deutlich nach Backbord ab. Und zwar soweit, dass uns diejenigen, die ihn beobachtet hatten, später im Hafen fragten, was das sollte. Den Kutter haben wir nie mehr gesehen. Vermutlich ist er aus reiner Neugierde hinter uns hergefahren.

Porto

›Resende‹ heißt die Busgesellschaft, mit der wir von Leixoes nach Porto fahren. Bereits nach einer Minute haben wir sie in die ›Rasende‹ umbenannt. Knapp eine Stunde dauert die gewagte Fahrt zum Zentrum. Ganz sicher hat der Busfahrer keinen Verstoß gegen die Verkehrsregeln ausgelassen. Im Touristenbüro besorgen wir uns einen Stadtplan und gehen von dort zu einem Museum, wo uns ein Film über die Entwicklung der Stadt gezeigt wird. So haben wir eine Idee, welche Gebäude wir uns später ansehen wollen.

Porto ist Namensgeberin für Portugal, die Gründung der Stadt am Hügel der Sé, der Kathedrale, geht auf das 12. Jahrhundert zurück. Schon damals ankerten am Ufer des Flusses Douro Schiffe aus der Nordsee und dem Mittelmeer. Somit ist unser erstes Ziel der Stadtteil Ribeira; am Flussufer gelegen, stehen die Häuser dicht gedrängt, durchzogen von schmalen Gassen.

In der Altstadt wurde bereits viel restauriert, vor allem im Bereich um die historischen Gebäude und Denkmäler. Das Wetter ist hochsommerlich, die Temperaturen liegen über

30 Grad. Hier im Schatten der malerischen Altstadt kommt jetzt ein gutes Cerveza genau recht. Aus einem Bier werden zwei und noch ein Mittagessen, die portugiesische Küche ist empfehlenswert.

So gestärkt verholen wir über die alte Straßenbrücke, die den Douro überspannt, zu einem der Portwein-Keller. Die Brücke Dom Luís wurde von einem Schüler Eiffels entworfen und sieht dem Eiffelturm mit seinen vielen Verstrebungen ähnlich. Im ersten Portweinkeller, in dem eine Führung mit anschließender Kostprobe angeboten wird, kehren wir ein. Unsere Führerin ist wie der berühmte Mann auf dem Flaschenetikett gekleidet, schwarzer Umhang und Sombrero. Eigentlich gefällt sie mir viel besser, ihr hübsches Gesicht, ihre blonden Haare im Kontrast zum schwarzen Hut, verleihen dem Weinhaus ein jugendliches Ansehen. Sie spricht fließend deutsch und führt die Gäste sachkundig durch den Keller. Vor einem raumhohen Fass bleibt sie stehen, hebt die Hand, deutet auf eine Zahl und sagt: »Auf den Fässern steht die Literangabe druff.« Während der Weinprobe erzählt sie, sie habe in Stuttgart gelebt und sei dort zur Schule gegangen. Das Konzept der Firma geht auf; wir verlassen den Keller mit einer Flasche Portwein.

Zurück an Bord sortieren wir erst mal unsere Knochen. Nach der Busfahrt kennen wir jetzt alle Schlaglöcher der Stadt.

Am nächsten Tag unterstützen uns Tini und Frank beim Stadtbummel. Wir sehen uns die prachtvollen Häuser an, das Stadthaus, die Börse, das Majestic Cafe, den Clérigos Turm, die Buchhandlung Lello und den Park Palacio de Cristal. Je länger wir uns hier aufhalten, um so mehr entdecken wir die Schönheiten von Porto.

Es ist Sonntag, der 1. September; unser erster Monat des Sabbatjahres vorüber. Frank flüchtet von seinem Boot, seine Frau will das Segel nähen und er hat soeben erkannt, für solche Arbeiten zwei linke Hände zu haben. Er macht den Vorschlag, gemeinsam ein Auto zu mieten, um am Montag die nähere Umgebung zu erkunden. Gute Idee! Machen wir.

Das Taxi bringt uns am nächsten Morgen zum Flugplatz, wo die meisten Autovermietungen sind. Mit einem Peugeot 206 fahren wir entlang des Flusses Douro, dann hinauf in die Berge zu einem Aussichtpunkt. In den tief eingeschnittenen Tälern des Douro fährt ein Kreuzfahrtschiff langsam flussaufwärts. Das blaue Wasser des Flußes und des Himmels, die weißen Häuser mit roten Dächern zwischen grünen Laubwäldern, ein fantastisches Panorama.

Wir verlassen den Douro, durchfahren Serra de Monte Muro, eine herrliche Gebirgslandschaft, und erreichen schließlich Lamego. Auf dem Marktplatz stehen mehrere Holzschuppen, die sich hier Restaurants nennen. Der Wirt möchte die Bestellung aufnehmen. Wir fragen, ob er englisch, französisch oder spanisch spricht? »No«, antwortet er, »aber ich kann deutsch.« So kommen die überrascht schauenden Gäste doch zu ihrem Essen. Der Marktplatz, an dessen Ende die Kirche Nossa Senhora dos Remédios steht, ist reich dekoriert. Bald findet eine Wallfahrt statt.

Die weitere Landschaft ist durch steile Weinberge geprägt, in denen die Reben für den Portwein angebaut werden. Die verstreut stehenden Häuser der Quintas - Weingüter - geben dem satten Grün hübsche weiße Farbtupfer. Zwischen den Weinstöcken windet sich die schmale Straße, die nach Guimaraes führt, nordöstlich von Porto, wo wir uns den historischen Stadtteil ansehen möchten. Zufällig stellt sich heraus, dass auch Frank und Tini seit acht Wochen kein Auto mehr gefahren sind. Uns irritiert die Hektik auf den Straßen, insbesondere jetzt im Berufsverkehr. Wir sind uns einig, Segeln ist eine erheblich entspanntere Art zu reisen.

Zurück am Flugplatz geben wir den Wagen ab. Der Taxifahrer, der uns zur Marina fliegt, pardon, fährt, ist tief in das Fußballspiel Porto vs. Boa Vista (ein Vorort Portos) vertieft, das im Radio übertragen wird. Zwischendurch telefoniert er noch. Wir fragen uns, wer fährt hier eigentlich?

Figueira da Foz

Frühstück gibt es heute auf See. Vor uns liegen 65 sm, der nächste Hafen ist Figueira da Foz. Der Wind ist in Urlaub, die Sonne scheint irgendwo anders, es ist regnerisch und kühl. Gegen Mittag passieren wir auf halber Strecke Aveiro, wo einige Großschiffe auf Reede liegen. Es regnet, der Wind ist auch da, leider aus Süd. Es ist erstaunlich, wie unstet der Wind an dieser Küste ist, sprechen doch alle Bücher und Segler von einem steten Nordwind. Man gab ihm sogar einen Namen, der portugiesische Norder. Vielleicht gilt diese Aussage nur für den Sommer und der September zählt bereits als Übergangsmonat.

Am späten Nachmittag dreht der Wind innerhalb von 15 Minuten von Süd auf Nordwest und weht heftig. Endlich die Gelegenheit zum Segeln. Leider liegt in der Achterkabine ein loses Brett. Es gibt verschiedene Möglichkeiten, die Windstärke zu ermitteln, eine weitverbreitete ist, man sieht nach, wie tief die Kerbe im Mobiliar ist, nachdem ein Brett durch die Kabine flog. Die neue Kerbe ist gut sichtbar, Windstärke fünf. Zu allem Überfluss meldet der Autopilot eine Fehlfunktion im Antrieb und anschließend fällt das Fernglas herunter und ist beschädigt. Den Hafen erreichen wir erstaunlicherweise ohne weitere Probleme. Nach der Anmeldung bei der ›Guardia Civil‹ legen wir am Steg an. Tini und Frank sind wenig später unsere Nachbarn, zusammen suchen wir das Büro des Hafenmeisters auf.

Figueira ist ein nettes Küstenstädtchen, relativ wenig Tourismus, aber auch keine aufregende Stadt. Eine Besonderheit sind die riesigen Fischschwärme im Hafen, unzählige Meeräschen. Der Hafenmeister sagt, diese Fische seien nicht essbar, sie würden in der Bratpfanne nach Diesel riechen. Man nennt sie deshalb auch Fuel Fische. Auf dem Rückweg zum Boot überlegen Frank und ich, ob man den Unterschied zwischen Shell und BP schmeckt.

Nazaré

Es klingt unwahrscheinlich, aber wir können die gesamte Strecke zur nächsten Stadt segeln. Nazaré ist einer der bestgeschützten Häfen an der portugiesischen Küste und bei jedem Wetter anlaufbar, denn portugiesische Häfen sind oft der atlantischen Dünung ungeschützt ausgesetzt. Dank des ruhigen Atlantikwassers ist die Ansteuerung heute ganz einfach. Im Hafen empfängt uns ein untersetzter Mann mit Vollbart, der irgendetwas in seltsamem Englisch ruft. Mike Hadley, der Hafenmeister. Mike ist Brite und lebt seit seiner Pensionierung in Portugal. Seine englische Sprache unterlegt er mit Portugiesisch; selbst Briten verstehen ihn nur mühsam. Glücklicherweise wird Beate aus seinen Anweisungen klug und leitet mich zum Liegeplatz. Die Marina ist voll. Wir machen an einem englischen Boot fest. Es folgt die Formalienprozedur. Mike holt die neu angekommenen Skipper ab, denn in Nazaré müssen verschiedene Stellen zum Anmelden aufgesucht werden. Im Hafenbüro fülle ich ein Formular aus, das Schiffsdaten enthält, anschließend werden die Daten der Ausweise übernommen. Nun folgt die ›Brigada Fiscal‹. Der freundliche Beamte empfängt mich mit Handschlag; der Weg zu seinem Büro führt durch einen düsteren Flur. Dort bringt er die gleichen Daten noch einmal zu Papier, das Formular ist nur anders aufgeteilt. Er verabschiedet mich höflich. Am Abend erscheint ein anderer Uniformierter auf dem Steg, vergleicht die Namen der Boote mit einer Liste. Wenn ich noch den Kollegen hinzuzähle, der im Bürogebäude vor dem Fernseher saß, so sind an diesem Abend vier Leute mit Formalien beschäftigt.

Von offizieller Seite sagt man, diese Daten dienen zur Kontrolle von Yachtbewegungen. In Seglerkreisen wird gemunkelt, dass kein Abgleich oder gar eine zentrale Erfassung erfolgt. Manche Segler vermuten, anhand der genauen Schiffsdaten kann niemand bei der Längenangabe des Bootes, und damit bezüglich der Liegeplatzgebühren, schummeln.

Nazaré hat ein ›Wahrzeichen‹: Müll. Im Hafenbecken schwimmen etliche Plastiktüten, dazwischen sogar ein Autoreifen. Später auf dem Weg zur Stadt sehen wir, wo die Bewohner der Berghäuser ihren Dreck lassen. Sie werfen ihn offensichtlich den Berg hinunter. Touristen leisten dann ihren Beitrag mit den üblichen Getränkedosen und Schokoladenpapier.

Nazaré ist eine Stadt der Gegensätze: alte verfallene Häuser auf der einen Seite und moderne Appartements mit Balkon im Einheitslook auf der anderen.

Bemerkenswert ist der Unterschied zwischen alten und jungen Menschen. Die Älteren, vor allem Frauen, haben Gesichter und Hände, die von ihrem Leben gezeichnet sind, braune lederartige Haut, tief gefurcht von harter landwirtschaftlicher Arbeit. Auffallend ist auch die geringe Körpergröße. Die Kleidung vieler älterer Frauen ist traditionell, einfach. Wüssten wir nicht, in Portugal zu reisen, so könnten wir ebenso in Südamerika sein. Die jungen Leute hingegen tragen moderne Kleidung, den letzten modischen Schnickschnack wie überall.

Der Kommerz dieser Stadt ist aber auch den Älteren nicht entgangen. An Häusern sind Schilder mit der Aufschrift ›Zimmer, Rooms, Chambre‹ angebracht. Traditionell gekleidete Damen sitzen am Straßenrand und sprechen vorbeigehende Touristen in mehreren Sprachen auf Zimmer an. In den zwei Monaten unserer Reise haben wir erkannt, je mehr Restaurants eine Stadt zu bieten hat, desto sicherer ist das kein Ort für uns. Hier gibt es sehr viele Restaurants.

Bemerkenswert sind die schönen, langen, goldgelben Strände. Der kühle Küstennebel hat sie heute fast menschenleer gefegt. Auf einer Anhöhe liegt die Oberstadt, mit einer Kirche und einem riesigen Vorplatz. Lautsprecher werden für eine bevorstehende religiöse Veranstaltung aufgebaut. Praktisch: eine Bergbahn verbindet Ober- und Unterstadt.

Drei Tage bleiben wir im Hafen. Auf dem Atlantik zog eine Schlechtwetterfront durch, nun können wir weiter. Heute früh sind auch Fischkutter ausgelaufen. Der Dreck, den sie beim Reinigen ihrer Schiffe hinterlassen haben, schwimmt nun im Hafen. Das Wasser ist beinahe weiß von unzähligen Plastiktüten, Flaschen und sogar Styroporkisten. Im Slalom geht es um die Abfälle, damit sie nicht vom Propeller angesaugt werden und ihn blockieren. Die Dünung, die uns beim Verlassen des Hafens empfängt, ist spürbar höher. Westlich auf dem Atlantik tobt ein Sturm und das sind die Folgen.

Kurz vor Runden des Cabo Carvoeiro melden drei Yachten über Funk Probleme mit den Abfällen im Hafen, unter anderem auch Frank von der Yacht WILDCAT, der ins Wasser musste, um den Propeller zu klarieren. Was für ein Glück, dass wir verschont blieben!

Cascais

Gegen Abend laufen wir in den bisher teuersten Hafen Portugals ein, Cascais. Der klimatische Unterschied 65 sm weiter südlich ist beachtlich. Obwohl schon spät, ist es immer noch angenehm warm. Die Luft riecht auch anders, einfach hochsommerlich. Die Lage der Marina zum Ort ist hervorragend, der Fußweg kurz und schön. Am Abend unternehmen wir einen Spaziergang durch die noble Stadt.

Ein Tag voller Überraschungen. An der Maschine ist ein Ölwechsel notwendig; nur ist es nicht so einfach, in dieser tollen Marina das Altöl zu entsorgen, denn niemand fühlt sich zuständig. Nach gut einer halben Stunde gelingt es schließlich, das Öl in einer Werkstatt abzugeben. Der Mechaniker wurde mehrfach aus dem Marinabüro angerufen und gebeten, das Altöl entgegenzunehmen. Er bedankt sich für die Kanister mit einer knappen Verbeugung.

Ein weiterer Stadtbummel. Cascais ist ein herrlicher Ort zum Entspannen und um das Leben zu genießen. Seit La Coruña sind Palmen unsere neuen Lieblingspflanzen, und hier stehen sehr viele. Die nächste Überraschung, Astrid und Dieter von der WINDLISE liegen hier vor Anker. Dieter sieht uns an der Marina Tankstelle und kommt für einen Klönschnack mit dem Beiboot herübergebraust. Er hat es nicht eilig, zu seinem Haus auf Madeira zu kommen. Er versucht uns davon zu überzeugen, noch einen Tag hier zu bleiben. Tut uns leid, lieber Dieter, Lissabon lockt.

Lissabon

Recht flott schiebt uns der Strom den Tejo hinauf. Wir passieren verschiedene Forts und natürlich auch die Brücke ›Ponte de 25. Abril‹. Die beste Marina in Lissabon ist nach allen uns vorliegenden Informationen die Expo-Marina. Die dritte Überraschung: Wir stehen vor der blockierten Einfahrt und sehen nur noch Teile einer zerstörten Steganlage. Später erzählt ein lokaler Segler, dass die Expo Marina im vergangenen Winter infolge eines Sturmes zerstört wurde. Jetzt sucht die Stadt neue Investoren.

So ein Pech. Nun geht es gegen den Strom fünf Meilen zurück. Tief steht die Sonne über der Marina ›Doca de Alcantara‹, die Spiegelungen im Wasser blenden, das Steuern ist anstrengend. Nach einigem Suchen machen wir in einem freien Liegeplatz fest. Es folgt die letzte Überraschung des Tages. Französische Segler laufen kurz nach uns ein und beanspruchen den Platz für sich. Wir klären das Anliegen mit dem Hafenmeister ab, der in souveräner portugiesischer Art entscheidet: Jetzt seid ihr drin und ihr bleibt auch drin! Recht hat der Mann. Prost! Wir trinken einen Sekt auf unsere Ankunft in Lissabon.

Mit Lissabon erfüllt sich der Wunsch, zu Beates Geburtstag hier zu sein. Außerdem sehen unsere Planungen vor, einige Besorgungen zu machen. Es fehlen die Seekarten bis zu den Kanaren, Filme sind zu entwickeln, ein Segel muss nachgenäht werden und schließlich ist einer der hölzernen Cockpitdeckel neben den Scharnieren abgebrochen.

Unser erster Tag in einer fremden Stadt führt uns routinemäßig ins Touristenbüro. Mittlerweile haben wir gelernt, die für uns wichtigen Fragen zu stellen. Welches Verkehrsmittel fährt wohin, wo sind Supermärkte, Einkaufszentren und Internetcafes, wo kann man Wäsche waschen? Wir erhalten dann einen schönen Stadtplan, der voller Kreuze und Kästchen ist, entsprechend der nachgefragten Lokalitäten. Von Lissabon gewinnen wir heute nur einen ersten Eindruck, es gibt unglaublich viel zu sehen. Das Anschauen der Stadt muss geplant sein, sonst laufen wir nur ziellos herum.

Abends gehen wir die Reparaturen durch und finden auch eine einfache Lösung für den zerbrochenen Deckel im Cockpit, jedoch ist es fraglich, ob wir sie realisieren können.

Wir haben gerade das Frühstück beendet, als ein freundlicher älterer Herr ans Boot tritt und fragt, ob er sich bereits vorgestellt habe. Die Frage verneinend, sagt er auf Englisch: »Mein Name ist Carlos, wenn ihr ein Problem habt, einen Übersetzer braucht, jemanden, der euch durch die Stadt fährt, dann kann ich euch helfen.« Was für ein Glück, der Mann kommt wie gerufen. Ich zeige ihm den Deckel, der lose an zwei Scharnieren hängt. »Könnte man an die Scharniere zwei Verlängerungen anschweißen, so würden die Schrauben im festen Holz weiter in der Mitte wieder halten«, erkläre ich ihm. Carlos als pensionierter Ingenieur, wie er später erzählt, sieht das auch so und will mich zu einer Firma in der Nähe fahren, 15 Euro die Stunde. Er sagt, wir sollten es uns überlegen, er wolle noch mit anderen Seglern auf dem Steg sprechen. Ich nutze die Gelegenheit und gehe zu einen englischen Yachtie gegenüber, mit dem Carlos zuvor gesprochen hatte; wir hatten den Eindruck, die beiden kennen sich schon länger. Auf die Frage, ob man Carlos vertrauen könne, antwortet er: »Carlos? Yes, absolutely.«

Die Scharniere sind schnell demontiert, 15 Minuten später stehen wir in einer Werkstatt in der Größe von vier Garagen und der Unordnung eines Großbetriebes. Zwei Leute arbeiten hier. Carlos erklärt einem von beiden, vermutlich dem Chef, unser Problem. Zu meinem Erstaunen lässt der alles liegen und beginnt sofort, passenden Edelstahl zu suchen. Er schweißt die Teile gemäß meiner Skizze zusammen, 20 Minuten später halte ich zwei tolle Scharniere in der Hand. Zehn Euro würde die Reparatur kosten, meint der Boss; die zahle ich gerne. Der Deckel sitzt jetzt wieder fest und schließt wasserdicht ab, sollte mal eine Welle ins Cockpit steigen.

Carlos verdient sich nach der Pensionierung mit seinem Service einige Euro hinzu. »Ich mache das jetzt seit sechs Jahren. Es ist mir viel zu langweilig, zu Hause herumzusitzen. Hier in der Marina treffe ich die unterschiedlichsten Leute und ich habe eine Aufgabe.«

Ich spreche ihn auf die Bettler an, die wir am Vortag in der Stadt sahen, häufig Frauen mit kleinen Kindern, die irgendwelche Krankheiten wie ›Zittern‹ mimten.

»Das sind rumänische Banden, die mit Kleinbussen umherziehen. Die wirklich armen Portugiesen setzen sich nicht auf die Straße und betteln, die haben viel zu viel Scham, das zu tun«, erklärt er.

Mit der alten Tram, einem richtigen Museumsstück, fahren wir ins Stadtzentrum. Der Wagenaufbau ist aus Holz, ein toll geschwungenes Rad rechts neben dem Fahrer unterstreicht die Altertümlichkeit des Fahrzeugs.

Heute ist Samstag. Auf dem Tejo soll eine Regatta stattfinden und wir sind uns nicht mehr sicher, ob wir nicht über Nacht zur Nordsee gesegelt sind; es regnet seit Stunden in Strömen und der Wind pfeift aus Süd. Damit nicht soviel Feuchtigkeit ins Boot gelangt, befestigen wir das Cockpitzelt, seit England das erste Mal. Gegen Nachmittag fahren wir mit unserem favorisierten Verkehrsmittel, der Metro, zum Expo-Gelände.

Die Straßen Lissabons sind mit Autos verstopft, die Gehwege oftmals zugestellt. Die Stadt versucht mit ›fast geschenkt‹ Tickets mehr Bürger zum Umsteigen auf öffentliche Verkehrsmittel zu bewegen. Der September ist laut den

Plakaten in der Metro der Monat ohne Auto. Ein Tagesticket für 1,40 € ermöglicht beliebige Fahrten innerhalb der Stadt und das äußerst schnell.

Für uns ist die Metro ideal, sie bringt uns zügig in entferntere Stadtteile, ohne lange Wartezeiten. Dem Expo Oceanarium folgt ein Besuch im Konsumtempel Vasco da Gama. Offen gesagt erschreckt mich der Gedanke; da entdeckt jemand für sein Land unter großen Gefahren neue Länder und anschließend wird ein Kaufhaus nach ihm benannt! Andererseits stimmt die Logik, Geld und Macht, damals wie heute.

Auch der Sonntag hat äußerst viel Wind und Regen zu bieten, im Boot tropft Wasser aus einem Kabel. Wir haben schon manches Seltsame am Boot gesehen, die Erfahrung, dass aus einem 15 m langen Kabel, von der Mastspitze bis zum Sicherungspaneel, Wasser tropft, ist neu.

Montag heißt Geburtstag feiern. Klug ist, mit der Metro zu fahren, großzügig ist, an einem solchen Tag mit der Geburtstags-Gattin ins Einkaufzentrum zu düsen ... nein, nicht in irgendeins. Ins Centro Comercial Colombo, eines der größten der Welt...

Zurück im Zentrum sehen wir uns den mittelalterlichen Teil Lissabons an, Alfama. Die Straßen sind sehr eng und steil, teilweise könnte es eine gute Filmkulisse sein. Das schöne Bild wird leider von vielen zerfallenen Häusern gestört.

Im Stadtteil Belem finden wir einen Segelmacher, der die kleinen Löcher im Passatsegel nähen kann. Normalerweise stellt dieser Betrieb nur noch Cockpitzelte und Abdeckplanen her, Segelreparaturen sind seltener. Der langjährige Segelmacher des Betriebes ist sichtlich erfreut, wieder mal ein Segel in der Hand zu halten, mit entsprechendem Elan sieht er das Tuch durch. Da die Platzverhältnisse sehr beengt sind, wird das Segel auf dem Bürgersteig inspiziert.

Wir schauen uns in Belem um, gehen in die Fabricá de Pasteis, kosten die leckeren Pasteten und besuchen anschließend das eindrucksvolle Hieronymus Kloster.

Am nächsten Nachmittag holen wir unser Segel ab. Der Segelmacher zeigt uns jede Kleinigkeit, die er repariert hat, er hat nach nochmaligem Durchsehen weitere schadhafte Stellen gefunden und nachgenäht. Wir hatten einen festen Preis vereinbart, die Chefin des Betriebes erklärt uns, der Preis habe sich geändert. Wir fürchteten schon, die zusätzlichen Löcher kosten mehr. Um so überraschter sind wir, als sie sagt, die Kosten betragen rund 10% weniger!

Abends wird es brasilianisch, das Boot neben uns bewohnt Walter Schütze, ein Brasilianer. Auf seinen Namen angesprochen, erzählt er, sein Urgroßvater sei von Deutschland nach Brasilien ausgewandert und habe sich in Sao Paulo niedergelassen. Er wisse nicht mehr über die deutsche Vergangenheit seiner Familie und er gibt uns klar zu verstehen, dass es ihn auch nicht im Geringsten interessiert. In Portugal will er sich eine neue Existenz aufbauen, Brasilien ist ihm zu korrupt, alle wichtigen Bereiche werden von Drogenbanden kontrolliert und die wirtschaftliche Entwicklung sei unsicher. Auf die Frage, wie gut er die Portugiesen versteht, die verblüffende Antwort: »In den ersten Wochen so gut wie überhaupt nicht. Die harte Aussprache, die teilweise andere Deklination; Portugiesen reden ziemlich altmodisch. Wir haben eine viel weichere und schönere Aussprache.« Was konnte man von einem Brasilianer auch anderes erwarten?

Samstags ist im Stadtteil Alfama Flohmarkt. Leider enttäuscht der Markt, es ist mehr oder weniger ein Schrottplatz; viel Elektronik der Marke Sondermüll beherrscht die Szenerie. Keine Enttäuschung ist hingegen das Essen in einem der vielen kleinen Restaurants, in die meist kaum mehr als fünf Tische passen. Zurück an Bord räumen wir auf, morgen geht es weiter.

Sines

Ein Blick aus dem Niedergang Richtung Himmel bestätigt, was die Wetterberichte versprechen: ruhiges Herbstwetter und guter Segelwind. Wir verlassen den Liegeplatz; es dauert eine Weile, bis der lange Weg durch den Hafen zurückgelegt ist. Am Hafenausgang steht ein Mitarbeiter in blauer Uniform und macht sich Notizen. Die Strömung ermöglicht eine schnelle Reise flussabwärts, bald ist die Mündung des Tejo erreicht. Vom Atlantik läuft eine Dünung gegen den Strom, die Folge sind steile Wellen. Der Bug hebt sich manchmal weit empor, als wolle das Boot aus dem Wasser steigen, um einen Moment später in die nächste Welle zu fallen. Es macht Spaß, die Bewegungen zu sehen, wie das Wasser schäumt. Von Süden nähert sich ein Kreuzfahrtschiff, schließlich biegt es in den Tejo ein. Wir machen genau das Umgekehrte und ändern den Kurs auf 170 Grad. Die Wellen laufen jetzt von Steuerbord quer unter dem Boot hindurch und lassen es rollen. Nun denke niemand, man bleibt ungestraft zwölf Tage im Hafen. Wir haben einige Mühe, die ersten aufkommenden Zeichen von Seekrankheit in den Griff zu bekommen, trotz vorsorglicher Einnahme entsprechender Tabletten. Später beruhigen sich unsere Mägen. Gut so, wir hatten auf der bisherigen Reise keine nennenswerten Probleme mit Seekrankheit. Später segeln wir auf einer Wassertiefe von einigen hundert Metern, die Wellen sind jetzt lang und heben und senken das Boot in einem angenehmen Rhythmus; ich könnte stundenlang zusehen.

Gegen Abend ist Sines in Sicht, kurz vor 20.00 Uhr legen wir an. Es ist gerade dunkel geworden, der Herbst macht sich immer deutlicher bemerkbar. Zum Glück noch nicht in den Temperaturen, T-Shirt und Shorts sind genau richtig. Wie üblich, gehe ich mit den Schiffspapieren und Pässen zum Hafenmeister, der mit Polizeikollegen vor dem Fernseher sitzt und eine Rede des portugiesischen Präsidenten verfolgt. Während der Hafenmeister die Formalitäten erledigt, sehe ich auf das eingeblendete Laufband mit Nachrichten aus aller Welt in Kurzform. In Deutschland wurden heute Bundestagswahlen abgehalten. In unserer Segelwelt geriet dieses politische Großereignis in völlige Vergessenheit! Zuhause würden wir jetzt gespannt den Wahlausgang verfolgen, aus der Ferne empfinden wir die sprichwörtliche Distanz, speziell zur Politik.

Lagos

Vor uns liegt eine weite Strecke, 76 sm bis Lagos an der Algarve. Wir frühstücken ausgiebig, das beste Mittel gegen unruhige Mägen auf See. Mit dem Sonnenaufgang laufen wir aus, der Wind aus West ist ideal, und so bleibt er, bis wir um 16.00 Uhr 57 sm nach Sao Vincente zurückgelegt haben. Beim Passieren des Kaps sprechen wir kaum miteinander, die Felsformationen linker Hand mit dem darüber liegenden Leuchtfeuer sind zu imposant. Zu Beate sage ich, mit der Hand Richtung Süd deutend, 600 sm weiter liegen die Kanarischen Inseln. Den Zusatz, unser größtes bevorstehendes Seeabenteuer, denke ich mir.

Der Mitstrom hat eine schnellere Reise nach Sao Vincente ermöglicht als erhofft. Jetzt liegt Kurs Lagos an, wo wir gegen 20.00 Uhr am Meldesteg festmachen. Das Hafenbüro ist bereits geschlossen. Seit dem 15. September ist für die Beschäftigten Nachsaison, die zahlenden Gäste haben erst zwei Wochen später das Vergnügen günstiger Preise.

Unser Anlegemanöver wird von Schaulustigen verfolgt, manche bleiben stehen und sprechen offensichtlich von unserem Boot. Unsere Sprache heißt Hunger, zusammen bereiten wir das Dinner, Steaks und Salat, zu.

Am nächsten Morgen verlegen wir ATHENE in die Marina und schauen uns im Ort um. Touristen, Touristen wohin das Auge sieht. Lagos kennt zur Zeit nur zwei Sprachen, Deutsch und Englisch. Es ist die Stadt, in der Heinrich der

Seefahrer sein Domizil hatte. Von hier unternahmen viele Seeleute ihre Entdeckungsfahrten, Karavellen segelten um die Welt, entdeckten neue Länder und ergriffen Besitz, der Sklavenmarkt zeugt davon.

Lagos ist eine schöne, lebendige Stadt mit einer autofreien Fußgängerzone. Uns gefällt der weitgehend erhaltene Ort. Es ist sommerlich warm, im Boot beträgt die Temperatur bereits 26 Grad, das Wasser hat 22 Grad. Jetzt ist es vorbei mit dem kühlen Bier aus der Bilge.

Der nächste Tag beginnt mit heftigem flüssigem Sonnenschein, wie sollte man den Regen auch anders nennen. Es ist schwül heiß. Neben uns macht ein Boot fest, jetzt liegen zu beiden Seiten Engländer, ganz in unserem sprachlichen Interesse.

Tagesziel ist das Kap Sao Vincente, der südwestlichste Punkt Europas. Für uns ist der dortige Leuchtturm nicht nur ein touristisches Ziel, wir haben ihn vor einigen Tagen auf eigenem Kiel umrundet. Der Blick vom Kap ist großartig. Wir sehen auf das Meer hinaus und passieren in Gedanken noch einmal das Kap. Dann zieht Nebel auf, das Nebelhorn gibt Signale. Wir gehen ein Stück die Steilklippen entlang, finden einen Weg zum Wasser, steigen hinunter und nehmen ein kurzes Bad. Die bizarren Felsen beeindrucken uns in ihrer Farbigkeit zutiefst.

Zum Abschluss trinken wir Kaffee in einem Gebäude, das an ein Kloster erinnert. Die Sicht auf den Atlantik ist wieder atemberaubend.

Zurück im Hafen treffen wir Tini und Frank zum Abendessen in einer der typischen Bars, eine Lokalität mehr für Einheimische, und haben zum Abschied unsere übliche Klön- und Lachrunde. Leider werden sich unsere Wege jetzt trennen, die WILDCAT Crew zieht ins Mittelmeer, die ATHENE Crew zu den Kanaren. Schade, wir hatten eine ausgesprochen schöne, lustige und kurzweilige Zeit miteinander. Auch das ist Fahrtensegeln: Wege kreuzen sich, man lernt einander kennen, schließt Freundschaften und trennt

sich wieder. Manchmal schmerzt es, dass die schöne gemeinsame Zeit vorbei ist.
Der nahe liegende Supermarkt macht einen Großeinkauf einfach, nur verlässt oder erreicht man die Marina nicht, ohne wenigstens zweimal von aufdringlichen Typen auf eine Bootsfahrt zu Delfinen oder entlang der Küste angesprochen zu werden. Diese Leute empfinden wir als sehr unangenehm.
Mit einem vollen Einkaufswagen rattern wir über die gepflasterten Wege zurück zum Boot. Nichts geht über den Anblick gut gefüllter Vorratskisten. Heute ist es schwül heiß. Das Beste, was man tun kann, ist, an einem der berühmten weißen Strände der Algarve schwimmen.

Portimao

Wir verlassen Lagos, möchten wieder segeln. Segeln ist vielleicht nicht das richtige Wort, es ist eher ein gezieltes Treiben in der Flaute. Dennoch, zu tun gibt es immer etwas, im Test sind unsere neuen Fischfänger. Nach Anweisung von Frank und Tini haben wir ein kleines Floß angefertigt, an dessen vorderem Drittel die Angelschnur und am Ende ein Makrelenköder befestigt werden. Beim Schleppen taucht das Floß unter und ist wieder zurück an der Wasseroberfläche, sobald ein Fisch angebissen hat.
Nach einer Weile schaue ich mich um, tatsächlich das Brettchen liegt auf dem Wasser.
»Beate, ich glaube, wir haben einen Fisch gefangen«, sage ich mit misstrauischer Stimme. Eine kleine Makrele hat angebissen, am Maul kaum verletzt, wird sie in die Freiheit entlassen. Das Floß geht abermals zu Wasser. Was dann geschieht, klingt nach Anglerlatein: Die Fische beißen wie wild.
Zweimal hängen zwei Fische auf einmal an den Haken, leider nur kleinere. Nachdem wir vier Stück akzeptabler Größe haben, ist der Fischfang beendet, zumal wir heute auf

Crashkurs sind: Im letzten Moment sehen wir unter dem Vorsegel ein Anglerboot und reißen sofort das Ruder herum. Angesichts der drohenden Gefahr, jeden Moment gerammt zu werden, sind die beiden Fischer erstaunlich ruhig. Zuvor verfing sich ein Stellnetz im Kiel. Erst das Rauschen der mitgezogenen schwimmenden Markierung am Bug machte uns darauf aufmerksam. Das Netz rutschte schließlich unter dem Boot hindurch und kam von selbst wieder frei. Angeln kann spannend sein.

Am späten Nachmittag segeln wir mit leichtem Wind in die Hafeneinfahrt von Portimao, vor uns ist ein kleines Regattaboot mit drei Seglern an Bord. Sie schauen ständig zu uns hinüber und korrigieren die Segelstellung fortwährend, ATHENE ist dennoch schneller. Schließlich überholen wir sie im Schneckentempo, ungläubige Gesichter auf beiden Seiten. Einer der Männer ruft mit einem breiten Lächeln, er sollte wohl besser das Boot wechseln. Unser Vorsprung kann nur auf die größere Segelfläche zurückzuführen sein. Am Steg eines Segelclubs legen wir hinter einer schwedischen Yacht an. Später steht der Skipper in der Kombüse und bereitet stolz Makrelen zu, mit Kräutern gefüllt und Käse überbacken.

Seit Tagen gibt es Anhaltspunkte, die erste Oktoberwoche bringe die erhoffte Wetterlage, die eine sichere Reise zu den Kanaren zulasse. In der Stadt suchen wir ein Internetcafé zum Sichten der Wetterkarten auf. Dort treffen wir Segler, die auch weiter nach Süden möchten, wie so viele hier. Nach knapp einer Stunde Recherchieren lautet das Ergebnis: Die Wetterlage stabilisiert sich zu einem Klassiker, ein Hoch über den Azoren, ein Tief über Nordafrika. Allen Vorhersagen unterschiedlicher Wetterdienste zufolge bleibt diese Wetterlage für mindestens eine Woche bestehen. Mit voraussichtlich fünf Tagen Fahrzeit blieben noch zwei Tage in Reserve, das sollte genug sein.

Zurück an Bord wird das Boot auf Seeordnung umgeräumt. Fahrräder und Passatsegel vorne, Genua, Fock und Schlauchboot achtern. Mit dieser Ordnung ist die

Ausrüstung leicht zugänglich, ebenso die darunter liegenden Servicedeckel. In einem kleinen wasserdicht verschließbaren Fass liegen der Satelliten-Notsender und zusätzlicher Proviant, in einem großen ein Funkgerät, GPS, Trinkwasser in Flaschen sowie einige Kleidungsstücke. Während alles gut vertäut wird, überlegen wir, ein drittes Fass zu füllen, mit einem guten Buch und einer Flasche Rotwein. Was soll man sonst in einer Rettungsinsel tun? Abschließend besprechen wir noch einmal die Route.

Portugal – Kanaren

Oktober 2002

Ruhiger Beginn - Sternschnuppen und ›Robert‹ - Träume in Blau - Selbststeuerung einmal anders - umfangreiche Segelgarderobe - Land in Sicht

1. Seetag

Die Kirchturmglocke läutet elf Uhr, ablegen, Kurs Lanzarote. Auf dem Atlantik ist es diesig grau, eine leichte Dünung läuft aus Ost. In der Ferne durchpflügt ein Ausflugsboot, aus Lagos kommend, das Wasser; ein ›Delfinbeobachter‹. Mit dieser Geschwindigkeit sollten die Veranstalter besser für Hetzjagd werben. Slogan: ›Lassen Sie sich die Gelegenheit nicht entgehen, auch noch die letzten Delfine zu verscheuchen.‹

Leider müssen wir einen Teil unseres Treibstoffes zum Vortrieb verwenden. Zur Zeit ist es schwachwindig, von wegen Wind und Segeln.

Vorsorglich nehmen wir die Pillen gegen Seekrankheit ein, die erfahrungsgemäß sehr viel mit Psyche zu tun hat. Heute denken wir zuviel über das vorhergesagte Wetter, die lange Strecke und mögliche Risiken nach. Jetzt segeln wir mit ›großen Löffeln‹, nur die Begeisterung hält sich in den ersten Stunden in Grenzen.

12.30 Uhr, Wind aus N-NW 4, Segel gesetzt, Kurs 215 Grad, Motor aus, Ruhe! Wie gewohnt läuft ATHENE kursstabil, die Schiffsbewegungen sind relativ angenehm. Müdigkeit überkommt uns, Beate legt sich im Salon hin, ich im Cockpit. Da Smutje ein Cleverle ist, hat sie am Vorabend vorgekocht, Spaghetti mit Hackfleisch und Tomatensoße, das schmeckt.

Leider gibt es ein erstes technisches Problem, der Windgenerator lädt die Batterien nicht. Der Generator ist notwendig zur Stromversorgung des Autopiloten, ohne ihn

sind die Batterien nach ca. 80 Stunden entladen.
In einer Bodenluke laufen alle Verkabelungen zusammen, ich öffne sie und prüfe die Leitungen durch. Die Aktion, kopfüber in einer Luke auf einem schwankenden Boot, ist nichts für die ersten Stunden auf See. Ich schließe den Deckel, nichts wie raus an die frische Luft, das war keine gute Idee. Nein, die Fische gehen leer aus!

An Backbord sichten wir ein Kriegsschiff, das mit Höchstgeschwindigkeit Richtung Sao Vincente läuft. Das Wasser der Bugwelle ist atemberaubend hoch, es spritzt bis zur Höhe der Brücke. Warum haben die es nur so eilig? Die Frage beantwortet kurze Zeit später der Seefunk. Sie sind auf dem Weg zu ihrem Einsatzort bei Sao Vincente zur Frachtschiffkontrolle nach Ladung, Abfahrt- und Zielhafen sowie Besatzung, die gleiche Prozedur wie im Englischen Kanal.

Die Windstärke beträgt mittlerweile 5 Bft, wir machen gute Fahrt, der Stimmungspegel steigt. Beate übernimmt die erste Wache bis 22.00 Uhr, es ist jetzt 19.30 Uhr portugiesischer Zeit, die Sonne geht unter. Während der Nacht, so ist unsere Vereinbarung, trägt jeder von uns eine Rettungsweste und sichert sich mit einer Leine, sobald er das Deckshaus verlässt. Das Cockpit wird grundsätzlich nie verlassen, solange der andere schläft.

Bei Antritt meiner Wache ist es angenehm mild. In Fleece und Jogginghose gekleidet sitze ich angeleint auf einem Kissen im Cockpit und beginne, die Reise zu genießen. Geografisch gesehen verlassen wir jetzt Europa und segeln vor Afrika! Von der afrikanischen Küste ist nichts zu sehen, nur ein Frachtschiff aus Delfzijl, das bei der Befragung durch das Kriegsschiff angab, Richtung Casablanca zu laufen. Ansonsten ist es ruhig, weit und breit keine Fahrzeuge, keine Fischer, keine Netze, kein Müll – eine Wohltat.

Der nächtliche Sternenhimmel ist faszinierend klar und scheinbar nah. Gelegentlich sieht man Sternschnuppen und wünscht sich etwas.

Kurz vor Wachwechsel gibt unser Robertson-Autopilot eine Fehlermeldung: ›Fail Actuator‹, Ausfall der Antriebseinheit! Wir gehen den einfachsten Weg, ignorieren die Meldung und aktivieren Robert erneut. Er läuft ohne Probleme. Ob Robert auch Wünsche hat?
Das Log fällt kaum unter sechs Knoten, so macht Segeln Spaß. Ablösung, Beate übernimmt von 01.00 – 04.00 Uhr, dann bin ich wieder an der Reihe, bis zum Morgen.

2. Seetag

Kaum eine Stunde in der Koje, werde ich durch ungewöhnlich starke Geräusche des rauschenden Wassers wach. Beate sitzt ruhig im Cockpit und ist erfreut über das gute Vorankommen, das Boot läuft wie ein Uhrwerk. Mein Eindruck ist, die Segel müssten sofort verkleinert werden. Ihre Einschätzung ist maßgebend, schließlich beobachtet sie die Situation schon längere Zeit; die Segelfläche bleibt wie sie ist.

Am Morgen sind wir verschlafen, die Eingewöhnung an den neuen Tagesablauf benötigt Zeit. Um uns herum ist alles blau, der Himmel, das Wasser; ein kräftiger Blauton, den wir bisher noch nicht gesehen haben. Die See ist zur Zeit ruhig. Gegen Mitternacht ist der Wind mit N 2-3 Bft zu schwach zum Segeln. Die Maschine wird gestartet, bringt uns rasch voran und lädt gleichzeitig auch noch die Batterien...

3. Seetag

Es ist 05.00 Uhr, Halbzeit. Gegen Morgen duschen wir im Cockpit und sprühen die Sitzbänke, das Steuerrad, Haltegriffe und den Klapptisch mit Frischwasser ab. Durch das Salzwasser klebt mittlerweile alles, was man anfasst.

Der Cockpittisch wird aufgeklappt, zwei bequeme Sitzkissen auf die Bänke gelegt, schließlich der Tisch gedeckt.

Die See ist so ruhig, wir genießen die Gelegenheit, draußen zu frühstücken. Delfine umschwimmen das Boot und tauchen unter dem Bug hindurch, acht Tiere, knapp zwei Meter lang. Das Wasser ist sehr klar, auch unter Wasser sind die eleganten Schwimmer gut zu sehen. Frühstück mit Delfinen! Das jetzige Etmal beträgt 143 sm, tags zuvor sind wir innerhalb von 24 Stunden 140 sm gesegelt. Die Wetterlage ist nach wie vor sehr gut, die Gefahr, mit einem Südwind konfrontiert zu werden, ist gering. Das Warten auf günstige Bedingungen hat sich mal wieder bewährt. Die Frage, die uns jetzt am meisten beschäftigt, ist: Wann weht wieder stärkerer Wind?

Glauben wir in der Nacht zuvor, durch Ignorieren der Fehlermeldung eine einfache Lösung für unser Problem mit dem Autopiloten gefunden zu haben, so werden wir nun eines Besseren belehrt: rhythmisches Piepsen des Alarms und Fehleranzeige. Die See ist noch immer ruhig, die Achterkabine wird zum Prüfen der Anlage völlig ausgeräumt. Auf den ersten Blick sieht alles in Ordnung aus, ein Elektromagnet an der Pumpe wird gegen ein Ersatzteil ausgetauscht. Zweifel bleiben.

Nachmittags ist der Wind kräftig genug, um mit dem Passatsegel weiterzusegeln. Der Autopilot versieht seinen Dienst. Kurz vor Sonnenuntergang besprechen wir die Besegelung für die Nacht. Ich würde das große Segel gerne stehen lassen, denke an ein ordentliches Etmal, schließlich laufen wir fantastische 6,5 kn. Für Beate hat der Wetterbericht größere Bedeutung und sie besteht darauf, auf der sicheren Seite zu bleiben. Für die nächsten Stunden sind 5-6 Bft vorhergesagt. Ein Bergemanöver in der Nacht bei starkem Wind ist nicht einfach. Ich stimme ihr zu, Sicherheit schlägt Geschwindigkeit. Um 20.00 Uhr ist die Genua gesetzt, 5,5 kn Geschwindigkeit bei Wind NO 4.

Während meiner Nachtwache fällt Robert aus, außerdem bläst der Wind inzwischen mit 20 kn. Zum Glück haben wir das Passatsegel rechtzeitig geborgen! Skipper, höre auf deine Frau!

Ich schalte das Gerät aus und stehe eine Stunde lang selbst am Ruder. Das Steuern in der Dunkelheit ist eine einzigartige Erfahrung. Um das Boot ist nicht viel zu sehen, auf der Wasseroberfläche schimmert ein wenig Mondlicht. Seitlich läuft das grünlich phosphoreszierende Wasser ab, die vielen leuchtenden Wasserteilchen vermitteln ein Gefühl als hätte das Boot Flügel. Kurshalten ist schwierig, nur auf den Kompass starren anstrengend. So suche ich mir einige Sterne in Kursrichtung. Aber auch diese Art hat nur einen begrenzten Vergnügungsfaktor.

Nach einer Stunde am Ruder bin ich völlig übermüdet; mir ist kalt, ich kann nicht mehr sagen, ist das Erlebnis real oder Einbildung. Zum Wachwechsel an Beate schalte ich ›Robert‹ wieder ein und hoffe, er hält bis zum Morgen durch. Das Problem könnte eine Überhitzung der Anlage sein.

Völlig übermüdet falle ich in die Koje und kann dennoch kaum schlafen. Die jetzige Segelführung hat einen Nachteil: das Boot rollt stärker. Es ist weniger der Einfluss der Rollbewegungen auf den Körper, sondern die Geräuschkulisse, die von ›lebhaften‹ Schapps und Backskisten herrührt. Über mir stehen Teller, die ständig an die Schranktür klopfen. Ganz geschwätzig ist das Gewürzfach, dort werden offensichtlich lautstark Rezepte getauscht. Die vielen kleinen Dosen lassen sich nicht dauerhaft festklemmen und klappern vor sich hin. Unter der Koje ist einer der Wassertanks montiert. Nicht mehr ganz voll, platscht das Wasser hin und her und schlägt manchmal heftig gegen die Wandungen. Wer darüber schläft, empfindet es wie einen Paukenschlag. Musikalisch ausgedrückt, herrscht hier eine Kakophonie mit Donnerschlag.

Der Wind hat inzwischen die Stärke fünf erreicht, der Autopilot fällt immer häufiger aus. Nach einer halben Stunde selbst am Ruder läuft Robert für eine Stunde. Auch Beate muss jetzt steuern und macht ihre Sache hervorragend!

4. Seetag

Völlig übernächtigt sitzen wir gegen 08.00 Uhr im Cockpit, sind zu müde zum Trinken und Essen. Robert steuert im Moment, ATHENE rollt in den von Backbord laufenden Wellen, der unstete Wind lässt uns nicht schneller als vier Knoten segeln. Wir suchen nach einer Lösung, um das Rollen zu reduzieren, die Fahrt zu erhöhen und setzen das Großsegel mit einem Reff. Dabei verwickelt sich das Großfall im Rigg. Segel runter, zweiter Versuch. Jetzt klappt es. Im Ergebnis bringt das Manöver aber nichts. Nächste Änderung: ungerefftes Großsegel und eingerollte Genua. Zurück im Cockpit muss ich leider erkennen: Es ist noch schlimmer – das Großsegel schlägt gefährlich. Bevor eine Leine zur Sicherung angebracht ist, schlägt das Groß um – Patenthalse! Es kracht im Rigg. Eine Klemme zum Trimmen zerreißt in Stücke. Glück gehabt, der Schaden ist gering.

So geht es nicht weiter. Das Großsegel muss geborgen werden. Wie immer gehe ich mit Rettungsweste und Sicherungsleine an den Mast. Trotz aller Vorsicht verliere ich den Halt und gehe in einer Drehung zu Boden. Dank glattem Vorschiffsdeck ist nichts weiter passiert, nur der übliche blaue Fleck wird später zu sehen sein. Nachdem das Groß geborgen ist, öffne ich das Großfall zur Sicherung der Leine. Nach Lösen des Schäkels rutscht er mir aus der Hand und fliegt nach achtern weg. Der Schäkel am Ende der Leine kreist wie ein Geier über dem Achterschiff. Beate geht in Deckung. Hilflos stehe ich am Mast und zähle: Einmal, zweimal um die Achterstagen, eine kurze Pause, und jetzt wickelt sich die Leine auch noch um die Dirk. Dann fliegt sie Richtung Mast zurück und bleibt in einer Want hängen, wo ich sie endlich greifen und sichern kann. Zurück ins Cockpit. Segeln macht heute Spaß!

Die Windstärke beträgt um die vier Bft, genau richtig für das Passatsegel. Kurze Diskussion, das Segel wird gesetzt, eher mühsam als schwungvoll. Kaum getrimmt, springt der Wind auf Stärke sechs. In einem Moment liegt das Boot nicht genau auf Kurs, der Wind packt das Segel von der Seite, es ist kaum nachvollziehbar, so schnell ist es geschehen, und verdreht das Tuch, rechte Seite nach links, linke Seite nach rechts. Ein Fotograf hätte seinen Spaß daran gehabt. Einen Augenblick später packt der Wind es erneut, ein Teil des Segels schlägt in die richtige Position zurück. Unter großer Anstrengung bergen wir das Monster, vordere Luke auf, rein damit, Luke zu. Gott sei Dank, es ist nichts passiert.

Zurück im Cockpit erwartet mich Galgenhumor. Beate schlägt vor, noch die Kutterfock und das Sturmsegel zu setzen, dann wären alle Segel gründlich gelüftet.

Schließlich laufen wir wieder unter Genua. Herrlich, wie gemütlich das Boot rollt, die Fahrt beträgt satte vier Knoten. Wie konnten wir darin überhaupt ein Problem sehen? Es ist halt so. ›Robert‹ funktioniert ausnahmsweise mal wieder.

Fix und fertig fragen wir uns, warum wir diesen Blödsinn gemacht haben. Unser vordringlichstes Problem ist die automatische Selbststeuerung. An Bord sind zwei Steuersysteme, der elektrische Autopilot und die mechanische Windsteuerung, der ›Windpilot‹. Nach Montage der Teile zwischen Ruder und Windpilot läuft ATHENE auf Anhieb den richtigen Kurs. Wir beobachten die Anlage kritisch und stellen bald mit Erleichterung fest: Sie funktioniert genauso gut wie ›Robert‹ zu seinen besten Zeiten. Dieser Punkt ist endlich erledigt. Es herrscht wieder Ruhe im Boot. Das Gepiepe für Warnung ›Steuerungsausfall‹ bleibt uns nun erspart.

Gegen Mittag herrscht wieder Bordroutine. Die Windgeräusche aus dem Mast sind Musik für die Ohren, Wunschkonzert, unser Lieblingswind, NO 4-5 Bft. Der Tag ist sehr schön, wolkenfreier Himmel. Ich sitze ganz hinten im Cockpit und schaue den von achtern heranrollenden Wellen zu. Manchmal denke ich, hoppla, jetzt müssen wir uns gut festhalten. Irrtum, irgendwie passen Boot und Welle immer wieder gut zusammen, kein Problem.

20.00 Uhr, Beate und die Sonne beenden gemeinsam den Tag, die letzte Nacht auf See. Wir stehen 90 sm nördlich von Punta Delgada, einer Felsformation nördlich von Lanzarote. Die Nacht ist kühl und unangenehm feucht, dafür die Wettervorhersage ausgezeichnet. Bis Mitternacht erwartet uns NO 5-6, dann NO 5 und schließlich O 4, Wellen sind mit 2,5 – 3 m gemeldet. Das ist durchaus möglich. Die Wellenhöhe ohne Bezugswert zu schätzen, ist sehr schwer. Der untere Teil des Niedergangs wird verschlossen, falls mal eine Welle ins Cockpit schwappen sollte. Bisher ist es nicht geschehen, nicht einmal im Ansatz. Auch die Wache bleibt diese Nacht im Boot. Das Radar ist mit einem Warnkreis von 10 sm programmiert, falls sich ein anderes Schiff annähert, löst es einen unüberhörbaren Alarm aus.

Und so machen wir es dann: Alle 30 min ins Cockpit, sorgfältig umschauen, einen Blick auf die Selbststeuerung, einen weiteren in das Vorsegel und zum Schluss auf die Instrumente (Fahrt, Kursabweichung). Zum Wachwechsel wird dann die aktuelle Position in die Seekarte eingetragen. Während der Nacht ist ein Kreuzfahrtschiff, später ein Frachtschiff auf Gegenkurs.

Meine Wache nutze ich zur Analyse unseres morgendlichen Aktionismus. Wer müde ist, neigt zu Fehleinschätzungen und Fehlentscheidungen. Die dringlichste Aufgabe war, die Selbststeuerung wieder herzustellen. Wir wissen, jede kleine Crew kommt nur gut erholt an, wenn der Autopilot funktioniert. Segelmanöver können anstrengend sein. Es war keine gute Idee, übermüdet die halbe Segelgarderobe auszuprobieren. Wenn, so hätten wir es nach einer Pause gegen Mittag tun sollen, das Boot lief bereits die ganze Nacht mit der Genua gut.

Auf dem Radar ist bereits die Nordspitze von Lanzarote zu sehen, Beate übernimmt jetzt, ich freue mich auf die Koje.

5. Seetag

Land in Sicht, der Roque del Este. Schemenhaft ist der Berg im Dunst zu erkennen, wir haben es geschafft. Im Boot wird es immer wärmer, fast 30°, der Wind hingegen lässt mehr und mehr nach. Um 14.50 Uhr fällt der Anker im Hafen von Arrecife. Nach 99 Stunden und 50 Minuten sind wir auf Lanzarote angekommen, 550 sm liegen im Kielwasser, eine Strecke, die wir sofort wieder segeln würden!

Zwei Stunden später geht der Anker wieder auf; er hält nicht an der kurzen Kette. Am Steg wird zufällig ein Platz frei, wohin wir sofort verholen.

Abends gehen wir in Arrecife zum Essen und stoßen an Bord mit einem Glas Sekt auf die gelungene Überfahrt an. Einen solchen Törn macht man nicht jeden Tag. Fahrtensegeln, wir leben unseren Traum.

Tage später prüfen wir den Windgenerator. Die Isolierung eines Kabels hatte sich durchgescheuert und den Generator kurzgeschlossen. Am Autopiloten waren die Kohlen des Elektromotors verstaubt. Wurden sie heiß, so saßen sie fest und unterbrachen die Stromzufuhr. Nach Austausch der Kohlenbürsten funktioniert er wieder.

Lanzarote

Oktober 2002

Ein Hundeleben - seriöse Briten, französische Spaßvögel - Wasser im Boot - Leinen im Propeller - Cocktailparty - Fischfang und Neptuns Rache

Auf dem Steg begrüßt uns freudig der Boxer Ali. Er ist Franzose und lebt auf einem Boot, das direkt an der Anlegebrücke liegt, der Weg zum Land ist kurz. Gaya, seine große schwarze französische Freundin, eine Mischung aus Dogge-Schnauzer, muss für ›Gassi gehen‹ jedes Mal mit dem Schlauchboot an Land gebracht werden, die Yacht liegt vor Anker. Die Prozedur ist immer wieder lustig zu beobachten: Zuerst steigt ein zehnjähriger Junge der Familie ins Schlauchboot, dann springt der Hund vom Achterschiff ins Beiboot, das durch das schwere Tier erst mal richtig ins Wasser platscht. Stehend, den Blick fest aufs Land gerichtet, wird der Hund langsam zum Anleger gefahren. Für einen Moment ist er außer Sicht, dann hören wir Gaya über den Steg laufen. Geschafft, Gassi für Fahrtenhunde.

Fast jede französische Yacht hat einen Hund an Bord und nicht selten einen großen. Vielleicht waren es auch Franzosen, die die ersten Hunde mit auf die Kanaren brachten, denn der Name leitet sich möglicherweise von Canis, Hund, ab.

Unsere erste Woche gehen wir sehr ruhig an: mit dem Betreiber der Marina, nicht viel mehr als ein Steg mit Wasser und Stromanschluss sowie einem Gittertor zur Straße, ist ein Rabatt für die Liegezeit bis Ende Oktober vereinbart. Von Puerto Calero, unserem ursprünglichen Zielhafen auf Lanzarote, haben wir vorerst Abstand genommen. Erstens sind wir hier mitten im Geschehen, Arrecife ist nicht als Schlafstadt für Touristen gebaut. Zweitens bestehen mehrere Einkaufsmöglichkeiten in Marinanähe und nicht zuletzt, regt sich hier kein Gast eines Terrassenrestaurants auf, wenn ein Skipper mit Farbdose in der Hand durch sein Blickfeld läuft. In dieser Marina nimmt der Chef gelegentlich die Bohrmaschine selbst in die Hand, hier sind wir richtig. Und so wird nicht lange gezögert, im Cockpit stören einige Rostflecken, überhaupt freut sich der Aufbau über frische Farbe.

Frisch weht auch der Wind bei unserem ersten Ausflug mit den Bordrädern. 20 Knoten Gegenwind, dazu noch Wege mit Steigungen, das ist uns leider doch zu viel, der nächste Ausflug erfolgt motorisiert.

Im Laufe der ersten Woche erreichen immer mehr Yachten den Hafen, die weiterhin günstige Wetterlage nutzen viele Segler zur Überfahrt von Portugal oder Gibraltar. Am Steg sind alle Plätze belegt, die Zahl der Yachten, die direkt vor der Stadt ankern, hat sich mit 20 annähernd verdoppelt. Die Mehrheit segelt unter britischer Flagge.

Die Kanaren sind ein idealer Platz für den Absprung von Europa in die Karibik. Hier werden Boote für die Überfahrt vorbereitet und verproviantiert. Ende November, wenn die Gefahr der Hurrikane in der Karibik vorbei ist, segeln sie los. Für dieses Jahr werden Zahlen herumgereicht, die von 1000 Yachten sprechen. Dieses Geschäftsfeld, Atlantiküberquerung, hat vor einigen Jahren ein Engländer entdeckt und die ARC (Atlantic Rally for Cruisers), eine Regatta für Fahrtenyachten, ins Leben gerufen. Damit auch schön zu sehen ist, wer daran teilnimmt, erhält jeder Teilnehmer eine große weiß-blaue Flagge mit dem Schriftzug ›ARC 2002, Gran Canaria - St. Lucia‹. Diese Flagge wird im Hafen gesetzt, im Moment sind fünf zu sehen.

So mancher Segler spottet über die ARC. Es sei totaler Blödsinn, mit einem Fahrtenschiff eine Regatta zu segeln, niemand nähme mit einem Wohnmobil an einem Autorennen teil. Wer diese Regatta gewinnen möchte, und das möchten wohl alle, muss Tag und Nacht mit vollen Segeln fahren. Das belastet das Boot sehr stark und kann speziell bei einer kleinen Crew gefährlich sein (Segelmanöver in der Nacht). In jedem Fall riskiert man, dass die Segel zerreißen. Es ist dem guten Marketing des Veranstalters der ARC zu verdanken, die

Rally auch noch unter dem Gesichtspunkt der Sicherheit zu verkaufen. Ganz sicher ist, auf der anderen Seite des Atlantiks, in St. Lucia, warten die Abzocker. Anscheinend ist das einigen Regattateilnehmern auch schon aufgefallen, wie wir Gesprächen entnehmen konnten. Allgemein herrscht ein ständiges Kommen und Gehen auf dem Steg zwischen den Crews der ARC Boote, auf diskrete Art.

Inselrundfahrten

Kakteen, überall Kakteen verschiedenster Arten und Größen. Wir sind im Kaktusgarten, angelegt von Cesar Manrique, einem bekannten Architekten und Künstler Lanzarotes, der 1992 bei einem Autounfall starb. Er hatte auf die Entwicklung der Insel einen entscheidenden Einfluss. Seinen Werken begegnet man im Laufe des Inselaufenthalts immer wieder. Der Kaktusgarten ist eine Sammlung von Kakteen aus aller Welt, die großen Exemplare sind meist amerikanischen Ursprungs. Die Vegetation hat es schwer auf Lanzarote, auf schwarzer Vulkanerde wachsen Kakteen allerdings recht gut.

Infolge einer Windwarnung ist der Hafen überbelegt. Die Ankerplätze vor der Küste sind gefährlich geworden, da sie gegen Wellen aus südlicher Richtung ungeschützt sind. Tatsächlich havarierte im Süden Lanzarotes eine holländische Yacht. Der Anker hielt nicht, der Skipper, ein Einhandsegler, wollte mit Motorhilfe den Platz verlassen, die Maschine sprang nicht an, so musste er hilflos zusehen, wie sein Boot auf die Felsen gedrückt wurde und Totalschaden erlitt. Die Versicherung zahlte, der Segler blieb zum Glück unverletzt.
Samstag ist Waschtag, innen die Vorhänge und außen der gesamte Aufbau. Jetzt ist klar, warum die Insel Lanzarote heißt und nicht Lanzablaue. Alle Aufbauten sind mit rotem Staub bedeckt.

Ron und Cindy von der amerikanischen Yacht VOYAGER konnten heute Morgen, mit viel Glück, einen freien Platz am Steg finden. Der Südwind hat sie in den Hafen geweht, während des letzten Anker-auf-Manövers ging das Getriebe des Motors endgültig zu Bruch, eine teure Reparatur ist notwendig. Ron ist sauer: »Ich habe mein ganzes Leben lang gearbeitet und dachte, später segelst du mit einer Yacht um die Welt. Und jetzt? Jetzt arbeite ich genauso wie vorher auch. Unsere Kinder sagen: Ihr seid total verrückt.« Wir erkundigen uns, ob es für Ausländer schwierig sei, in den USA zu segeln. »Ja«, meint Ron, »seit dem Terroranschlag am 11. September wird viel kontrolliert. Ihr könnt euch nicht mehr so frei bewegen. Und wenn Ihr an die Ostküste wollt, dann nehmt einen Sack voll Geld mit!. Es ist nicht billig, zwischen Washington und Boston zu segeln.« Wir hoffen, das Getriebe hat Rons amerikanischen Optimismus nicht beeinträchtigt.

Der Leihwagen steht bereits in der Marina, Ron versorgt uns mit den letzten Tipps, wo man bei Besichtigungen Eintrittsgelder sparen kann.

Wir werden uns heute den Nordteil der Insel ansehen, angefangen mit der Fundacion de Cesar Manrique, dem Wohnhaus des Künstlers. Freunde haben nach dem Tod Manriques das Haus in eine Stiftung eingebracht, das nun ein Museum ist. Bemerkenswert, wie anders man bauen kann, wenn die Temperaturen im Durchschnitt über 20 Grad liegen. In Deutschland wäre das Haus bestenfalls im Sommer bewohnbar, an einem regenarmen Ort.

Im Norden der Insel ist der Mirador del Rio, mit einem tollen Blick zur Insel Graciosa, wo einige Yachten in einer Bucht vor Anker liegen. Bei unserer Ankunft auf Lanzarote sind wir nicht dorthin gesegelt, weil eine Detailkarte fehlte. Von hier oben erkennt man an den wunderschönen Blaufärbungen des Wassers, wie einfach die Navigation ist, immer schön in der Mitte zwischen den beiden Inseln bleiben. Dort müssen wir unbedingt hin.

Durchs Gebirge geht es weiter nach Orzola, einem Ort

direkt unterhalb des Mirador. Die Küste ist sehr zerklüftet, die Brandung stark, es ist riskant, hier zu baden, außerdem melden unsere Bäuche mächtigen Hunger. Im Ort suchen wir ein Restaurant, das möglichst abseits der üblichen Touristen Lokalitäten liegt und werden fündig mit einer Speisekarte in Landessprache. Zwei spanische Familien zählen zu den Gästen. Wir bestellen Suppe, Fisch, Melone, eine große Flasche Wasser und zwei kleine Kaffee. Das Lokal ist erfreulich preiswert.

Nicht so günstig ist der folgende Besuch in der Cueva de los Verdes, einer riesigen Lavaröhre. Die Führung dauert allerdings knapp eine Stunde und ist ihr Geld wert.

Um 18.00 Uhr verlassen wir die Tiefen der Erde und fahren zur Hafenbesichtigung nach Puerto Calero. Die Marina ist schön angelegt, sehr gepflegt und sauber, die Stege sind in einem ausgezeichneten Zustand. Den Blick zum Meer verdeckt leider eine gewaltige Mauer, nur im Südwesten ist in der Einfahrt ein kleines Stück blauer Atlantik zu sehen. Viele kleine Restaurants laden zum Verweilen ein, oft mit einer großen Terrasse zur Hafenseite, die, leicht erhöht, einen guten Blick auf die Boote ermöglicht. Palmen und viele Grünpflanzen lockern das nüchterne Bild der Restaurantgebäude auf.

Wir gehen an zwei, drei Stegen vorbei und was sehen plötzlich unsere Äuglein? An einem Boot weht eine grüne Flagge mit Känguru und roten Boxhandschuhen; Boxing Kangaroo. Die australische Yacht SAOIRSE von Jane und Noel. Wir trafen sie bereits in Portosin, Spanien. Dort erzählten wir ihnen, der beste Hafen auf Lanzarote sei Puerto Calero. Umso überraschter sind sie, als sie hören, uns gefällt es ebenso in Arrecife. Sie hatten sich schon gefragt, wo die ATHENE nur bleibt. Die beiden überholen ihr Boot für die bevorstehende Heimreise. Nach zehn Jahren Segeln ist vieles verschlissen oder korrodiert.

Auf dem Rückweg stürmen wir einen Supermarkt; einkaufen mit Auto liegt vier Monate zurück.

Rons Tipp folgend sind wir früh im Timanfaya Nationalpark, und es stimmt: Nur wenige Auto stehen vor uns an der Zufahrtschranke. Auch sein zweiter Tipp ist gut: Nehmt sofort einen Bus zur Rundfahrt, ihr verliert sonst zu viel Zeit mit Warten.

Faszinierend ist das Wechselspiel von Licht und Schatten auf den Vulkanen, hervorgerufen durch Sonne und Wolken. Mal leuchten einige Berge rötlich, während andere dunkel verdeckt sind und so den Eindruck größerer Tiefe vermitteln. Ein anderes Mal sind die Vulkankegel einheitlich hell, die Strukturen der Lavaströme treten deutlich hervor. Mit dem Stand der Sonne ändert sich im Laufe des Tages der Effekt von Licht und Schatten, neue Motive entstehen.

Bei El Golfo, direkt an der Westküste, liegt ein grüner Lavasee, der unterirdisch vom Meerwasser gespeist wird. An den Felsen der Küste brandet der Atlantik sehr spektakulär. Obwohl die Dünung gering ist, spritzt das brandende Wasser meterhoch. Viele Hobbyfotografen warten hier auf ›ihre Welle‹, so auch wir.

Zum Abschluss der Fahrt besuchen wir ein Weingut mit Museum. Auf Lanzarote wird der Wein hinter halbkreisförmigen Lavawällen angebaut, die als Schutz vor dem vorherrschenden Nordost-Wind dienen. Die Erde über den Wurzeln ist mit einer feinen Lavaschicht bedeckt, die in der Nacht die Feuchtigkeit der Luft aufnimmt und tagsüber an die Pflanzen abgibt. Die Weinberge sind nicht steil, wie zu Hause im Ahrtal, dennoch scheint der Weinanbau auch mühsam zu sein.

Kaum zurück von der Wagenrückgabe, steht Ron vor dem Boot und erkundigt sich nach unserem Inselausflug. Wir laden ihn und Cindy zum Abend zu einer kleinen Plauderrunde ein, die er sehr gerne annimmt. Pünktlich sind die beiden abends an Bord. Sie fragen nach unseren Besichtigungen, einschließlich dem Weinanbaugebiet. Offensichtlich kennen sie den hiesigen Wein nicht. Wir öffnen eine gekühlte Flasche, im Laufe des Abends folgen weitere. Ron wird immer lustiger und gesprächiger, er lässt uns kaum eine Chance zu antworten. Wer den Autor kennt, weiß, was das heißt!

Ron und Cindy lebten am Lake Michigan, in einem kleinen Ort, 80 Meilen von Chicago entfernt. Vor zwei Jahren sind sie dann losgefahren, den St. Lorenzstrom hinunter, an Neufundland vorbei nach Irland. Der europäischen Atlantikküste folgte ein Jahr Mittelmeer. Speziell für Ron war die Reise eine Entdeckungstour. Er findet es bemerkenswert, dass in Europa ein Segler dem anderen beim Anlegen hilft. »Hey, die lassen ihre Sachen liegen und kommen, um mir zu helfen. Bei uns ist das undenkbar. Und damit nicht genug, die reden noch mit mir, geben Informationen zum Ort, zur Marina. Ich mache das heute auch. Wäre früher jemand gekommen, nur um mit mir zu reden, dann hätte ich ihm gesagt, Mister, ich habe Besseres zu tun, als hier rumzuquatschen.«

Rons Europatour endet mit der Feststellung, mehr seiner Landsleute sollten die Welt kennen lernen.

Tags darauf klopft Ron am Boot, er wirkt nervös. In den Nachrichten hörte er, ein US-Diplomat sei in Jordanien erschossen worden. Zudem erwähnt er Spanien, wo eine Demonstration gegen die Kriegspläne der US Regierung stattfinden solle. Er ist sichtlich beunruhigt, unter amerikanischer Flagge zu segeln und hat sich entschlossen, heute nach Teneriffa zu fahren, Anfang Dezember weiter Richtung Karibik. »Ich weiß nicht, wie es in der Welt weitergeht, vielleicht kehren wir bald zu unserem neuen Haus in Florida zurück. Und wenn ihr nichts Besseres zu tun habt, so kommt vorbei, ihr seid gerne eingeladen.« Kurze Zeit später verlassen sie den Hafen. Am nächsten Morgen hören wir im Fishnet, einer Informationsrunde unter Langstreckenseglern auf Kurzwelle, VOYAGER sei in Teneriffa angekommen.

Am Steg liegt eine englische Yacht, gesegelt von einem Paar im vorgezogenen Ruhestand. Sie erzählen ihre Geschichte, die in England durch die Presse ging: Ann war Mitseglerin auf einer britischen Yacht. Peter flog einen Rettungshubschrauber der Coast Guard. Auf der Yacht schlug infolge einer Halse unkontrolliert das Großsegel um, das heißt, das Boot ging mit dem Heck durch den Wind. Plötzlich spannte sich die Großschot, traf Ann am Kopf und fügte ihr schwere Verletzungen zu. Der Rettungshubschrauber wurde herbeigerufen, geflogen von Peter. Im Spiegel beobachtete er, wie seine Leute eine verletzte Frau an Bord zogen. Oh, sagte er sich, die sieht aber gut aus. Ann hatte Glück und überlebte den Unfall. Sie machte die Anschrift des Helikopterpiloten ausfindig und bedankte sich bei ihm und seiner Crew für die Rettung. Er hingegen war völlig überrascht, normalerweise bedankt sich niemand für einen Rettungseinsatz. So schrieb er zurück ... sie antwortete ... die Dinge nahmen ihren Lauf ...

Ende Oktober ist mit Ann und Peter die letzte britische Yacht am Steg Richtung Gran Canaria fortgesegelt. Nach dem Abzug der Engländer nehmen nun die Franzosen die Steganlage in ›Besitz‹. Sie kommen hauptsächlich aus dem Mittelmeer und sind in der Mehrheit auf dem Weg in die französischen Kolonien in der Karibik.

Es ist interessant zu beobachten und zu hören, wie unterschiedlich die Mentalitäten sind. Die Briten waren ruhig, fast ›unsichtbar‹, gelegentlich arbeitete jemand an seinem Boot. Völlig konträr gehen die Franzosen lautstark über den Anleger. Damit nicht genug, der Steg ist Werkstatt für alle und alles, schleifen, bohren und lackieren. Ein Segler stellte heute Morgen einen Stuhl auf den Steg und schon war der Friseursalon eröffnet.

Briten segeln oft als Paare, die Boote sehen passabel aus, die Decks sind aufgeräumt. Französische Langfahrt-Yachten sind oft selbstgebaut, meist aus Stahl, bunt angemalt, die gesamte Familie ist an Bord, häufig mit Kindern im Vorschulalter. An Deck dieser Yachten liegen vielfach Ausrüstungsgegenstände, man muss sich einen Moment vor das Boot stellen, um die diversen Dinge zuordnen zu können. Uns gefällt die lockere Umgangsform der französischen Segler, die Gruppe

Juli 2002, Start in Makkum in ein unvergessliches Segeljahr

Notre Dame de Boulogne

Der Pub White Swan in Portsmouth empfängt uns mit hübschen Fachwerkhäusern im Sonnenschein

Fish & Chips in England

Historische Gebäude in Dartmouth

Ebbe in Brixham

Guildhall in Portsmouth

Die HMS Warrior in Portsmouth; das schnellste und stärkste Kampfschiff seiner Zeit

Schaufelradfähre in Dartmouth

Geglückte Biscaya-Überquerung Anfang August 2002

Ein traumhafter Ankerplatz vor dem Castello San Anton in La Coruña, Spanien

La Coruna:
Rathaus

Historische Straßenbahn

Das Wahrzeichen der Stadt, Torre de Hercules, der älteste noch im Dienst befindliche Leuchtturm

Musikalisch durch die Rias in Galicien

Kathedrale in Santiago de Compostella

Traumhafter Blick: Ilsas Cies im Licht der Abendsonne

Leuchtturm bei Bayona

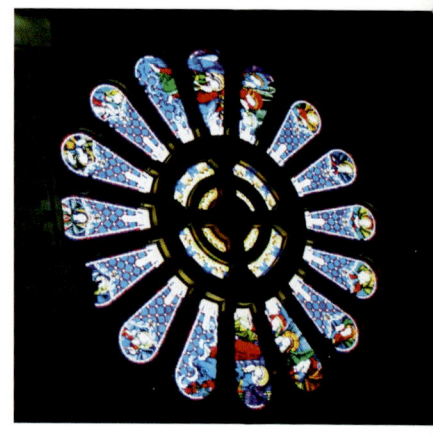

Vianna do Castelo in Portugal, Tempel der heiligen Lucia mit beeindruckendem Fenster

Blick über Porto

Die Brücke von Dom Louis überspannt den Douro

Die farbenprächtige Altstadt von Porto

Unter Passatsegel Richtung Süden nach Lissabon

Das Entdeckerdenkmal in Belem kurz vor Lissabon. Im Hintergrund die Brücke Ponte de 25. Abril, die den Tejo überspannt

Bizarre Felsen bei Nazaré

Kap Sao Vincente, Portugal

Werken Cesar Manrique's begegnet man überall auf Lanzarote, so auch im Kaktusgarten

Felsformation aus Lava in Orzola, im Norden der Insel Lanzarote

hier scheint aus Spaßvögeln zu bestehen. Leider ist die Verständigung schwierig, wer zwischen dem ›kalten‹ und dem ›heißen‹ Frankreich segelt, muss nicht viel englisch sprechen können. Aus unserer Sicht können wir einmal mehr sagen, die ideale Langfahrt Crew spricht englisch, spanisch, französisch und portugiesisch, wenn man daran interessiert ist, mehr zu erfahren als das Notwendigste.

Die neue Woche beginnt sehr heiß, gegen Mittag beträgt die Temperatur im Boot fast 30 Grad, die Luftfeuchtigkeit liegt unter 40%: Durst, Durst und nochmals Durst. In Deutschland wütet ein Orkan, kaltes Herbstwetter.

Eine kuriose Meldung erreicht uns über NAVTEX, dem Warndienst für die Schifffahrt: Von Marokko kommend besteht die Gefahr, dass eine Heuschreckenplage die Kanarischen Inseln und Südspanien erreichen könnte. Alle Schiffe werden gebeten, die Küstenstationen zu informieren, sobald ein Schwarm gesichtet wird.

Ich sichte meinen Schwarm, sie sitzt im Cockpit und genießt das hochsommerliche Wetter.

Leider werden über NAVTEX in jüngster Zeit viele Suchmeldungen verbreitet. Kürzlich die Meldung, eine Yacht verließ Casablanca Richtung Kanaren und ist seither spurlos verschwunden. Die Crew meldete sich täglich über Kurzwelle im zuvor erwähnten Fishnet. Man weiß nicht, was geschehen ist, von heute auf morgen war sie verschwunden.

Auf dem Steg wird die Geschichte von zwei Yachten erzählt, einem entmasteten Katamaran und einer Sloop (Einmaster), die man nördlich der Kanaren fand, von den Crews jedoch weit und breit keine Spur. Am Mittwoch wurde auf Gran Canaria eine große Suchaktion nach einem vermissten Taucher eingeleitet. Heute, Freitag, lautet die Meldung, die Suchaktion sei noch immer im Gange.

Ganz aktuell ist die Suchaktion nach einer verschollenen deutschen Yacht, die auf dem Weg nach Norwegen war. Man vermutet das Boot im Seegebiet um Kap Finisterre. Der Sturm in Deutschland zog an diesem Gebiet vorbei.

Puerto Calero

Nach vier Wochen Arrecife wird es Zeit für einen Ortswechsel. Aus Puerto Calero erfahren wir, sie haben noch freie Plätze. Schön, am Montag werden wir dorthin segeln, ein wenig Luxus tut auch mal gut. Außerdem sind dort unsere ›Kängurus‹. Jane und Noel haben soviel erlebt, es ist immer interessant, ihnen zuzuhören.

»Die Motortemperatur ist normal, es riecht auch nichts verbrannt!«, ruft Beate aus dem Boot. Kurz nach dem Ablegen in Arrecife röhrt die Maschine wie ein Porsche, wenn er eine Rennstrecke sieht. Möglicherweise ist die Seewasserkühlung nicht in Ordnung. Normalerweise durchströmt das angesaugte Wasser den Motor, tritt dann zusammen mit den Abgasen aus dem Auspuff aus und dient somit auch zur Schalldämpfung. Ich sehe kein Wasser ausströmen, jetzt besteht die große Gefahr, dass die Auspuffanlage nach einer gewissen Zeit verschmort, da sie aus Gummi gefertigt ist. Anlegen ist wegen Starkwind und den beengten Platzverhältnissen kaum möglich. Aus unbekanntem Grund fließt nach einer Weile das Wasser, wir verlassen den Hafen und setzen Segel Richtung Puerto Calero.

Nach Abstellen der Maschine öffne ich eine der Bodenluken und sehe, die Bilge steht unter Wasser, am Motor strömt weiteres nach. Nach Schließen des Seeventils stoppt der Zufluss. So weit es geht, prüfe ich, kann aber keinen Fehler finden, im Bereich der Seewasserpumpe ist alles nass. Unmittelbar vor Puerto Calero beschließen wir, die Maschine zu starten und versuchen, selbst in den Hafen zu fahren, andernfalls müssten wir um Hilfe bitten.

Der Motor springt sofort an und bereitet während der folgenden Hafenmanöver keine Probleme, aber es fließt wieder Wasser ins Boot. Am Steg heißt es sofort Maschine aus und in Ruhe nachsehen. Unsere Bordkasse kommt noch einmal gut davon, Ursache ist ein Kühlwasserschlauch, der, dicht an der Lichtmaschine verlegt, durchgescheuert wurde. Kleine Ursache, die fast den Ausfall des Motors zur Folge gehabt hätte. Willkommen in Puerto Calero.

Am nächsten Morgen klären wir im Hafenbüro unseren Aufenthalt ab. Trotz enormen Andrangs weiß man hier die richtigen Prioritäten zu setzen und weist uns einen guten Liegeplatz zu. Nach Verlassen der Oficina besichtigen wir das größte Segelschiff im Hafen, einen Zweimaster, 43,5 m lang, englische Flagge. Das Schiff ist im klassischen Stil gebaut und hat wunderschöne Aufbauten aus Holz, die zur Zeit neu lackiert werden. Das ist genau der Punkt, für den sich die Handwerker in uns interessieren. Ein Crewmitglied gibt freudig Auskunft und erklärt, der gesamte Aufbau werde zweimal pro Jahr abgeschliffen und neu lackiert, die deutschen Eigner möchten das so. Auf Nachfragen sagt sie, sechs Leute seien ständig an Bord, zum Segeln kämen dann noch zwei weitere Personen hinzu. Einschließlich Eigner segeln dann zehn Leute das Schiff.

Unsere Crew stellt sich in einer Reihe nebeneinander auf und geht zurück zum Einmaster ATHENE. Hier leben permanent zwei Leute an Bord, die deutschen Eigner haben sich selbst als Crew eingeteilt und möchten das Boot heute waschen und polieren. Nun, dann mal los. Gut sechs Stunden später sind beide fertig, das Boot und die Crew. Ein spiegelnder Rumpf ist Lohn der Mühe.

Anruf zu Hause, Schwiegervater hat Geburtstag. Wir verholen, nicht ganz stilecht, in einen englischen Pub und heben einige Gläser auf sein Wohlergehen. Zwei Stunden später geht es uns wie Ron nach der Weinprobe an Bord, die Kommunikation mit den britischen Wirtsleuten fällt immer leichter.

Zurück zum Boot. Unser ausgesprochen lebenslustiger deutscher Nachbar sitzt allein im Cockpit, die Familie schläft schon. Wir wechseln einige Worte, auf einmal sagt er: »Ich saß hier im Cockpit und habe still vor mich hin geweint. Mein bester Freund liegt im Sterben.« In unserer Bierlaune trifft uns das völlig unvorbereitet. Wir hören ihm zu, er spricht sich kurz aus, dankbar, dass wir ihm unsere Aufmerksamkeit schenken. Der Nachbar bedankt sich abermals und wünscht eine gute Nacht. Wie konträr das Leben doch sein kann. Gut, dass wir das Sabbatjahr jetzt realisiert haben und nicht bis zum Sankt Nimmerleinstag davon sprechen. Im Bauch das Bier, im Kopf die Auswirkung: Buenas noches.

Dagmar und Peter sind zu Besuch. Sie segeln ein Schwesterschiff von ATHENE und entfliehen per Flugzeug den vorwinterlichen Temperaturen in Deutschland. Vor drei Jahren lernten wir sie während unserer Überführungsfahrt von Deutschland nach Holland auf Norderney kennen. Seither sind wir verbundene Cumulanten. Kommen vier Segler zusammen, so gibt es viel zu klönen... Tut uns gut. Während vier Monaten Segeln erlebt man einiges...

Zwei Tage später verabreden wir uns wieder. Das Angebot, mit dem Wagen zum Einkaufen zu fahren, ist zu verlockend, der Marina Supermarkt ist schlecht sortiert und sehr teuer. Später am Nachmittag verlassen wir mit dem Schlauchboot die Marina, wenige Meter außerhalb lädt ein abgetrennter Bereich zum Baden und Schnorcheln ein: Beate wie ein Fisch, der Skipper erkennt: Sein Platz ist auf dem Boot.

Am Sonntag fahren wir gemeinsam zum Markt nach Teguise. Dieser Markt ist sehr beliebt, entsprechend ist der Andrang. Alles Mögliche wird angeboten, ob Kupfermagnete, Schweizer Breitling Uhren oder eine Rarität, echte Steine, handbemalt. Beate findet einige Kleidungsstücke, die ihre Sommergarderobe bereichern. Unsere Küche wird durch die Anschaffung eines kanarischen Soßenbuches ergänzt.

Hoch über Teguise liegt das Castel Santa Barbara, mit einem fantastischen Blick über die Insel. Es folgt ein spanischer Tagesausklang, Paella essen in einem der Marina Restaurants. Dort beschließen wir, zu viert in die Papagayo Bucht im Süden Lanzarotes zu segeln, baden und schnorcheln.

Mangels Wind ist am folgenden Tag segeln leider nicht möglich, so folgt Altbewährtes - Fahren unter Maschine. Zwei Stunden später fällt der Anker. Peter ist zuerst im Wasser, taucht kurz und ruft: »Jürgen, ihr habt einen Tampen im Propeller.« Zuerst denken wir an einen uralten Seglerscherz, dann selbst im Wasser, sehen wir, dass sich Reste eines Fischernetzes um den Propeller gewickelt haben.

Zielstrebig und sehr ehrgeizig rücken Dagmar und Beate dem ›Gestrüpp‹ mit dem Bootshaken zu Leibe und entfernen mühsam Stück für Stück die Netze. Dünung und Strömung machen es schwer, den tiefsitzenden Propeller zu erreichen. Rund eine Stunde später ist das Werk vollbracht. Auf dem Rückweg zur Marina kommt Wind auf und wir können ein paar Meilen unter Segeln laufen. So sind auch Dagmar und Peter auf dem Atlantik gesegelt. Hoffen wir, es war für die beiden nur der Anfang... das Boot haben sie ja.

Die Gläser lässig in den Händen, die Segelbekleidung gegen den besten an Bord befindlichen Zwirn getauscht, so sehen wir am Abend die ersten Partygäste. José Calero, der Besitzer des Hafens, hat die ›Captains‹ mit Crew am 11. November zu einem informellen Cocktail eingeladen. Senor Calero begrüßt seine Gäste zuerst, danach Händeschütteln mit den niedrigeren Chargen in einer Reihe hinter ihm. Es folgt eine kleine Ansprache. Herr Calero freut sich über die zahlreichen Segler und hofft, alle im nächsten Jahr wiederzusehen. Viele lachen, als er das sagt, denn die meisten Yachties werden die Kanarischen Inseln verlassen und über den Atlantik segeln. Dennoch, die Einladung der Marina zur Cocktailparty ist ungewöhnlich; es wird sich herumsprechen.

Im Gegensatz zur Ungezwungenheit auf den Stegen ist die Atmosphäre hier von Eitelkeiten geprägt. Die Engländer wollen an diesem Abend lieber unter sich bleiben, die Deutschen sowie die schweizerischen und österreichischen Segler tun letztlich das gleiche.

Im Laufe des Abends frage ich einen Herrn, Ende vierzig, ob er der Eigner des 43 m Schoners sei? Auf dem Rückweg von unserem Badeausflug sahen wir jemanden an Deck des Schiffes, der ihm glich. Er lächelt und erzählt, das Aluminium-Schiff sei

1994 bei Royal Huisman in Holland gebaut worden. Im Jahr hat er zehn Wochen Zeit zum Segeln und denkt, das sei genug, um die Yacht ausreichend zu nutzen. Dieses Jahr bereiste er Schottland und Norwegen und ist begeistert, wäre nur das Wetter dort besser. Den Caledonian Canal konnte er nicht befahren, eine Straßenbrücke ist leider nur 33 m hoch, der Großmast hingegen 44 m. Morgen laufen sie Richtung Karibik, nach St. Maarten, aus, im nächsten Sommer folgt die amerikanische Ostküste nach Maine. Später erzählte man uns im Marinabüro, er sei ein Privatbankier. Nun denn...

An der Theke wird immer wieder laut gelacht, ich erkenne einen dänischen Segler im Gespräch mit mir Unbekannten. Der Skipper von CLEO sieht mich, lacht über das ganze Gesicht und schwankt wie bei Windstärke fünf auf dem Atlantik.»Hi, hi«, sagt er und hält sich kurz an mir fest:»Kaum drei (er lacht), kaum drei Tage im Hafen und wir können zur Cocktail Party gehen.« Jetzt muss er herzhaft lachen und trinkt sein Glas Bier leer.»Eine gute Idee von Mr. Calero, (er stoppt einen Moment) uns hier, hier, ich meine uns einzuladen.« Er dreht sich um, sieht Senor Calero am anderen Ende des Tresens stehen:»Wir, wir ... sollten zu ihm gehen und ... (er lacht wieder, so genial scheint der Gedanke zu sein) und ihm sagen, er soll noch mehr Marinas bauen.« Jetzt ist er nicht mehr zu halten, nimmt einen kräftigen Schluck Whisky, der ihm soeben gereicht wurde und ordert wieder ein Bier. Während ich bei ihm stehe, ist die Trinkfolge auf zwei Glas Bier ein Whisky. Zwischendurch murmelt er von Hafengeld vertrinken und dem Ärger mit seiner Frau am nächsten Tag. Zu meinem Erstaunen wechselt er auf einmal vom Englischen ins Deutsche, was er deutlich besser spricht, mit dieser Grundlage allerdings keine Überraschung.

Am Ende der Marina liegt eine kleine Werft, in der Reparaturen durchgeführt werden. Häufig hebt man dort Boote aus dem Wasser, um das Unterwasserschiff vor der Atlantiküberquerung neu zu streichen. In der Karibik ist das nicht so einfach und sehr teuer. Neugierig, welche Möglichkeiten hier bestehen (man weiß ja nie), sehen wir uns auf dem Gelände um und entdecken JAN VAN GENT, das gestrandete Boot aus der Papagaya Bucht. Die Werft hat das Boot gekauft und möchte es ausschlachten, der Mast und diverse Teile sind noch als Ersatz verwendbar. Jemand von der Werft sagt uns, das Boot war drei Tage der tosenden See zwischen Felsen ausgesetzt, bevor man es dort wegziehen konnte. Innen würde es aussehen, als wäre das Boot in der Waschmaschine gewesen, der Ausbau ist komplett zerstört. Im Rumpf sind faustgroße Löcher. Ein Albtraum für jeden, der zur See fährt.

Heute ist Mittwoch, der 13. November 2002. Ein seit Wochen völlig unbekanntes Naturereignis ereilt uns. Es regnet! Der erste Regen auf Lanzarote, wir glaubten bereits, das sei nicht möglich. Und damit nicht genug, das Schauerwetter wird uns bis zum Wochenende begleiten. Der Wind bläst mit 5-6 Bft, der Seewetterbericht meldet Wellenhöhen bis zu vier Metern. Im Hafen ist es sehr ruhig, allerdings hat der Wind die Richtung geändert. Anstatt von See weht er über Land und hat viel Staub im Gepäck, der sich jetzt auf den Booten verteilt. Leider ist es auch kalt geworden, am Tag sind es nur noch 25 Grad, in der Nacht 18. Da müssen wir halt durch.

Einer unserer abendlichen Spaziergänge führt zur Hafeneinfahrt. Dort liegen üblicherweise sehr große Schiffe, die kaum in die Marina passen, so auch Katamarane. Heute sind gleich mehrere dieser Ungetüme zur See zu sehen, einer ist entmastet. Uns erstaunt immer wieder, was hier passiert. In diesen Tagen wurde über NAVTEX mehrfach die Warnung verbreitet: »Gekenterter Katamaran auf Position soundso«, ein Standort nahe den Inseln. Liest man entsprechende Literatur zu diesen Booten, kentern Katamarane nur sehr selten. Man kann den Eindruck gewinnen, bei dieser Äußerung scheint der Wunsch der Vater des Gedankens zu sein. Drei Kenterungen in sechs Wochen sind keine vertrauenerweckende Quote.

Fischfang und Neptuns Rache

Es ist angenehm warm, der Wind weht wieder mit seiner üblichen Stärke aus Nord bis Nordost, wir werfen die Leinen los. Auf dem Programm steht Einsegeln ins Revier (häufig böiger Wind) und Justierungen am Autopilot überprüfen. In den Tagen zuvor erzählten unsere Nachbarn von ihren Fischfängen, heute werden auch wir unser Glück versuchen.

Schnell läuft ATHENE Höchstgeschwindigkeit, die Angelschnur ist ausgeworfen, der Autopilot hält den Kurs und darf Crewmitglied bleiben. Kurz nach einer Wende sagt Beate: »Sieh mal, wie sich die Rute biegt, ein Fisch hat angebissen.« Ausgerechnet jetzt. Infolge einer Wende segeln wir einen anderen Kurs zum Wind, das Großsegel muss gerefft werden, das Boot ist schwer zu steuern, es läuft fast acht Knoten. Der Fisch muss warten. Minuten später ist das Boot getrimmt, ich nehme die Angelrute und beginne zu kurbeln, 150 m Schnur wollen eingeholt werden. Manchmal geht es ziemlich schwer, viel Zug ist auf der Leine, dann wieder leichter, die Gelegenheit nutzend kurbele ich weiter. Hier und da sehen wir etwas Schwarzes auf der Wasseroberfläche. Das schwarze Etwas kommt langsam näher. Wahnsinn, ein Fisch hat angebissen! Bald ist das gute Stück ins Boot gehoben, ein Thunfisch, 45 cm lang! Einen Thun auf dieser Reise zu fangen war immer mein Wunsch, der mit diesem Fang Wirklichkeit wurde.

Die Schnur rauscht ein zweites Mal aus, eine Viertelstunde später biegt sich die Rute erneut, wieder hat ein Thun angebissen. Leider kann er sich durch sein wildes Zappeln vom Haken lösen und fällt ins Wasser zurück.

Nichts spornt mehr an als Erfolg, so versuchen wir unser Glück noch einmal. Die Segelei ist plötzlich zur Nebensache geworden, die Angelrute steht im Mittelpunkt. Die Zeit vergeht, kein neuer Biss. Wir entfernen uns mehr und mehr von der Küste, aus Nord droht eine dunkle Wolkenwand mit Regen. Der Entschluss ist klar; Umkehr nach Puerto Calero.

Wir fahren eine sportliche Wende à la Ijsselmeer, das

heißt Wenden fast auf der Stelle. Woran wir in diesem Augenblick nicht denken: die Schnur ist noch ausgerollt und neben der Angelrute drehen sich munter die drei Flügel des Windgenerators.

Was jetzt passiert, ist ein Stück aus dem Tollhaus: Infolge der Kursänderung erfasst der drehende Propeller die Leine, und wickelt sie munter um die Flügel des Generators. Gleichzeitig schiebt sich das Boot über die weitausliegende Angelschnur, glücklicherweise ist der Bootspropeller blockiert, unter Wasser kann nichts Ähnliches passieren.

Die Situation ist nicht gefährlich, aber auch nicht lustig. So, wie wir die Angelschnur Hand über Hand unter dem Boot durchziehen und ins Cockpit werfen, packt der Windgenerator sie und wickelt sie mehr und mehr um sich selbst, bis er blockiert. Im Cockpit liegt ein Wirrwarr der Schnur einschließlich Köder.

Der Skipper findet sich schließlich mit einem großen Messer bewaffnet am Windgenerator wieder, um das Ding in geduldiger Schneidarbeit zu befreien. Zurück in der Marina läuft der Generator, den Nachbarn die peinliche Geschichte zu erzählen, bleibt uns erspart. Nach einem kurzen Fototermin heißt es den Fisch zu filetieren, wir werden zwei Tage frischen Thunfisch genießen.

Und unsere Nachbarn? Sie können nicht glauben, wie prächtig der Fang ist. Bisher fingen sie nur kleine Fische oder eine Krake, mit der sie nichts anfangen konnten. Das sah die Krake übrigens genauso, hielt sich mit einem ihrer Fangarme an Deck fest, befreite sich vom Haken und verschwand wieder in ›Octopussys Garden‹.

Fuerteventura

November 2002

Der Manager von Castillo - Massentourismus - stürmisches Wochenende - ein makaberer Scherz

Dunkle Regenwolken ziehen am Morgen über die roten Vulkane, es nieselt leicht. Bald klart es auf, ablegen, Kurs Fuerteventura. Im Windschatten der Berge läuft der Motor, dann schiebt uns der Wind bis zum Zielort Puerto del Castillo. Unterwegs wird geangelt, zweimal ist ein Fisch am Haken, jedoch können sich beide rechzeitig vor der drohenden Bratpfanne befreien. Unsere Angeltechnik muss in dem Punkt – Fisch an Bord ziehen – dringend verbessert werden.

Die Einfahrt zur Marina ist wegen der vorgelagerten Riffe knifflig, so fahren, besser tasten, wir uns vorsichtig hinein. Der Hafen ist sehr klein, am Steg ist aber noch ein Platz frei. Nach Südost ist der Hafen zum Atlantik offen, uns gefällt das nicht so sehr, zumal wir direkt im Einfahrtsbereich liegen, weiter innen wäre es geschützter.

Im Laufe der Reise lernten wir viele Hafenmeister kennen, den von Puerto del Castillo werden wir so schnell nicht vergessen. Eigentlich sollte ich nicht Hafenmeister schreiben, er trägt ein Namensschild auf seinem hellgrünen T-Shirt, der Mann ist demnach Manager. Im Büro nimmt er aus einer Schublade ein Formular, wirft es auf den Tisch: »Hier, ausfüllen.« Er setzt sich auf einen Stuhl, legt die Füße auf einen anderen und blättert demonstrativ gelangweilt in einer Zeitschrift. Derweil füllen wir das spanische Formular aus, ein Wort ist unbekannt, wir fragen nach.

In erster Reaktion schaut er missmutig an die Decke und murrt: »Das ist Spanisch.« Ausgezeichnet, der Manager weiß, in welchem Land er ist, möglicherweise ist er Sprachwissenschaftler mit Hafenmeister im Nebenberuf. Er nennt das Wort in Englisch und wirft die Zeitschrift neben sich auf den Boden. Seine Kollegin am Computer bittet ihn mit leiser Stimme um Hilfe, sie kann die Rechnung nicht ausdrucken. Dem Gespräch können wir wegen fehlender Vokabeln nicht folgen, es ist auch nicht notwendig, sein Verhalten spricht Bände. Wir verlassen das Büro voller hämischer Freude: Von Computern hat er überhaupt keine Ahnung! Nach seinem Einwirken funktionierte nichts mehr. Seine Kollegin quittierte es mit einem schadenfrohen Lächeln.

Einen kleinen Vorgeschmack auf die Preise erhalten wir im Hafenbüro, der Liegeplatz ist gut 50 % teurer als in der Luxusmarina Puerto Calero.

Ortsbesichtigung. Puerto del Castillo ist eine große Version der Brighton Pier für die offensichtlich vielen englischen Touristen. Überall blinken irgendwelche großen bunten Werbetafeln. Im Supermarkt ist es im Vergleich zu Lanzarote doppelt so teuer. Dafür werden die Kunden mit lauter Discomusik berieselt. Nichts wie raus hier! Vor einem englischen Pub werden wir vom Personal auf der Straße angesprochen, ein junger Mann verteilt Handzettel für ein Restaurant. Wo sind wir hingesegelt? Die Leuchtreklame eines anderen Supermercados blinkt wie ein Casino. Klar, wer hier beim Pokern zwei kleine Käse setzt, legt locker über zehn Euro auf den Tisch.

Enttäuscht von der Rummelplatz-Atmosphäre kehren wir zum Boot zurück, überlegen, welche Liegeplatzmöglichkeiten bestehen. Auf Fuerteventura gibt es laut unseren Revierführern nur einen guten Hafen, in dem sind wir jetzt. Auf dem Nordatlantik ist Sturmzeit, das bedeutet westliche Winde und macht das Weitersegeln nach Gran Canaria im Moment unmöglich. Wir könnten zurück nach Lanzarote segeln und bei entsprechender Wetterlage mit einem Südwest Kurs nach Gran Canaria. Letztlich entscheiden wir uns, einen Wagen zu mieten, die Hauptstadt einschließlich Hafen anzusehen sowie eine weitere Marina im Süden. Vielleicht ergeben sich hier Alternativen.

Mit einem Opel fahren wir nach Puerto del Rosario, der Inselhauptstadt. Der Hafen ist den Bedürfnissen der Großschifffahrt angepasst. Es gibt einen mehr oder weniger akzeptablen Steg für Boote, aber schön ist es hier nicht. Der Hafen ist sehr offen, schon jetzt, bei wenig Wind und Schiffsverkehr, rollen die Yachten im Schwell. Die Stadt scheint nur aus verfallenen Häusern und Baustellen zu bestehen. Hier ist keine Atmosphäre wie in Arrecife mit der schönen Strandpromenade. Gut, dieser Punkt hat sich erledigt, keine erwägenswerte Liegeplatzmöglichkeit.

Wir widmen uns dem Einkauf, finden bald einen der typischen ›Hiperdino‹ und decken uns reichlich mit Proviant ein, zu Lanzarote-Preisen. Unseren dänischen Nachbarn, Christian und Gitte von der Yacht CLEO, nehmen wir eine Palette Bier mit. Gestern erzählten sie mit mitleidiger Stimme wie teuer das Bier ist, 1 € für 0.33l in Puerto del Castillo, 0.19 € die Dose hier im Supermarkt. Zurück im Boot, heißt es, den Proviant verstauen. Die Dänen schauen sehr überrascht, als sie 24 Dosen Bier für knapp 5 € erhalten, sie strahlen über das ganze Gesicht, der ›Kein-Bier-Blues‹ ist vorbei.

Nach der Mittagspause, man beachte den Tagesablauf an Land, fahren wir Richtung Süd, fast 100 km bis Morro Jable, dem südlichsten Hafen.

Im ersten Moment erinnert Fuerteventura an Lanzarote, Vulkangebirge wohin man schaut, aber weitläufiger. Je weiter wir nach Süden kommen, desto mehr wechselt die Landschaft von groben rotbraunen Steinen in feinen hellen Sand. Die Strände leuchten weißgelb in der Sonne, das Wasser von hellblau am Strand bis dunkelblau weiter im tiefen Bereich.

Der Hafen liegt am Ortsende von Morro Jable, zuvor haben wir das zweifelhafte Vergnügen, die Konsummeile zu durchfahren. Reklametafeln rechts und links der Straßen zeigen Werbung in Deutsch, ›Einkaufzentrum am Zeil‹, ›Ihre Parfümerie Douglas‹. Fliegen die Menschen in Urlaub, um sich wieder mit den Dingen zu umgeben, die sie ständig sehen?

Schließlich erreichen wir den Hafen, der ebenfalls für

Großschifffahrt gebaut ist. Entsprechend breit ist die Einfahrt und bietet wenig Schutz vor den Wellen des Atlantiks. Auch wenn die Steganlage neu ist, dürfte der einzige gut geschützte Bereich ein Ankerplatz direkt hinter der Hafenmauer sein. Sobald das Wetter es zulässt, werden wir hierher segeln, als Absprunghafen nach Gran Canaria ist der Platz in Ordnung. Über Antigua führt der Weg zurück nach Puerto del Castillo, wo uns Christian mit einer weniger guten Nachricht empfängt. Nein, nicht das Bier ist ausgegangen, es gibt eine Sturmwarnung. Der Wind ist das kleinere Problem, die Frage ist, wie stark wird der Schwell im Hafen sein? Soviel ist klar, Sonntag wird Hafentag.

Der Tag beginnt mit 25 Grad angenehm warm, der Himmel ist fast wolkenlos, eine Brise weht aus West. Da ATHENE in Nord-Südrichtung liegt, ist unsere jetzige ›Terrasse‹ nach Süden ausgerichtet, so sitzen wir in der Sonne und lesen. Gelegentlich fährt ein gelbes Glasbodenboot vorbei, tief unten im Schiff sitzen Leute, die die Unterwasserwelt beobachten, an Deck steht der Skipper hinter dem Ruder, hört Musik und tanzt. Ab und zu unterbricht er seine Darbietung, greift in einen Eimer, wirft in kleinen Mengen Futter über Bord und lockt Fische an. Anscheinend macht er seine Sache gut, das Boot fährt mehrmals am Tag hinaus.

Der Crew eines großen Katamarans mit Tagesgästen an Bord bereitet die bestehende Sturmwarnung auch keine Probleme, sie laufen auf die offene See aus. Kommerz und Sicherheit, zwei sehr unterschiedliche Geschwister. Mein Eindruck, im Zweifel gewinnt der kommerzielle Gesichtspunkt. Ganz sicher weiß keiner der Gäste von der Sturmwarnung für die gesamten Kanarischen Inseln und den damit verbundenen Gefahren.

Heute fällt der Startschuß zur ARC in Gran Canaria, die bereits erwähnte ›Regatta‹ über den Atlantik. Die Leute zahlen sehr viel Geld, de facto für die Illusion einer sicheren Überquerung in einer Flottille. Was macht der Veranstalter? Er lässt die Boote auslaufen, trotz Sturmmeldung und Wellen von bis zu fünf Metern Höhe. Alles ist durchgeplant, wie kann dann das Wetter diese schönen Pläne stören?

Am späten Nachmittag erreicht uns eine neue Warnung, eine sehr interessante, die besagt, dass der Sturm in der Nacht um 03.00 Uhr endet. So genau war bisher keine Meldung. Wir sind froh, wenn die Vorhersage für den nächsten Tag stimmt.

Im Ort mischen wir uns unter das sichtlich zufriedene Urlaubsvolk und kehren gut eine Stunde später zur Marina zurück. Schon von weitem ist zu sehen, wie die Boote schwanken, es laufen Wellen in den Hafen. An Bord bringen wir zusätzliche Leinen aus. Die Aktion dauert gut eine halbe Stunde, ATHENE liegt jetzt ruhiger, auch besteht keine Gefahr, dass sie irgendwo an den Steg stößt. Segler bieten an, das Boot zu verlegen, sollte es schlimmer kommen. Uns ist es lieber, zunächst zu warten, die Party endet ja um 03.00 Uhr.

Kurz nach einem spektakulären Sonnenuntergang – feuerrote Wolken vor einem hellblauen Himmel – ist Ruhe eingetreten. Der Wind ist schwächer und hat die Richtung geändert, er weht ablandig. Peter von der englischen Yacht RACHAEL JANE erfasst die Situation mit einem Sprichwort: »Red sky in the night, sailors delight.« In der Nacht zeigt uns der Wind, dass er doch noch da ist, gut zwei Stunden pfeift es im Rigg.

Nächster Morgen, Peter klopft am Boot und erzählt eine unglaubliche Geschichte: Jemand hatte eine Handvoll Innereien eines Hähnchens oder Fisches in die Lüftung ihres Bootes geworfen. Es stank fürchterlich. Er sieht uns fassungslos an und fragt: »Wer tut denn so was?« Diese Marina ist sehr gut gesichert, Zugang nur für Bootsleute. Später erzählt er die Geschichte dem Hafenmeister und der erwidert: »Es war bestimmt eine Katze.« Peter sarkastisch: »Sicherlich eine, die sich gut mit Bootslüftung auskennt.«

Gran Tarajal - Morro Jable

Von der Fahrt nach Gran Tarajal gäbe es eigentlich nichts zu berichten, wäre da nicht unsere schöne neue Vorsegelanlage.

Diese besteht aus mehreren Profilrohren, die alle miteinander verschraubt sind.

Auf dem Deck liegend, beobachte ich das Spiel der Trimmfäden des Segels im Wind. Irgendwann fällt mein Blick auf die Vorsegelanlage, deren Rohre deutlich sichtbare Spalten aufweisen. Oh Schreck, die Verbindungen haben sich gelöst. Im Hafen Gran Tarajal nehmen wir uns der Sache sofort an, Christian und Gitte – sie sind bereits einen Tag zuvor hierher gesegelt – helfen. Dreimal zieht Christian mich mit Hilfe einer Winsch in die Höhe, damit ich alle Verbindungen nachziehen kann, zwei Schrauben sind bereits verloren gegangen, zum Glück ist Ersatz an Bord. Nach vollbrachter Arbeit stoßen wir mit Bier, Kaffee und Brandy an.

Es ist wohl jedem klar, bei dieser Vorgabe dauert die Klönrunde genauso lange wie die eigentliche Arbeit. Einmal mehr zeigt dieses Erlebnis, was Segeln ausmacht: Man hat immer Arbeit am Boot, selbst wenn die Teile neu sind, und man findet unter Seglern immer eine hilfsbereite Hand. Es sind letztlich die Menschen, die diese Art des Reisens erlebenswert machen.

Endlich! Gran Tarajal ist ein Ort, der unseren Vorstellungen entspricht, weit und breit kein Pub und keine Würstchenbude! Ja, es ist sogar möglich, auf ein Hola einen entsprechenden Gruß in Spanisch zu hören.

Wer segelt und sich eine angenehme Passage wünscht, richtet seinen Terminplan nach dem Wetter, ausreichende Zeit vorausgesetzt. Unser Wunsch ist ein schneller Törn nach Gran Canaria und diese Wetterbedingung wird übermorgen erfüllt werden. So segeln wir heute weiter nach Morro Jable, dem südlichsten Hafen auf Fuerteventura, als Ausgangspunkt für Gran Canaria. Auf dem Weg dorthin fangen wir unseren bisher größten Thunfisch, ein ca. 50 cm langes Exemplar. In Morro Jable gehen wir vor Anker, der Ankergrund ist schlecht. Egal, es ist ruhig und wir werden in acht Stunden weitersegeln.

In der Nacht wecken uns ungewöhnliche Geräusche. Obwohl fast windstill, hält der Anker nicht. Einmal wach, geht er auf, und wir segeln los.

Gran Canaria
November - Dezember 2002

Rauschefahrt - Computer und Segeln - hochsommerliche Vorweihnachtszeit - ein gefährliches Stadtgebiet

Mit Passieren der südlichsten Spitze Fuerteventuras erreicht uns der vorhergesagte Nordost-Passat, ATHENE läuft annähernd Höchstgeschwindigkeit Richtung Las Palmas. Kurz vor Gran Canaria fangen wir einen Thunfisch. Der Angelköder rauscht ein weiteres Mal aus, ein zweiter Fisch ist für unsere dänischen Segelfreunde bestimmt. Tatsächlich beißt kurz darauf ein kapitaler Bursche an, die Rute biegt sich wie nie zuvor, ich muss sie mit zwei Händen halten. Nachdem die Hälfte der Angelschnur eingezogen ist, fährt ein deutlicher Ruck durch die Rute und der Fisch ist weg. Schade, ich hätte ihn gerne einmal gesehen. Drei Meilen vor Las Palmas beißt ein dritter Fisch an. Das Schicksal meint es nicht gut mit ihm, er ist mittlerweile filetiert.

Vor der Hafeneinfahrt erwartet uns eine üble Überraschung. Auf dem Wasser schwimmt eine dicke, nicht enden wollende Dieselschicht. Es stinkt fürchterlich, die Wasseroberfläche ist ölig glatt, trotz Seegang. Ich bitte um Nachsicht, aber so eine Sauerei haben wir noch nie erlebt.

10 Stunden und 60 Seemeilen weiter, bietet die Marina Las Palmas freie Platzwahl. Mit Absegeln der ARC Yachten eine Woche zuvor sind reichlich Liegeplätze vorhanden. Den Hafen säumen Hochhäuser, von der Straße dringt Lärm herüber. Die letzte Großstadt, die wir besuchten, war Lissabon. Seitdem sind zwei Monate vergangen, in den nächsten Tagen lassen wir Las Palmas auf uns ›einwirken‹.

Las Palmas bedeutet Wiedersehen mit Seglern verschiedener Nationen, die wir im Laufe der vergangenen Monate kennen lernten. Astrid und Dieter von der WINDLISE hielten es nur kurz in ihrem Haus auf Porto Santo aus, der Lockruf der Ferne ist stärker. Unsere holländischen Mitsegler von der Yacht WILLEMIJN bereiten sich auf den Absprung in die Karibik vor. Die dänische CLEO Crew wird hier überwintern. Peter und Lynn von der englischen Yacht RACHAEL JANE sind auf dem Weg in die Karibik dem Reiz der Großstadt verfallen. Peter lebte lange in London, er sagt, was auch wir empfinden: »Nach all den Touristenorten ist die Stadt für mich Leben. Irgendwo ist immer etwas los, es gibt zahlreiche Geschäfte und viel zu sehen, mir macht das richtig Spaß. Und der Stau auf den Straßen gehört irgendwie dazu, wir sind davon nicht betroffen.«

Die Metropole und Hafenstadt Las Palmas hat in der Tat mehr zu bieten als Sonnengrills und Amüsiermeilen. Wir sind häufig in der Stadt unterwegs, nutzen die kilometerlange Strandpromenade zu einem Ausflug per Fahrrad. Laut Reiseführern ist die Hafenanlage ebenfalls mehrere Kilometer lang. Per Rad haben wir uns auch den kommerziellen Hafenteil angesehen, wo supermoderne Containerschiffe neben üblen Rostlauben liegen. In einem Hafenbecken sehen wir eine sehr große Segelyacht unter englischer Flagge. Wie sich im Gespräch mit einem Crewmitglied herausstellt, ist diese Yacht noch größer als die Yacht der deutschen Banker in Puerto Calero. Diese ist 174 Fuß lang, rund 52 m. Ob das noch Spaß macht, so ein Schiff zu segeln?

Spaß hat jedenfalls Astrid mit ihrem neuen Notebook. Man mag es kaum glauben, wie groß der Einfluss dieses Elektronikteils an Bord ist. Peter erzählte eine Geschichte von einem Paar, das den gesamten Pazifik ohne Selbststeueranlage durchsegelt hatte, immer stand einer von beiden am Ruder. Einen Autopiloten wollten sie nicht, er sei zu anfällig, außerdem hätte man früher auch von Hand gesteuert. Jetzt sind sie auf ihrer zweiten Weltumseglung, diesmal mit einem Computer an Bord. Und was ist die Folge? Sie können nicht auslaufen, weil irgendetwas mit dem Betriebssystem nicht stimmt.

Auf der WINDLISE geht jeder, der etwas von Computern und Navigationssoftware versteht, ein und aus. Schließlich funktioniert alles und Dieter darf wieder ein normales Seglerleben führen, so hofft er.

Am zweiten Adventsonntag scheint hier die Sonne wie in Deutschland im Hochsommer. Bei über 25 Grad lesen und werkeln wir den Vormittag über im Cockpit. Wie viele Einheimische auch, gehen wir nachmittags in die Stadt, die großen Geschäfte haben geöffnet. Auf uns ›Nordlichter‹ wirkt es schon ein wenig befremdlich, wenn im Kaufhaus Frank Sinatra singt, an Weihnachten sei er zu Hause. Unsere Vorweihnachtsstimmung ist erfreulich sommerlich.

Es wird Zeit, die Insel mit dem Auto zu erkunden, beginnend mit der Nordküste nach Puerto de las Nieves mit dem El Dedo de Dias, dem Finger Gottes, einer markanten Felsformation. Weiter nach Agaete, dort liegt der Zugang zum wunderschönen Tal Los Berrazales. So weit möglich, fahren wir mit dem Wagen den Berg hinauf, nach ungefähr der Hälfte des Anstiegs endet die Straße. Einige Wanderer folgen einem Weg zum Gipfel. Ja, das Gebirge ist ein schönes Wanderrevier.

Von Agaete führt eine Straße entlang der Westküste Richtung Süden. Diese Straße ist für jeden Autofahrer ein Muss. Schier endlos windet sich der Weg durch steile Schluchten an der Küste entlang. Kaum ein Stück der Straße verläuft gerade, ständig Kurven und Steigungen.

Nach 30 km endet die abenteuerliche Fahrt in San Nicolas – passend zur Weihnachtszeit –, einem Ort, der vom Tomatenanbau lebt. Um die Mittagszeit ist es wie ausgestorben, Siesta. Ein kurioses Geschäft am Marktplatz, ›Musica y Pesca‹, hat Musikinstrumente und Angelzubehör im Angebot.

Die Inselumrundung führt uns wieder ins Gebirge, leider auch in Wolken und kurze Zeit später in strömenden Regen. Von der Landschaft ist so gut wie nichts zu sehen; manchmal gibt der Regen für einen Augenblick die Sicht frei. Bei Sonne muss die Landschaft großartig sein. Heute rgenet es, so bleibt uns nichts anderes übrig als weiterzufahren.

Der Besuch des Bergortes Mogan fällt buchstäblich ins Wasser. Wir nehmen eine Regendusche und einen guten Eindruck mit. An der Südküste klart es wieder auf, in Puerto de Mogan ist es hochsommerlich warm, gut auch für unsere feuchte Kleidung.
Puerto de Mogan, ein Ferienzentrum, ist eine wohltuende Ausnahme an dieser Küste. Die Integration von Hafen, Bistros und anderen Geschäften kann man als gelungen bezeichnen. Jedoch: Wer hier mit dem Boot einläuft, ist Teil der Staffage. Tag und Nacht laufen und plärren Leute herum, sehen sich den Hafen an oder sitzen in einer der Kneipen.

Zurück zur Hauptstadt erleben wir die Tour der Bausünden; rechts ein Hotelklotz, links einer, in der Mitte die Schnellstraße zum Flugplatz. Schrecklich! Die Dünen von Maspalomas hätten wir uns gerne angesehen, der aufziehende Regen macht dieses Vorhaben aber zunichte: Kurs Richtung Las Palmas.

Am folgenden Tag teilen wir uns den Wagen mit Peter und Lynn. Regen und Sonne wechseln sich in schneller Folge ab. Vielleicht haben unsere englischen Mitfahrer das Wetter bestellt und möchten sich wie zu Hause fühlen. Auch diese Tour führt durch den Norden der Insel, der uns wesentlich besser gefällt als der Süden Gran Canarias. In Arucas, einer Stadt in den Bergen, schauen wir uns die Kathedrale sowie einen Park an. Der Ort könnte durchaus irgendwo in den Voralpen sein, wären da nicht die Palmen. In einer originellen Bodega ist eine Kaffeepause angesagt.

Weit oben in den Bergen liegt Teror. Dazu sinngemäß unser Reiseführer:
Teror, der wichtigste Wallfahrtsort und religiöses Zentrum Gran Canarias, beherbergt in der Basilika die aus dem 15. Jahrhundert stammende Statue der Inselpatronin Virgen del Pino. Kopfsteingassen, kuschelige Plazas und alte Bürgerhäuser mit kunstvollen Holzbalkonen bestimmen das Bild einer der schönsten Städte der Insel.

Dem ist noch hinzuzufügen: Die Straßen sind weihnachtlich geschmückt, bei Temperaturen um 13 Grad, einschließlich Regen, nicht unähnlich zu Hause.

Nach einem Mittagessen in einem der typischen ›Restaurants‹ besichtigen wir einen Vulkankrater, der vom Pico de Bandama, 582 m hoch, gut zu sehen ist. Manchmal geben die Wolken den Blick bis Las Palmas frei, beeindruckend. Im Vulkankrater liegt ein kleiner Bauernhof, ganz sicher einer der ungewöhnlichsten Plätze zum Wohnen.

Viele träumen von San Francisco, also nichts wie hin. Die Zufahrtstraße führt durch ein hässliches Industriegebiet mit Dutzenden ebenso hässlicher Hochhäuser. Doch begibt man sich in die Altstadt – San Francisco –, sind viele hübsche Gebäude und Gassen zu sehen. Zurück in Las Palmas laden uns Peter und Lynn auf ihr Boot ein, wir klönen bis Mitternacht. Der angekündigte Starkwind hat nun die Insel erreicht, es wird ungemütlich, wir verholen in unser Boot.

Hafentag. Die ganze Nacht wurde das Boot vom Wind durchgeschüttelt, immer wieder regnete es. ATHENE liegt mit dem Bug zum Wind, für uns sind keine weiteren Sicherungsleinen nötig. Die Skipper der Boote auf der anderen Seite des Steges brachten während der Nacht zusätzliche Leinen aus, die Boote drohten gegen den Steg gedrückt zu werden.

Freitag, der 13. Dezember 2002. Im Gegensatz zu gestern herrscht heute hochsommerliches Wetter, dazu stahlblauer Himmel, kurz, ideale Bedingungen zum Fotografieren. In der Stadt gehen wir eigentlich ziellos in Richtung eines Berghanges, wo viele bunte Häuser dicht an dicht stehen. Die Art der Wohngegend ist eine typische Armensiedlung, darüber täuscht auch die Farbenpracht nicht hinweg. Dennoch, die Sicht von oben dürfte bestimmt gut sein. Wir steigen in eine lange steile Treppe, die direkt zwischen den Häusern zum Berg hoch führt. Langsam gehend, sehen wir uns gelegentlich um, die Sicht ist fantastisch, ein weiterer Aufstieg scheint lohnend. In etwa der Mitte der Treppe stehen und sitzen vier junge Männer und sehen uns zu, wie wir langsam die Treppe hinaufsteigen.

Ich habe grundsätzlich eine Abneigung gegen eine Gruppe ›herumlungernder‹ Männer, ganz besonders bei recht jungen. Diese hier schauen uns an, als kämen wir vom Mars. Schließlich sind wir auf deren Höhe angekommen. Einer steht in der Mitte einer Stufe, spricht mich mit einem breiten Grinsen an und zeigt mit dem Daumen der rechten Hand die Treppe hoch. Die anderen drei lachen auf seine Bemerkung. Ich antworte nicht, wie auch, ich habe ihn noch nicht einmal verstanden. Endlich sind wir oben und betreten eine schmale Straße. Beate geht ein kleines Stück nach links, von dort kann sie auf eine alte Festung blicken. Sie nimmt die Kamera aus ihrer Tasche, schaut durch den Sucher, als plötzlich eine dunkle Männerstimme ruft.

Eine Straße tiefer steht ein kräftiger, untersetzter Mann, der durch Rufen und Gesten deutlich macht: Diese Gegend fotografiert ihr nicht. Beate zeigt auf die Festung, er hebt den Daumen, das ist in Ordnung. Beate macht ihr Bild. Völlig verunsichert, zuerst die Männer, dann einer, der hier aufpasst, gehen wir einige Schritte, schon pfeift der Mann. Er brüllt, sagt immer dasselbe und deutet mit der Hand zurück. Wir beachten ihn nicht, gehen die Straße runter, hinter ihm her. Er dachte wohl, wir seien gegangen, schaut sich abermals um, sieht uns und tritt entschlossen auf uns zu. Wieder redet er lautstark und unterstreicht seine Worte mit ausholenden Handbewegungen: Wenn ihr hier weiter geht, werdet ihr ausgeraubt, kehrt sofort um. Er demonstriert seine Entschlossenheit, indem er sich mit verschränkten Armen vor uns stellt und wartet, bis wir zurückgehen, was wir dann auch tun. Die Straße mündet in eine Linkskurve, dort sitzt ein zweiter älterer Mann, der das Gespräch mitgehört hatte und zustimmend nickt. Er zeigt mit der Hand ebenfalls auf die Häuser, dann auf uns und bewegt schließlich den ausgestreckten Zeigefinger hin und her: Nichts für euch, verschwindet.

Mir gefällt das nicht, vielleicht ist es ein abgestimmtes Spiel, die Alten schicken den Jungen die Beute. Andererseits, hätten sie uns in eine der Gassen weitergehen lassen, wäre der Schutz für die möglichen Täter viel besser. Wir kehren um, steigen die Treppen hinab, vermeiden aber jede Hast und Unsicherheit. Die vier Männer sind im Gespräch mit einem fünften. Sie sehen uns, zeigen aber zum Glück kein Interesse. Nur derjenige, der mich ansprach, scheint überrascht, uns so schnell wieder zu sehen. Ein kurzes Stück zur Hauptverkehrsstraße und wir sind endlich wieder in sicherer Umgebung. In 5 ½ Monaten Reisen ereignete sich nicht eine, auch nur ansatzweise, bedrohliche Situation. Heute hatten wir vermutlich Glück.

In der Nähe steht der Turm der Kathedrale Santa Ana. Wir suchen ihn auf und genießen von dort oben den Blick über die Stadt.

Von den Azoren kommend, hält uns wieder ein Tiefdruckgebiet im Hafen fest. Die Vorhersagen lauten auf Windgeschwindigkeiten bis zu 75 km/h, die Wellenhöhe soll im Durchschnitt beachtliche vier Meter betragen. In der morgendlichen Plauderrunde über Kurzwelle wird berichtet, in Santa Cruz, Teneriffa, steigen die Wellen bereits über den Wellenbrecher in den Hafen.

In Las Palmas hält am Nachmittag ein großer Schoner das segelnde Volk in Atem. Dessen Skipper versucht, bei Wind von Backbord querab und annähernd Sturmstärke, in einen Liegeplatz für Großsegler zu fahren. Es folgen mehrere Notankermanöver und massiver Einsatz von Schlauchbooten. Einmal sieht es fast so aus, als hätte der Skipper die Kontrolle über das Schiff verloren, es treibt volle Breitseite auf uns zu. Unsere Nachbarn verlassen verängstigt ihre Boote und schauen gespannt und nervös, was sich so dicht neben ihnen abspielt. Glück für alle, dem Skipper des Schoners gelingt es, das Schiff zum Stehen zu bringen und seiner Crew, eine Leine an Land zu befestigen. Alle bleiben für einen Moment stehen, trotz Regen, um sich zu vergewissern, dass die Gefahr wirklich vorüber ist. Wesentlich ruhiger verlief unser Vormittag. Außerhalb von Las Palmas liegt der ›Jardin Canario‹, einer der größten botanischen Gärten Europas. Der Garten erstreckt sich über ein Tal und einen Berghang. Die gesamte Anlage ist äußerst gepflegt und sehr schön angelegt. Leider regnete es während unseres Besuches, der Winter ist nicht die beste Besuchszeit. Es bedarf nicht viel Fantasie, wie es hier aussieht, wenn alles in voller Blüte steht.

Beates Onkel und Tante möchten die ATHENE-Crew auf Teneriffa besuchen. Morgen werden wir zur nächsten Kanarischen Insel segeln, wo wir uns in der Inselhauptstadt Santa Cruz treffen werden.

Teneriffa

Dezember - Januar 2002

Anstrengendes Seglerleben - mit Salsa-Rhythmen ins neue Jahr - Traumtörn - Inselerkundung - Donald Duck

In den frühen Morgenstunden legen wir in Las Palmas, Gran Canaria, bei Windstille ab. Ungefähr zehn Meilen vor Santa Cruz begleiten uns Delfine, eine ungewöhnlich große Schule von mindestens einem Dutzend Tieren. Sie spielen ständig in der Bugwelle und tun das, auch ungewöhnlich, gut 15 Minuten lang. Die Tiere wechseln sich ständig ab, einmal ist der Größte vorne, ein anderes mal das kleinste Tier der Gruppe. Sie schwimmen so dicht, dass sie sich ständig berühren. Ein Delfin taucht von backbord quer unter dem Boot durch, schießt an steuerbord aus dem Wasser, überschlägt sich in der Luft, um schließlich mit der Schwanzflosse zuerst ins Wasser zu schlagen. Beate steht am Bug und bekommt das ganze Spritzwasser über. Eine halbe Stunde später begegnen uns fünf Pilotwale, Beate beobachtet die Tiere, ich konzentriere mich auf den Bereich vor dem Bug, eine Kollision könnte unangenehm sein.

Die Marina Santa Cruz bietet erfreulich viel Platz. Unsere Überlegung, die Kanaren im Winter zu besuchen, erweist sich als goldrichtig. Kein Stress mit Liegeplätzen, das Personal ist freundlich, die Preise günstig. Am Steg treffen wir wieder Bekannte. Überschwänglich teilen sie uns sofort die wichtigsten Ereignisse der kommenden Tage mit:

Die Party in der Marina am 23. Dezember, eine weitere Party, organisiert von Seglern, am 25. sowie ein großes klassisches Weihnachtskonzert im Hafenbereich am selben Abend.

Santa Cruz, was für eine Stadt! Wenig Straßenlärm, eine große verkehrsberuhigte Fußgängerzone, Bäume säumen die weihnachtlich geschmückte Innenstadt. Dazu das Panorama. Santa Cruz liegt am Fuß des Anaga-Gebirges, das begrünt ist.

Keine Stadt auf den Kanarischen Inseln hat uns spontan so gut gefallen wie diese. Soviel ist sofort klar, hier bleiben wir gerne einige Wochen. Der reiselustigste Teil unserer Verwandtschaft lässt sich vernünftigerweise die Gelegenheit nicht entgehen und besucht uns über Weihnachten und Neujahr. Bei Tagestemperaturen um 24 Grad und den ganzen Tag Sonne bestimmt keine schlechte Alternative zum verregneten Deutschland.

Am späten Abend hören wir an Bord einen Chor, der irgendwo in der Stadt weihnachtliche Lieder singt, andere, als wir sie kennen. Unserer Müdigkeit zum Trotz gehen wir hin. Auf einem Marktplatz musiziert und tanzt die Folklore Gruppe ›Los Majuelos‹. Hiesige Weihnachtslieder sind fröhlich und laden zum Mitklatschen ein. Während des letzten Liedes verteilen die hübschen, festlich gekleideten Tänzerinnen Süßigkeiten ans Publikum. Auf der Tüte ist ein Zettel befestigt: ›!LE DESEA FELICES FIESTAS!‹

Ein Radausflug führt uns einen Tag später nach San Andrés in den Norden der Insel. Wir können die gesamte Strecke von acht Kilometern auf einem Radweg zurücklegen. San Andrés hat den einzigen Sandstrand in der näheren Umgebung, nur wenige Badegäste sind anzutreffen. Der Sand wurde mit Schiffen von Afrika hergebracht. Am Nachmittag gehen wir zur Marina Party. Der Hafenmeister, ein pfiffiger junger Mann, begrüßt uns, wünscht im Namen des Personals frohe Weihnachten und ein gutes Neues Jahr. Er erzählt, die Party veranstalten die Mitarbeiter der Marina, alle Segler sind herzlich einladen. Ungläubig der Worte, bestätigt mir Beate: Das Personal ist Gastgeber!

Mit einem Amerikaner komme ich ins Gespräch. Aufgrund der Nachrichten der vergangenen Tage zum Thema Irak frage ich ihn nach seiner Meinung zur amerikanischen Außenpolitik. Vor mir steht offensichtlich kein Patriot, er schimpft sehr heftig: »Unser jetziger Präsident ist schießwütig und auch nur von solchen Leuten umgeben, aber was kann man von einem Texaner auch anderes erwarten. Ich fürchte, er wird das Ansehen Amerikas für lange Zeit schädigen.«

Heute ist Heiligabend, ein wunderschöner Tag, es könnte ein Hochsommertag im Norden sein. Einige Schönwetterwolken stehen über den Bergen, die Sicht auf den Atlantik ist wolkenfrei. Nicht nur Beate trägt als angemessene Kleidung einen Badeanzug. Die Biergärten der Stadt sind schon am Morgen gut besucht, kein heißer Grog steht auf den Tischen, meist Kaffeetassen oder Biergläser. Im Supermarkt tragen die Kassiererinnen rote Weihnachtsmützen mit weißem ›Bommel‹.

Unser Empfinden entspricht mehr einer Spätsommer-Stimmung. Für uns ist das hiesige Klima der Idealzustand: Nach einem schönen langen Sommer folgt langsam der warme Herbst, dann steht auch schon wieder das Frühjahr vor der Tür.

Eine warme Brise weht durch den Hafen, mit ihr auch vielfältige Stimmen und Geräusche. Im Cockpit sitzend, höre ich von gegenüber Kinderstimmen. Kleine Franzosen und Kanadier spielen miteinander und plantschen im Wasser. Von unserem Steg dringt gelegentlich die dunkle Stimme eines Spaniers durch, der eine Chartercrew einweist. Hinter mir telefoniert ein Engländer. Bereits seit einer halben Stunde geht er hin und her und durchmisst ständig die Länge seines Bootes, vom Bug bis zum Heck. Soweit ich verstehe, benötigt er Ersatzteile. Das Glockenspiel der Rathausuhr läutet zu 16.45 Uhr. Die Melodie erinnert an Holland. In diesem Hafen ist es unter den segelnden Völkern sehr friedlich. Heute, so mein Eindruck, sind alle besonders nett zueinander. Feliz Navidad!

Am Abend des Weihnachtstages besuchen wir das IX. Concierto de Navidad. Im Eingang werden rote Mützen an die Zuhörer verteilt. Die Übertragung der Veranstaltung erfolgt im spanischen Fernsehen, das Gesamtbild ist schöner, wenn eine große Anzahl Weihnachtsfrauen und Weihnachtsmänner im Publikum sitzen. Ein Repräsentant der Firmen im Hafenbereich, die das Konzert finanzieren, tritt ans Mikrofon. Nach kurzer Rede spielt das ›Orquesta Sinfónica de Tenerife‹

unter der Leitung von Victor Pablo Pérez ein Stück zur Solidarität mit Galicien, während über große Bildschirme Bilder der Ölkatastrophe des Tankers PRESTIGE gezeigt werden. Schreckliche Bilder. Wir verbrachten dort eine sehr schöne Zeit, kaum drei Monate später war die Küste mit Öl verdreckt.

Dann beginnt das eigentliche Programm, mit Ausschnitten aus Opern von Rossini, Verdi, Wagner, Puccini und Mozart. Total begeistert ist das Publikum von den beiden Sängern, Ildar Abdrazakov (Bariton) und Maria José Moreno (Sopran), mit einem leichten Vorteil zugunsten der Sopranistin. Das Orchester wird durch einen Chor von 100 Personen stimmgewaltig unterstützt, einschließlich Orchester musizieren auf der Bühne ungefähr 160 Personen. Zum Ende des Konzertes wird das kanarische Weihnachtslied ›Una sobre el mismo Mar‹ angestimmt, ein Lied, das den sieben Inseln der Kanaren gewidmet ist. Nach zwei Stunden endet das unvergessliche Konzert.

Am Silvestertag erledigen wir unsere Einkäufe. Am 1. Januar bleiben die Geschäfte geschlossen. Wie wir mittlerweile gelernt haben, heißt das was! Sonntags fahren die Wagen der Müllabfuhr, es werden Straßenlampen aufgestellt, grundsätzlich sind viele Geschäfte geöffnet und das in einem sehr religiösen Land. Heute ist der Andrang groß, wir sind geneigt, den Vergleich mit zu Hause zu ziehen.

Kurz vor Mitternacht gehen wir zur Plaza de Espana, ein großer Platz direkt vor dem Verwaltungsgebäude aller Kanarischen Inseln. Auf einer großen Bühne spielt eine Band Salsa-Rhythmen. Die Kleidung des Publikums reicht vom ›kleinen Schwarzen‹ bis zur legeren Strandkleidung. Die Temperatur liegt bei angenehmen 19 Grad. Schlag Mitternacht knallen die Korken, Glocken läuten das Jahr 2003 ein. Im Hafenbereich wird ein halbstündiges Feuerwerk voller Überraschungen abgebrannt. Spanien und Feuerwerk gehören fest zusammen, wie das Segel zum Mast. Anschließend spielt die Band bis in den frühen Morgen heiße Rhythmen, es wird getanzt und gesungen; wir feiern noch eine Weile mit.

Neujahrstag. Ansegeln der neuen Saison bei stahlblauem Himmel und weit über 20 Grad. Gegen Mittag segeln wir mit unseren Gästen hinaus auf den Atlantik, ein gemütlicher Törn. Bald ist auch die Angelschnur ausgeworfen. Kaum eine halbe Stunde später biegt sich die Rute, ein Thunfisch akzeptabler Größe hat angebissen. Für unser Abendessen - Filets in Olivenöl gebraten und mit Salz und Pfeffer gewürzt - ist somit gesorgt. Nach zwei Stunden wenden wir auf 2000 m Wassertiefe und segeln zurück. Wieder haben wir Glück, diesmal sind es Pilotwale, die unseren Kurs mehrfach kreuzen. Was für ein Jahresauftakt!

Inseleindrücke

Auf Teneriffa befindet sich der höchste Berg Spaniens, der Teide. Alexander von Humboldt musste damals den gesamten Aufstieg zu Fuß bewältigen, heute führt eine 40 km lange kurvenreiche Straße durch den Nationalpark. Der Berggipfel ist aber auch per Seilbahn erreichbar. Für Segler, als individuell Reisende, ist diese Umgebung ein kleiner Schock, Massentourismus. Allein der Gedanke, sich schön brav zwei Stunden in eine Schlange für ein Seilbahnticket zu stellen, lässt uns schaudern und davon Abstand nehmen.

Weiter in westlicher Richtung ist die Vulkanlandschaft grandios, in Farben und Formen. Im Süden der Insel liegt Masca malerisch in die Schluchten des Teno Gebirges eingebettet. Eine schmale Straße führt in Serpentinen zum Ort und ermöglicht einen guten Blick auf die Nachbarinsel Gomera.

Am westlichsten Punkt Teneriffas steht der Leuchtturm Faro del Teno. Einige Kilometer vor dem Ziel warnen große Tafeln vor dem Befahren der Straße. Bald sehen wir den Grund. Am Straßenrand und teilweise auf der Straße liegen Steine, Teile der Berghänge sind beim letzten Unwetter abgerutscht. Unser Gast Ben sagt folgerichtig: »Wem so ein Stein auf den Kopf fällt, dem hilft auch kein Aspirin mehr«. Wir erleben einen wunderschönen Sonnenuntergang, genießen den Blick auf Gomera und La Palma und sind von den brechenden Wellen der Brandung begeistert.

Der Januar ist nicht der beste Monat zum Teide Aufstieg. Teile des Weges sind vereist, uns fehlt die notwendige Ausrüstung, so werden wir doch die Seilbahn nehmen. Segler sagten, wenn ihr sehr früh an der Station seid, ist von Massentourismus keine Spur. Dem Rat folgend, fahren wir am nächsten Morgen, zusammen mit alpin ausgerüsteten Wanderern, per Seilbahn zur Bergstation. Der Himmel ist wolkenfrei, das Panorama majestätisch. Zum Besteigen der letzten 200 m zum Gipfel ist eine Genehmigung erforderlich. Am Tag dürfen nur 135 Personen das Naturschutzgebiet betreten, bei einer maximalen Aufenthaltsdauer von zwei Stunden.

Wir treffen Wanderer, die den Teide Aufstieg in der Nacht begannen und gut sechs Stunden benötigten. Das letzte Stück ist vereist, sonst war es nicht schwierig, ist deren Kommentar.

Los Cristianos ist ein Fähr- und Yachthafen. Hierzu bemerkt ein nautischer Revierführer: Massentourismus, ein richtiger britischer Fish & Chips Ort. Dem ist nichts hinzuzufügen.

Im Norden Teneriffas liegt das von unserem Liegeplatz aus zu sehende Anaga-Gebirge. Mit einem Ticket für schönes Wetter erleben wir das 1000 m hohe Gebirge wolkenfrei, was selten ist, oft stehen Passatwolken darüber. Möchte man zu einem der Küstenorte, so ist es im Anaga erforderlich, eine steile und oftmals enge Straße zu befahren. Das bedeutet Kurven, Kurven und nochmals Kurven und häufiges Bremsen.

In Punta del Hidalgo, ganz im Norden, begeistern uns ein moderner Leuchtturm und Brandungswellen. Auch auf Teneriffa haben die Straßen ein Ende, im Nordosten endet sie in Chamorga, einem kleinen Ort tief in einem Tal, in dem wir ein Stück dem Wanderweg Richtung Meer folgen. Das Tal ist so vielfältig an Blumen und Pflanzen, als wäre es ein angelegter Garten.

Für spanische Kinder ist der 5. Januar ein sehr wichtiges Datum. An diesem Abend erhalten sie ihre Geschenke, die die Heiligen Drei Könige mitbringen. Heute fällt der Tag auf einen Sonntag, die Geschäfte sind geöffnet, auf den Straßen herrscht hektischer Betrieb, mehr als in der Woche. Abends ziehen drei Könige durch die Stadt und werfen Süßigkeiten, wie bei uns an Karneval. Zum Abschluss gibt es ein kleines Feuerwerk, wie immer gut, aber sicher nicht bibelgetreu.

Aufregung im Hafen. Ein 40 m langer Zweimaster ist eingelaufen. Der Eigner steht selbst am Ruder und manövriert die Yacht sehr ungeschickt. Trotz oder vielleicht wegen vieler technischer Hilfsmittel, wie zwei Schiffschrauben und je ein Querstrahlruder an Bug und Heck, treibt das Schiff unkontrolliert quer durch den Hafen und kommt den am Steg liegenden Yachten gefährlich nahe. Viele Hände bemühen sich, das Schlimmste zu verhindern, der Hafenmeister versucht das Schiff wegzuziehen. Aber selbst sein Boot, mit dem starken Außenbordmotor, vermag die große Yacht nicht zu bewegen. Das Schiff liegt quer zum Wind, der mit 10–15 Knoten nicht besonders stark weht. Nach mehreren Versuchen kann der Schoner letztlich an der Hafenmauer anlegen. An mehreren Yachten und der Steganlage ist Bruch entstanden, die betroffenen Segler sind ungehalten. Der Verursacher schickt seinen Skipper zur Schadensregulierung. Er hält es nicht für nötig, sich persönlich zu entschuldigen; dafür hat man ja seine Leute.

Seltsame Gespräche führe ich dieser Tage mit deutschen Landsleuten. An einem Mittag tritt ein Herr Anfang sechzig ans Boot und spricht mich auf die Liegeplatzmöglichkeiten auf Teneriffa an. Er erzählt, sein Boot liege im Mittelmeer, nun wolle er zu den Kanaren segeln. Kaum habe ich ihm die Frage beantwortet, spricht er nur davon, wie schön das Mittelmeer ist, hier sei alles Mist. Keine weißen Strände, die Häfen liegen weit auseinander, nur wenige Ankerbuchten seien vorhanden. Später sehe ich ihn im Gespräch mit Seglern auf einem anderen Steg gegenüber. Dieser ›Mist‹ hier scheint ihn doch sehr zu interessieren.

In der Woche kommt ein anderer Deutscher, ein Mittfünfziger, mit einer Frisur, die ihn aussehen lässt wie einen zerstreuten Professor aus einem Kinderfilm. Er erzählt, eigentlich wollte er sich über den Winter die Kanaren in Ruhe ansehen, aber jetzt hätte er genug, die Spanier klauten wie die Wilden. Ich frage ihn, woher er wüsste, dass es Spanier seien und was ihm gestohlen wurde. Er zählt diverse Ausrüstungsgegenstände auf, die ihm auf Ankerplätzen abhanden gekommen seien. »Auf Ankerplätzen?« frage ich erstaunt nach, »wie sollen denn, mit Ausnahme von Fischern, die Einheimischen dort hinkommen? Meiner Einschätzung nach waren das Yachties, die die Gegenstände gut gebrauchen konnten. Die Einheimischen, so ist unser Eindruck, haben das nicht nötig.« Er sieht mich verwundert an, zögert einen Moment, und meint, daran hätte er auch schon einmal gedacht: »Ja, ja, ich bin der segelnde Donald Duck«, sagt er und geht. Donald Duck? Nicht mit dieser Mähne, aber das denke ich mir nur. Ich erzähle die Geschichte Beate und frage sie, wofür Donald Duck steht? »Er hat einen reichen Onkel«, ist ihre Antwort.

Ende Dezember ist der letzte große Tross der ›Karibik Fraktion‹ abgesegelt, in der Marina Santa Cruz ist wieder überreichlich Platz. Die, die jetzt noch hier sind, werden entweder für längere Zeit auf den Kanaren bleiben oder wieder Richtung Norden zurücksegeln. Somit ändern sich auch die Themen. Wurde noch bis Dezember über die beste Strategie und Ausrüstung für eine Atlantiküberquerung diskutiert, gehen die Gespräche jetzt in das Thema ›Hoch am Wind‹ über, das heißt, anstatt mit dem Wind soweit wie möglich gegen den Wind zu segeln.

Auch wenn wir im Moment weniger unternehmen, so ist es auf keinen Fall langweilig. Fast täglich treffen wir jemanden aus der segelnden Gemeinde, Einladungen und Gegeneinladungen werden ausgesprochen. Die Gespräche erstrecken sich auf alle möglichen Themen: Segelreviere, Ausrüstungen, Segeltechniken, aber auch Weltpolitik, Heimatland und häufig den Beruf. Die Themen Heimatland und Beruf betreffend, sind die Gemeinsamkeiten sehr auffällig, trotz der unterschiedlichen Nationalitäten.

Bis auf einen, unseren Freund Peter aus England, sind viele Männer mit der Situation zu Hause unzufrieden und sehnen sich nach Veränderung. Die Methoden in der Wirtschaft sind erbarmungslos hart geworden. »Gute Mitarbeiter oder Handwerker zu finden ist schwierig. Bevor jemand einen Handschlag macht, erzählt er, was er für die Stunde erhält, für die Arbeit interessiert er sich nicht«, beklagt sich Ben, der in England ein Bauunternehmen hatte.

Es ist die Politik der Regierung, die unglaubwürdig und kurzatmig ist. Interessanterweise sehen viele in einem anderen Land bessere Möglichkeiten als zu Hause. Von Seiten der Männer haben wir noch keinen kennen gelernt, der sagte: Ich fühle mich wohl im meinem Land, auch nicht Peter.

Und die Frauen? Sie sehen diese Probleme zwar auch, können sich aber besser mit den Gegebenheiten arrangieren. Amanda, zum Beispiel: »Ich kann jederzeit nach England zurückgehen und dort weitermachen, wo ich aufgehört habe. Ich kenne das Land und die Arbeitsbedingungen und sehe nicht, dass es woanders alles in allem einfacher oder besser sein soll.«

Es gibt noch einen auffallenden Unterschied, Männer verlieren sich eher seelisch und gedanklich auf See, segeln downwind oder kreuzen irgendwo, obwohl sie inzwischen längst wieder zu Hause sind. Ihre Anwesenheit ist mehr körperlich. Frauen kommen an Land offenbar immer komplett an, mit Körper, Geist und Seele. Man könnte darüber lachen, wären nicht schon Ehen daran zerbrochen.

Nach fast fünf Wochen Santa Cruz ist es für uns an der Zeit, Körper, Geist und Seele auf eine andere Insel zu führen, Gomera.

Gomera

Januar - Februar 2003

Idyllischer Hafen - Wandern - Letzte Hippies in Valle Gran Rey - Kinder und Segeln - Naturschauspiele

Ein Brite hat einmal gesagt: Ich bin mein ganzes Leben gesegelt, oft als Profiskipper, habe mehrfach die Welt umsegelt, aber eins habe ich nie ablegen können, das komische Gefühl im Magen, bevor ich den Hafen verlasse. Diese Worte sind am Tag unseres Aufbruchs in meinem Kopf. Das Boot habe ich in der Woche wenigstens zweimal durchgecheckt und alles für in Ordnung befunden.

Kurz vor acht Uhr legen wir ab und müssen zunächst fast drei Stunden unter Motor fahren. Der gemeldete Ostwind wird in den Morgenstunden durch Landwind aus West fast aufgehoben, an Bord ist es windstill. Dann setzt sich der Ostpassat durch, legt bald auf 20 – 25 Knoten zu und schiebt uns zügig Richtung Süden; das komische Gefühl ist mittlerweile gewichen. Nach dem Passieren des letzten Leuchtturms an der Küste, bei Los Cristianos, spielt der Wind ein wenig verrückt. Entweder, wir haben Böen bis 30 Knoten aus der richtigen Richtung, die wir noch willkommen heißen. Oder weniger lustig, der Wind dreht eben mal auf Süd, dem Vorsegel gefällt das überhaupt nicht und es schlägt, um Sekunden später mit voller Wucht in die Schot zu krachen. Es rappelt und schüttelt im Rigg. Auf den verbleibenden 20 Meilen bis nach San Sebastian machen wir fast die gesamte Segelpalette durch, um dann in der Marina nach 68 sm festzumachen.

Der Hafenmeister hilft beim Anlegen, sagt aber, dieser Steg muss repariert werden. Er bittet mich mitzukommen, er wolle mir freie Liegeplätze zeigen. Der gute Mann spricht nur spanisch, seltsam, ich habe ihn dennoch sofort verstanden und lasse mir gerne die freien Plätze zeigen. Wir verholen mit seiner Hilfe an einen anderen Platz und haben jetzt einen

Schweizer als Nachbarn. Gerne höre ich den Hafenmeister sagen: »Papeles manana.« Papierkram morgen, klasse Leute, diese Spanier.

Die Formalitäten erledigt am nächsten Tag eine Spanierin. Zum Glück haben Männer nicht auch noch die Tendenz, ihre Augen auf See zu lassen...

Wir sehen uns die Stadt an. Erster Eindruck: man lebt sehr ruhig und gelassen. Die Inselhauptstadt beherbergt rund 5000 Einwohner, Las Palmas hingegen 480000. Wir finden drei Supermärkte und fünf Internetcafés, Spanier verstehen Prioritäten zu setzen. Das Regierungsgebäude ist von zwei Alleen umgeben. Apfelsinenbäume, in denen zahlreiche gelbrote Früchte hängen, säumen die Straßen. Vielleicht bin ich zu deutsch, habe mich jedenfalls sofort gefragt, was das bei uns bedeuten würde, wenn so eine prächtige Orange auf ein darunter parkendes Auto fiele? Ja, ja ich kenne die Antwort..., eine Beule hier wie dort. Aber wer bezahlt den Schaden?

Gomera heißt wandern. Mit dem Bus fahren wir zum Degollada de Peraza, einem Pass. Von dort wandern wir per Pedes zurück nach San Sebastian. Was machen Segler in freier Natur ohne Fahrwassertonnen oder GPS? Klar, zuerst einmal verlaufen. Wir bemerken unseren Irrtum bald, gehen ein Stück zurück und arbeiten uns auf einem schmalen Weg voran, der augenscheinlich nicht oft betreten wird. Nach einer Stunde sind wir vielleicht zwei Kilometer vorangekommen. Die Hoffnung, dass der restliche Weg einfacher ist, wird leider enttäuscht. Wir laufen über Felder, klettern kleine Felsen hinab. Ob das alles so richtig ist? Unsere Wanderkarte aus der Touristeninformation gibt leider nicht sehr viel an Information her, der Maßstab ist zu groß. Nach gut fünf Stunden in sehenswerter Landschaft sind wir wieder in San Sebastian, wenn auch ziemlich geschlaucht. Unsere nächste Verbesserung wird ein vernünftiger Wanderführer sein. Am Boot angekommen, erkundigen sich die Schweizer nach unserem Ausflug. Jetzt denke keiner, die Bergsegler seien gewitzter, auch sie haben sich bei ihrer ersten Tour verlaufen.

Kurz vor Sonnenuntergang steht ein Paar am Boot und bittet uns um Auskünfte zur Selbststeuerung. An Bord fachsimpeln wir über den ›Windpiloten‹. Penny und David, beide seit ihrer Kindheit Segler, sind auch beruflich der Segelei verbunden. Ein Windpilot ist an ihrer Yacht montiert, damit sie eine einfache Steuerung haben, wenn sie von einer Hochseeregatta zurück nach Hause segeln. »Ach so, ja klar«, mein Kommentar dazu und fühle mich einmal mehr wie ein Anfänger.

Jeder wird diese Erfahrung gemacht haben: manchmal begegnet man Menschen und glaubt, sie bereits seit Jahren zu kennen. Es ist die Chemie, die irgendwie stimmt. Mit den beiden ist das ganz klar der Fall. Eigentlich sind wir infolge unserer Wanderung erschöpft, aber die Einladung auf deren Boot nehmen wir gerne an. Dort lernen wir Derek und Diane kennen, David und Derek sind Brüder. Sie erzählen, Eigner der Yacht sei ein Brite, der viel Geld, aber keine Zeit habe. So segeln sie für ihn das Boot in die Karibik.

Der Abend mit der Viererbande ist wirklich lustig. Dafür sorgt auch eine Verwirrung bei den Briten gleich zu Anfang, eine Geschichte, die uns schon mehrfach passiert ist. Wir werden über die Niederlande befragt, so, als seien wir Holländer. ATHENE ist ein typisches Boot im ›Holland Design‹ (für Kenner), dazu der Heimathafen Makkum. Warum keiner auf unsere Nationale schaut, verstehen wir nicht. Daher denken auch die Briten, wir sind Holländer.

»Nein«, sage ich, »wir sind Deutsche.« Großes Gelächter, ja das erklärt manches, sagt jemand aus der Runde. Ich hätte zu gerne gewusst, was, möchte den Punkt aber nicht vertiefen.

Am nächsten Morgen verabschieden wir die lustige Mannschaft, sie haben versprochen zu schreiben, wie der Überführungstörn verlaufen ist. Wir sind uns sicher, sie werden ihr Versprechen halten.

In einer Buchhandlung erstehen wir einen Wanderführer mit genauer Beschreibung der Wege, wie gesagt, unerlässlich für Gomera. Ein kurzer Besuch im Internet-Café dämpft die Stimmung, die Weltpolitik mit der Aussicht auf einen Krieg kann auch in Seglerkreisen nicht ignoriert werden. Auf unserem Steg gibt es dazu einige Diskussionen.

Gegen Nachmittag gehe ich ins Boot, schließe alle Luken, da ich mit dem Saxofon üben möchte. Was ich nicht ahne, wir sind offensichtlich von Jazzfans umgeben. Ein Däne, so erzählt mir Beate später, sitzt im Cockpit, schmunzelt und schaut öfters herüber. Ja, an dieser Stelle ist eine andere Interpretation möglich.

Später treffen wir die Nachbarn auf dem Steg, kurze Begrüßung und direkt die Frage, ob jemand von uns das Saxofon gespielt habe. »Eh, ja, ja ich«, sage ich vorsichtig. »Hey, das war Klasse, kannst du noch öfters machen. Hast du schon einmal in Dänemark gespielt?«, fragen sie weiter. »In Dänemark? Nein«, antworte ich ziemlich irritiert und denke, den Dänen kämen Tränen. Durch das Saxofon haben wir im Laufe der Zeit bestimmt ein halbes Dutzend Leute kennen gelernt, mit denen wir sonst nie ins Gespräch gekommen wären. Das allein ist schon die Mühe wert.

Den Wanderführer in der einen, Beate an der anderen Hand, so ziehen wir zur zweiten Wanderung los. Eine super Tour, von San Sebastian aus über einen Gebirgspass, vorbei an einer Cristobal Statue, hinab zum Strand und wieder zurück. Diesmal alles ohne Probleme.

Samstag, 1. Februar 2003, die zweite Hälfte unserer einjährigen Auszeit bricht an. Wir öffnen eine gut gekühlte Flasche spanischen Sekt und Beates Korkensammlung wird um einen weiteren bereichert. Als kleine Erinnerung an diese schöne Zeit hat sie jeden Korken mit Datum des jeweils herausragenden Ereignisses beschriftet. Ob Geburtstage, Reiseabschnitte oder besondere Abende mit Segelfreunden zu einem Glas Wein an Bord; die Sammlung wird zu Hause einen Ehrenplatz in der Wohnung erhalten.

Wer mit einem Boot unterwegs ist, darf niemals glauben, alles sei in Ordnung, es gibt immer eine Überraschung. Routinemäßig öffne ich eine der Bodenluken und sehe erstaunt Wasser in der Bilge. Unser Boot ist seit Jahren nusstrocken. Zunächst räumen wir die Bilge aus, eine 50 m lange Ankerleine hat sich voll gesaugt, unsere Tupper-Schüsseln fahren ›Boot‹. Eine Geschmacksprobe zeigt, es ist zum Glück kein Salzwasser, der Rumpf also dicht. Nach gut einer halben Stunde ist der Übeltäter gefunden, eine poröse Dichtung am Wassertank.

Der Tank wird entleert, es folgt eine ziemlich langwierige Demontage diverser Ventile und schließlich des Anschlusses. Nebenbei möchte ich bemerken, der ideale Bootsmonteur ist ein Mensch vom Type ›Krake‹, am besten mit zusätzlichen Augen auf dem Handrücken und ganz viel Geduld. Der Schaden am Tank wurde um 20 Uhr entdeckt, nachts um 01.00 Uhr ist die Reparatur beendet. Boating is fun.

Für heute ist purer Sonnenschein vorhergesagt. Wir nutzen die Gelegenheit und fahren ins Tal des großen Königs, Valle Gran Rey. Dieses Tal war eine Hochburg der Hippies in den siebziger Jahren.

Die Busfahrt über 50 km dauert fast 90 Minuten, die Landschaft ist wieder atemberaubend. Von einer Berghöhe windet sich eine enge Straße fast 1000 m hinunter zum Meer. Die Kurven sind mit großen weißen Steinen markiert, ohne diese Sicherung könnte man glauben, die Straße führe ins Nichts. Seitlich aus dem Fenster blickend, sieht man steile Abhänge. Wir haben Vertrauen in den Fahrer und seinen neuen Bus.

Ein Hinweis, welche Nation das Tal heute hauptsächlich bereist, gibt es an einer Straßenkreuzung, ein Witzbold hat das Schild VALLE GRAN REY bearbeitet. Nach Entfernen einiger Buchstaben weist das Schild in Richtung ALLE RAN EY: Das Tal ist fest in deutscher Hand.

Unser Wanderführer bewährt sich einmal mehr. Anhand der genauen Wegbeschreibung ist es einfach, dem alten

Königsweg zu folgen, ein Anstieg von Meereshöhe hinauf auf 800 m. Gut 90 Minuten später sind wir auf dem Hochplateau angekommen und rasten. Der gewählte Platz liegt an einem Steilhang, mit einem spektakulären Blick auf das Meer. In Küstennähe schwimmen große Wale langsam im Kreis.

Während wir dort rasten, gesellt sich ein junger Mann zu uns, ein Deutscher, den wir beim Berganstieg mehrfach sahen. Bereits seit drei Monaten auf Gomera, nimmt er eine kleine Auszeit als Journalist, um einen Roman zu schreiben. Klasse, denke ich, eine interessante Begegnung. Sein Roman soll ein sozialkritisches Werk werden. Um vier Personen, zwei Paare, die sich von Kindheit an kennen, hat er eine Geschichte angesiedelt, die die Chancen und Risiken der neuen Mobilität in Verbindung mit ›Handy‹ und Internet aufzeigen soll. Eine Entwicklung könnte sein, dass die Bindung des Arbeitsplatzes an einen festen Ort zukünftig nicht mehr nötig ist. Man könnte irgendwo auf der Welt seine Arbeit erledigen. Das wird Veränderungen im sozialen Umfeld, in der Familie, bei Freunden zur Folge haben.

Wir erzählen ihm von einer amerikanischen Familie, in der dieses Leben heute schon Realität ist. Seit zwei Jahren reisen sie mit ihrer Yacht durch Europa. Die älteste Tochter (16) besucht in den Staaten eine boarding school, Sohn (14) und Tochter (8) leben auf der Yacht, wo die Mutter sie unterrichtet. Der Vater ist im Vorstand einer großen amerikanischen Telefongesellschaft tätig und fliegt zweimal im Monat in die USA oder nach Genf. Zur Zeit liegt das Boot in San Sebastian. An Bord hat er mehrere Telefone, die er auch benötigt. Kürzlich hatte er eine Telefonkonferenz über sieben Stunden. Das Thema dieses langen Gespräches war unter anderem, ihn zum Präsidenten der Company zu wählen. Es ist also offensichtlich: Man kann die Tätigkeit eines Vorstandsmitglieds von einer Yacht aus erfüllen, ja, es reicht sogar für den Vorsitz.

Zurück im ›Valle‹, schauen wir uns im Ort um. Vereinzelt begegnen wir in die Jahre gekommenen Hippies. Einer sieht aus wie Dennis Hopper im Film ›Easy Rider‹. Das

Durchschnittsalter der Herrschaften dürfte bei gut 60 Jahren liegen, Rentnerhippies.

Die deutschen Bewohner des Tals haben ein eigenes Magazin aufgelegt:

Der Valle Bote

*Das ultimative Gomera-Magazin * unabhängig * überparteilich* abgedreht.*

USA 1.80$ - Schweiz 2.75 sfr. - England halbes Pfund – Marokko halbes Gramm – Hongkong kostenlos.

Was läuft im Valle? Dazu der Berliner Tagesspiegel vom 2.11.2002:

Fast 4000 km von der Heimat und nur rund 350 km westlich vom afrikanischen Kontinent entfernt, findet sich dort alles, was es auch in Deutschland gibt: Träumer oder Spinner, aber auch Profilneurotiker und skrupellose Geschäftemacher ... Ob es sich um die gefloppte Fernsehshow ›Girlscamp‹ auf der Nachbarinsel El Hierro handelt oder um die Tücken der Einführung des Euro. Schreckensnachrichten über den ersten Gartenzwerg im Aussteigerparadies schmücken schon mal die Titelseite...

Wir setzen uns am Abend im Valle an den Strand und beobachten den Sonnenuntergang. Genauer gesagt, wir beobachten die Leute, wie sie den Sonnenuntergang zelebrieren. Eine Gruppe Trommler steht zu unserer Rechten, ein Althippie entsteigt soeben dem Meer. Hunde laufen am Strand herum, verrichten ihre Notdurft und sorgen für das richtige Feeling bei den Badegästen am folgenden Tag. Um uns herum wird ausschließlich deutsch gesprochen, mit TUI zum Hippielager. Mobiltelefone klingeln, würde mich nicht wundern, wenn am anderen Ende ein Banker ist.

Aber man hat ja Stil und umgibt sich mit den Insignien, die einen Hippie ausmachen: ausschließlich selbst gedrehte Zigaretten – wir sehen sehr, sehr viele Raucher, Männer wie Frauen – und einen Sundowner in der Hand. Männer, die wirklich originell sind, haben den Rest ihrer vorhandenen Haare zu einem Zopf gezwungen. Alle sind vom Typ lässig. Bereits am Tag sind uns einige alleinreisende Frauen aufgefallen; so finden sich auch jetzt viele Damen ein.

In der Marina können wir langsam unseren Wortschatz in Schweizerdeutsch aufbessern. Patrick und Sabina bereiten sich auf ihren Törn nach Brasilien und später Patagonien vor. Sie sind mit ihren beiden Söhnen (um die neun Jahre) zum zweiten Mal unterwegs. Die erste Pazifik-Reise dauerte vier Jahre, führte sie in die Magellan Straße, zu den Pitcairn- und Osterinseln, mal eben nach Hawaii, dann Bora Bora und schließlich wieder nach Feuerland. Ihr damaliges Boot war 8,9 m lang! Jetzt möchten sie für fünf Jahre segeln. Patrick: »Man kann über die Schweiz sagen, was mal will, aber ein Gutes hat sie: Wir verdienen genug Geld, um dann einige Jahre segeln zu können. Und Arbeit hat's immer zu Haus.« Ihr jetziges Schiff ist ein brandneues Aluboot aus französischer Produktion. Meine Bewunderung wich, als er uns die miserable Verarbeitung zeigte, es hat bereits erste Korrosionsschäden. Stahlschiffe sind doch nicht so schlecht, sagt auch Patrick.

Mit der Fähre fahren wir am Morgen auf dem Wasserweg ins südliche Valle Gran Rey, zu einer Gebirgswanderung. Regnerisches Wetter ist gemeldet. Sonnengarantie findet man, wie auf allen Kanarischen Inseln, im Süden, im Schutz der Berge. Zügig marschieren wir nach La Calera, dort ist der Einstieg in den ›Kirchpfad‹, der steil zu einem Pass in 800m Höhe führt. Die Navigation ist heute schwieriger, links oder rechts gehen, ist die Frage an einer Weggabelung. Vor uns sind mehrere Wanderer, sie haben sich für den linken Weg entschieden, wir folgen. Nach einer Viertelstunde gibt es einen Stau. Die führende Gruppe ist sich nicht mehr sicher, ob sie richtig abgebogen ist, alle anderen rätseln mit. Schließlich gehen wir zurück und folgen dem anderen Pfad. Die Lehre daraus ist die gleiche wie auf dem Wasser. Dort heißt es: Folge niemals einem lokalen Boot, das Wasser könnte unerwartet flach sein. Hier heißt es, folge niemals irgendwelchen Touristen im Gebirge, sie könnten sich nicht auskennen. Der Anstieg dauert länger als gedacht, so kehren wir um, die Fähre um 16.00 Uhr möchten wir nicht verpassen. Außerdem es ist regnerisch und kühl.

Zurück in San Sebastian sehen wir, die Schweizer sind abgesegelt, Kurs Bahia, Brasilien. Patrick sagte gestern beiläufig: Mal schauen, ob wir rechtzeitig zum Karneval da sind. Wir wünschen ihnen genauso viel Glück und Optimismus wie zuvor!!!

Unsere dänischen Nachbarn von CARPE DIEM erwähnten in einem Gespräch, sie seien schon seit vielen Jahren praktizierende Amateur-Friseure. Die Gelegenheit nutzend, kommt Bente an Bord und schneidet Beate die Haare, passend zum Wetter, Windstärke sechs Frisur. Mit dem neuen Haarschnitt ist auch das Schlechtwetter abgezogen (etwa Flautenschnitt?).

In Vallehermoso starten wir zu unserer längsten Wanderung. Der Weg ist einfach zu finden, vom Marktplatz aus beginnt ein steiler Anstieg. Uns begleitet ein Hund aus dem Dorf, egal wo wir hingehen, er läuft hinterher. So wandern wir zu dritt über die Gebirge, oft durch Wacholderwälder, immer eine super Sicht.

Unser Hundchen hat Spaß, läuft oft vor, bleibt dann stehen und sieht uns herausfordernd an: Wo bleibt ihr bloß? Leider verschlechtert sich das Wetter, die Wolkendecke wird immer dichter, es ist kühl und windig auf dem Berg. Nach gut 90 Minuten Aufstieg erreichen wir den höchsten Punkt. Der Weg führt jetzt entlang einer Straße zu einem Restaurant. Völlig unerwartet beginnt ›unser‹ Hund mit viel Gekläffe die vorbeifahrenden Autos zu verfolgen. Erstes Opfer: die Guardia Civil, anschließend einige Mietwagen.

Zum Glück hat der Hund diese Vorstellung überlebt, wenn auch einmal eher knapp. Bis zum Restaurant möchten wir das nicht mitmachen, so rufen wir ihn, wenn ein Fahrzeug kommt, sagen »Sitz« und siehe da, er gehorcht.

Kein Glück haben wir mit dem Wetter. Es wird immer kälter, die Kleidung ist ›hart an der Grenze‹. Wir kehren ins Restaurant ein. Das Essen dauert länger als erwartet, nach Verlassen des Lokals ist der Hund nicht mehr da. Wahrscheinlich hat er sich anderen Wanderern angeschlossen.

Da uns immer noch kalt ist, marschieren wir flott einen schönen Forstweg entlang, der teilweise durch den Nationalpark führt. Der Weg mündet in eine Straße, die durch mehrere Dörfer, entlang eines Tals, führt. Wir sehen viele kleine Bananen- und Orangenplantagen, Menschen bei der Feldarbeit. Maschinen sind aufgrund der kleinen Flächen und Steillagen nicht möglich. Die Zeit scheint stehen geblieben zu sein, ein Dorf aus den 60er Jahren.

Der Bus kommt, der Fahrer ist schlecht gelaunt und lässt den Motor laufen. Normalerweise tun das die Busfahrer auf Gomera nicht, wenn sie 15 Minuten später abfahren. Ein Spanier steigt noch zu, so fährt der große Bus mit drei Fahrgästen die 40 km nach San Sebastian zurück. Die Straßen sind sehr eng, kurvenreich, Busfahrer auf den Kanaren ist kein Traumjob. In Hermigua, ungefähr die halbe Strecke nach San Sebastian stoppt er vor einer Tankstelle, zwei Wanderer steigen zu, anfahren, zack, der Motor ist aus. In erster Reaktion schlägt der Fahrer wütend auf das Lenkrad. Oh, oh, der wird seinen Grund haben. Und den erfahren wir sogleich; der Motor ist nicht in Ordnung, er kann nicht starten. Wie praktisch, dass es vor der Tankstelle geschah. Fahrer und Mechaniker gehen zum Heck des Busses. Einige Startversuche, der Motor läuft wieder. Fünf Kilometer weiter, in einer steilen Kurve, bleibt der Bus auf freier Strecke stehen. Der Fahrer steigt aus, geht zum Heck, kehrt zurück und kann die Maschine starten. Ich weiß nicht, was er tat, jedenfalls stinkt es fürchterlich nach Diesel.

Die Steigungsstrecken sind bewältigt, von jetzt an geht es nur noch talwärts. Mit dem letzten Schwung vor der Station startet er noch mal den Motor und wir können eine Stunde und 40 Minuten später tatsächlich im Busbahnhof aussteigen. Die Sache hat aber etwas Gutes, wir sind mit dem Spanier neben uns ins Gespräch gekommen, Internetcafé Betreiber auf Mallorca und Segler. Na so was! Was macht man mit so einem Menschen? Einladen! Prompt besucht uns Rafael am nächsten Tag an Bord. Interessant ist seine Antwort auf die Frage, wie er die kanarischen Spanier versteht.»So gut wie gar nicht, fast jedes Mal muss ich nachfragen. Die Betonung ist anders, aber was noch viel schlimmer ist, die sprechen bestenfalls die Hälfte der Worte aus. Es ist ähnlich wie in Südamerika.« Rafael verabschiedet sich, er will uns schreiben, wie seine Geschäfte in Palma de Mallorca laufen.

Die Rache der dünnen Kleidung hat uns erreicht. Seit sieben Monaten sind wir mit dem Boot unterwegs und hatten nicht die kleinste Erkältung, infolge einer Wandertour nun doch. Gut ist, nach wenigen Tagen ist der Spuk vorbei.

Im Hafen verholt eine Yacht von einem anderen Steg zu uns herüber, die FAMILY AT SEA aus Norwegen. Der jüngste Sohn der Familie, sechs Jahre alt, ruft uns zu:»Hello we're the family at the harbour«. Die Norweger erzählen, sie waren auf dem Weg in die Karibik, aber bereits nach drei Stunden Segeln haben die Kinder gestreikt und sie sind umgekehrt. Den Stress wollten sie sich und den Kindern nicht drei Wochen zumuten. Jetzt witzeln die Urheber darüber, dass sie im Hafen sind.

Zur Zeit liegen in San Sebastian mehrere Yachten mit Familien an Bord. Mit Kindern zu segeln, stellt ganz sicher beide, Eltern und Kinder, vor besondere Herausforderungen. Für die Jüngsten an Bord herrschen zur Zeit paradiesische Zustände, Spielkameraden sind genug vorhanden, der geschützte Hafen lädt zum Toben auf dem Wasser mit Surfbord, Schnorchel oder Schlauchboot ein. Jedoch kann manchmal der Kontakt zu Gleichaltrigen zu einem Problem werden, wenn weit und breit keine andere Yacht mit Kindern im Hafen ist. Als Folge werden Freundschaften schneller geschlossen, man geht ›schonender‹ miteinander um, die Auswahl ist ja nicht so groß.

Bei Familien auf Langfahrt unterrichten die Eltern. Wie Patrick erzählte, ist dazu viel Disziplin auf beiden Seiten notwendig: schließlich sind auch Eltern hin und wieder wenig motiviert. Unsere Schweizer Nachbarn hörten wir manchmal bis in unser Boot schimpfen, wenn einer der Söhne keine Lust zum Lernen hatte. Das Tadeln klang vertraut ländlich.

Der Sprachunterricht hingegen erfolgt sprichwörtlich spielend. Soweit wir es beurteilen können, sprechen diese Kinder eine Fremdsprache flüssiger, selbstverständlicher und meist besser als ihre Eltern.

Mein Eindruck ist, das Leben auf dem Boot vermittelt Kindern andere Werte. Es ist nicht die Frage der Kleidung, die den Wert eines Menschen ausmacht, es ist viel mehr Aufrichtigkeit, Respekt voreinander, Toleranz und vor allem Vertrauen. Letzteres lernen sie sehr schnell. Ohne Vertrauen kann man kein Boot über die Meere segeln. Alle Kinder, die wir bisher kennenlernten, waren selbstbewusst und kontaktfreudig.

Wie haben sich die Kinder später im ›normalen‹ Leben zurechtgefunden? Häufig wird erzählt, sie gingen zur Universität und sind heute Arzt, Anwalt, Professor. Ausnahmen? Bestimmt, zeigt aber, es geht auch auf diese, die andere Art.

Peter schreibt aus der Karibik, Santa Lucia. Sie hatten eine fantastische Überfahrt. Unterwegs fingen sie eine schöne Dorade. Der Fisch war über einen Meter lang und so prächtig in den Farben, dass sie überlegten, ihn wieder ins Wasser zu lassen. Der Hunger siegte.

Penny und David sitzen auf den Kapverdischen Inseln fest. Sie warten auf ein Ersatzteil für ihren elektrischen Autopiloten, nicht gerade der beste Platz für solche Ersatzteile. Ein zweiter mechanischer Autopilot ist nicht an Bord. Elektrischer Autopilot und Ersatzteile, diese Geschichte klingt vertraut. Im Radio singt soeben Louis Armstrong: ›Someday you'll be sorry‹. Eines Tages wird es dir leid tun, ja, das passt.

Mit einem Leihwagen erkunden wir die Plätze auf der Insel, die mit dem Bus schwer oder überhaupt nicht zugänglich sind. Auf dem Weg zum Alto de Garajonay, dem höchsten Punkt auf Gomera, machen wir an den zahlreichen Aussichtspunkten halt. Die Wettervorhersage liegt heute richtig. Sonne pur, wunderbare Sicht. Vom ›Gomera Gipfel‹, 1487 m hoch, sind El Hierro, La Palma, Teneriffa und Gran Canaria zu sehen.

Unsere nächsten Ziele liegen im Garajonay Nationalpark, wo wir in mehreren kleinen Abschnitten den Lorbeerwald durchwandern möchten.

Der Wald im Inselinneren ist den Passatwinden zugewandt und liegt somit fast das ganze Jahr im Nebel. Laut Reiseführer ist dieses Gebiet einzigartig auf der Welt. Die UNESCO hat es zum Weltkulturerbe erklärt. Durch die ständige Feuchtigkeit sind die Baumstämme mit Moos begrünt. Was in deutschen Wäldern kleine Farne sind, wächst hier mannshoch.

Schließlich fahren wir nach Alojera im Nordwesten, eine zum Teil abenteuerliche Fahrt auf engen Straßen oder Wegen, auf denen kurz zuvor ein Teil des Berghanges abgerutscht ist. Wer Abgeschiedenheit sucht, ist hier richtig, allerdings sollte man nicht sonnenhungrig sein, der Norden ist oft in Wolken gehüllt. Agulo ist das größte Anbaugebiet für Bananen auf der Insel.

Nach einem erlebnisreichen Tag kehren wir gegen 17 Uhr in die Marina zurück, Kaffeepause. Die Sonne versinkt gerade hinter einem Berg und bringt uns auf die Idee, noch einmal zum Alto de Garajonay zu fahren, den Sonnenuntergang beobachten.

In dänischer Begleitung mit Gitte und Christian fahren wir die Berge hinauf, bis zu einem Aussichtspunkt. Teneriffa ist von der untergehenden Sonne in rotes Licht getaucht, auf dem Wasser liegt eine weiße Wolkenschicht, ein beeindruckendes Naturschauspiel.

Die Zeit drängt, flott geht es weiter zum Parkplatz am Alto de Garajonay, von dort sind es 2,5 km Fußweg zum Gipfel. Mit dem Weg ist auch ein Höhenunterschied von gut 400 m verbunden. Unsere Dänen sind darauf nicht vorbereitet; eine nicht völlig abgeklungene Erkältung erschwert ihnen den Aufstieg. Mehr oder weniger im Dunkeln tasten wir uns vorsichtig durch den Wald zurück zum Wagen. Der Tag war für alle ein Erlebnis.

Jetzt hat auch auf Gomera der Winter Einzug gehalten, kanarischer Winter, Regen und Temperaturen um die 20 Grad. Nach gut drei Wochen ist das der erste Regen auf Gomera. Die britischen Nachbarn witzeln: »Zieht von der Temperatur 15 Grad ab und ihr seid in Schottland. Jetzt wisst ihr, warum wir hier sind.«

Unser erlebnisreicher Gomera Aufenthalt endet nach vier Wochen, der südlichste Punkt der Reise ist erreicht.

Teneriffa

Februar - März 2003

Dieselblues und Salsa - Karneval und Feuerwerk - Toni und Teenager - Wind und Wellen

Um acht Uhr verlassen wir San Sebastian mit Kurs Santa Cruz de Teneriffe, der Wind weht ordentlich mit 20 - 30 kn, ATHENE fliegt Richtung Los Cristianos, dem südlichen Ende Teneriffas. Dieser Törn hält eine große Überraschung bereit, die uns lange beschäftigen wird.

Die Wellen in Richtung Los Cristianos sind recht heftig und so dauert es nicht lange, bis eine ins Cockpit schwappt. Beate ist vollkommen nass (dank richtiger Kleidung nur außen). Das Wasser steht für einen Augenblick auf dem Cockpitboden, ehe es achteraus abläuft. Am Boden befinden sich ›klugerweise‹ auch die Belüftungen des Kraftstoff- und der Frischwassertanks, die jetzt ebenfalls unter Wasser stehen. Zunächst ignorieren wir das, bis uns ganz heiß einfällt: Der übliche Korken zum Verschluss des Dieseltanks fehlt. Mit einem Sprung bin ich an den Tankbelüftungen und verschließe sie mit einem Putzlappen. So weit so gut.

Nach Umrunden der Südspitze Teneriffas ist es urplötzlich windstill. Das ist das Verrückte am Segeln um die Kanaren, nach Runden einer ›Ecke‹ trifft man auf völlig andere Windverhältnisse. Der Motor wird gestartet, springt sofort an, läuft knapp zwei Minuten und bleibt schließlich stehen. Aus dem Auspuff tritt weißer Rauch, wie aus einer Dampfmaschine. Diagnose: Kein Diesel mehr im Wasser! Das Boot treibt an der Küste, kein Wind zum Segeln, ein zur Zeit unbrauchbarer Motor, klasse! Der nächste Ankerplatz ist mit Las Galletas nur eine Meile entfernt, aber wie dort hinkommen? Zufällig begegnet uns eine größere Yacht auf Gegenkurs. Wir rufen sie mehrfach über Funk an, keine Reaktion.

Währenddessen steuert ein Katamaran auf uns zu, CARBON COPY, drei ältere englische Herren, die einen kleinen Ausflug unternehmen. Wir winken sie heran und fragen, ob sie uns zum Ankerplatz schleppen können. Sie sehen darin kein Problem und ziehen ATHENE mit dem kleinen Katamaran, der durch einen 25 PS Außenbordmotor angetrieben wird. Für die Strecke von einer Meile benötigen wir eine Stunde. Die Herren warten, bis wir ihnen signalisieren, der Anker hält, dann drehen sie aufs Meer hinaus ab. Später kommt die CARBON COPY Crew noch einmal in Rufweite vorbei und erkundigt sich, ob wir zurechtkommen. Schnell greifen wir in die Kühlbox und nehmen einige Dosen kaltes Bier zum Dank heraus. Sie winken ab und möchten nichts für das Abschleppen haben, ein Danke können wir ihnen noch zurufen. Wir hoffen, noch einmal die Möglichkeit zu haben, sie irgendwann zu treffen, um uns in anderer Form zu bedanken. So kann das nicht stehen bleiben.

Die Stimmung an Bord ist nicht die Beste. Wer weiß, wie viel Wasser im Dieseltank ist, auch ist völlig offen, ob wir uns mit Bordmitteln selbst helfen können. Mit einer alten, undichten Handpumpe pumpen wir mühsam fünf Liter fast reines Wasser in einen Kanister. Beate leert einen zweiten Kanister, glücklicherweise hatten wir im Supermarkt Trinkwasser gekauft, andere verschließbare Behälter sind nicht an Bord. Das ausgepumpte Wasser über Bord zu schütten, ist auch nicht die feine Art, Spuren von Dieselöl sind immer darin enthalten. Den zweiten Kanister füllt ein gelbweißes Diesel-Wasser-Gemisch. Im Boot stinkt es nach Diesel, der Boden ist nass, verursacht durch die undichte Handpumpe und tropfende Kraftstofffilter. Diese müssen ja auch getauscht werden. Die Aktion beschäftigt uns fast fünf Stunden. Nachdem der Motor entlüftet ist – auch eine vergnügliche Angelegenheit – läuft er wieder.

Der Wind hat inzwischen prächtig zugelegt, es weht mit 20-25 Knoten, zum Glück hält der Anker. Die Briten riefen uns zu: »Wir schleppen euch dorthin, da ist der beste Ankergrund!«

Danke für diese Voraussicht.
Die Bedingungen zum Weitersegeln sind gut, wir sind aber zu müde und eine Ankunft in Santa Cruz um zwei Uhr in der Nacht ist wenig verlockend. So beschließen wir zu bleiben, duschen im Cockpit, essen, und genießen den Sonnenuntergang.
Mit uns liegt ein holländisches Segelboot am Ankerplatz. Ich stehe im Cockpit und sehe mich um. Plötzlich entdecke ich etwas Weißes, dass hinter der Yacht aufs Meer hinaustreibt. Neugierig nehme ich das Fernglas und kann nicht glauben, was ich sehe: die Herrschaften haben ihre Mülltüten einfach ins Wasser geworfen. Hoffentlich erwischt sie der nächstbeste Dreck in einem Moment, in dem sie es nicht gebrauchen können... und Neptun spuckt ihnen ins Gesicht.
Der Motor läuft am nächsten Tag wie eine Nähmaschine. Jetzt folgt wieder Routine, Segeln bis zur nächsten Landspitze, dann windstill, diesmal bis Santa Cruz, obwohl die Vorhersage... Auch Routine.

Santa Cruz

In der Marina liegen nur wenige Yachten. Im Gegensatz zu vier Wochen zuvor ist es in Santa Cruz sehr warm; im Boot beträgt die Temperatur 26 Grad. Die Innenstadt ist in ein Meer von roten Laternen getaucht, die in allem hängen, was nach Baum aussieht. China ist das diesjährige Karnevalsthema.
Unter den Seglern befinden sich einige englische Schiffsbauingenieure, die ich zu unserem Tankproblem befrage. Die Meinungen gehen auseinander, aber soviel ist sicher, uns erwartet eine arbeitsreiche Woche. Die Belüftung muss umgebaut, Rohrleitungen ausgetauscht und bessere Filter eingesetzt werden. Sollten diese Maßnahmen nicht zu einem sauberen Dieselkraftstoff führen, wird ein Werftaufenthalt und das Aufschneiden des Tanks unvermeidlich sein. Mit dem Wasser im Diesel sind auch Bakterien in den Tank gezogen

(erstaunlich, wo die leben können) und haben Schlamm hinterlassen, der unbedingt raus muss.

Es mag eigentümlich klingen, aber auf die eine oder andere Weise sind wir froh, dass das Malheur mit dem Dieseltank jetzt passiert ist. In Santa Cruz bieten sich viele Möglichkeiten, das Boot zu reparieren, später auf Madeira oder den Azoren ist es deutlich schwieriger und teurer. So machen wir uns an dem definitiv letzten Teil des Bootes an die Arbeit, das wir noch nicht von innen sahen, den Dieseltank. Clever, wie die Werft war, hat sie den Inspektionsdeckel des Tanks unter dem Motor angebracht, man muss erst die Maschine ausbauen, um den Tank zu kontrollieren. Ist doch logisch, oder? An einem zweiten Tankdeckel laufen alle Anschlüsse zusammen, darüber befindet sich die Propellerwelle. Es müssen ›nur‹ die Batterie und ein Teil des Auspuffes ausgebaut werden.

Nachdem die Teile entfernt sind, ist die Ursache für das Wasser im Diesel Problem sofort zu sehen: Der Deckel wurde einfach auf den Tank geklebt und ist undicht. Das von der darüber gelegenen Wellendichtung tropfende Wasser floss direkt in den Kraftstofftank.

Die Erfahrung haben wir schon einmal gemacht. Wenn ein Schiffsbauer keine rechte Lust an der Arbeit hat, klebt oder spachtelt er und zwar mit Vorliebe Teile, die nicht mehr zugänglich sind oder später große Probleme bereiten. Bei dieser Schlauheit frage ich mich, wie die Leute abends den Weg nach Hause finden.

Sei es drum, wir sind einen Schritt weiter, öffnen den Tank und pumpen mal eben 50 Liter Diesel-Wasser ab. Mit dem letzten Kanister ist unser Wasserproblem gelöst, es ist nur noch Diesel im Tank, auch die Bakterienschlammschicht ist weg, noch eine Schwierigkeit beseitigt. Aber auf dem Tankboden liegen so viele Ablagerungen, dass man glauben könnte, in Sand zu stochern. Es knirscht. Mit einem geraden Kupferrohr, das über einen Schlauch und einen Filter mit einer elektrischen Pumpe verbunden ist, saugen wir den Schmutz ab, letztlich fast ein halbes Kilo an Rost, Kleberesten, ein Nagel und

Dichtungsmaterial, kurz die Dinge, die man üblicherweise in einem Bootstank findet und die in der Werft nicht mehr benötigt werden. Beate hält die Rücklaufleitung in einer Hand, in der anderen einen weiteren Filter, von dem der Diesel wieder in den Tank zurückfließt.

Die Arbeit ist für uns beide kein Vergnügen, im Boot ist es heiß, die Luft steht fast. Dennoch, wir können uns selbst helfen und den Tank reinigen.

Mit dazu beigetragen hat ein Schiffszubehörhändler, bei dem wir unsere Materialien kaufen. Insgesamt habe ich mehrere Stunden bei ihm verbracht, um Lösungen des Tankproblems zu diskutieren. Danke Luciano!

Und noch ein Danke. Ich kann mir nicht vorstellen, dass es viele Frauen gibt, die diese Art Bootsprobleme mitmachen. Und selbst wenn! Einen Dieseltank im Boot zu reinigen, ist eine sehr spezielle ›Herausforderung‹, der tropfende Treibstoff, der Geruch und schließlich der Dreck. Beate steigt nicht aus, sondern sie hilft mit, das Problem schnell in den Griff zu bekommen!!!

Abends sehen wir uns die Show zur Wahl der Karnevalskönigin an. Sechzehn Kandidatinnen stehen zur Wahl. Sie präsentieren sich in riesigen farbenprächtigen Kostümen. Die Vorstellung dauert bis Mitternacht und ist unbedingt sehenswert. Eine Jury tritt zusammen und befindet innerhalb der nächsten Stunde, wer Königin wird. Zwischendurch treten diverse Musikgruppen auf, immer begleitet von sehr schön gekleideten Tänzerinnen und Tänzern.

Bei unserem letzten Einkauf fragte uns Luciano: »Na, seid ihr gut vorbereitet auf heute Abend?« Aber klar, wir lassen uns doch nicht den Karnevalsumzug entgehen. Er beginnt um 19.30 Uhr und dauert bis weit nach Mitternacht.

Nachtleben ist auf den Kanaren wörtlich zu nehmen. Eine volle Kneipe findet man um 02.00 Uhr vor, um 22.00 Uhr sitzen bestenfalls ein paar Leute drin. Wie im deutschen Karneval ziehen verschiedene Gruppen durch die Straßen und tanzen. Aber einige Unterschiede gibt es schon und die liegen nicht nur in den Temperaturen. Auffallend ist, es wird kein Alkohohl getrunken (der folgt nach dem Umzug), es werden so gut wie keine Süßigkeiten geworfen, motorisierte Fahrzeuge sind die Ausnahme. Die Leute sitzen auf Stühlen am Straßenrand, niemand schubst oder drängelt. Schon von weitem hört man die ›murgas‹, Trommlergruppen von fünf bis fünfzehn Personen. Uns gefallen die Sambaklänge. Manche Komparsen spielen eine beachtliche Vielfalt an Rhythmen, lebendig und nicht monoton.

Die Kostüme sind fantastische, einfallsreiche und farbenprächtige Entwürfe. Wie viel Arbeit mag die Anfertigung bereitet haben? Allein die Liebe zum Detail ist beachtlich. Fast alle Darsteller tragen einen Sticker: ›No a la guerra‹. Aznar, auch dein Volk will keinen Krieg.

Uns macht es Spaß, diesen mehr ›dörflichen‹ Umzug zu sehen, Jecken zum Anfassen. Anfangs zögerlich, dann routinierter, stelle ich mich vor die Gruppen und mache Fotos. Irgendwann kommt eine Tänzerin und sieht mich mit der Kamera. Sie bleibt stehen und breitet die Arme aus. In dieser Pose fotografiere ich sie. Sie steht ruhig, nur der Oberkörper wackelt mit allem, was sie hat. Caramba!

Kurz nach Mitternacht ist die Karnevalsprozession beendet; es folgen nur noch Wagen mit lautstarker Musik. Auf dem Weg zur Plaza de Espana, im Zentrum der Stadt, stehen in vielen Fenstern Lautsprecher enormer Größe und tun, was ihr Name sagt: laut sein. Auch der Nachbar hat Lautsprecher, der Laden um die Ecke, ganz zu schweigen von der nächsten Kneipe, die gleich eine ganze Batterie an Dröhnkisten vorweist. Alles zusammen lässt sich mit zwei Worten beschreiben, ohrenbetäubender Krach.

Auf der Plaza quält sich eine personalstarke Band durch ein Salsa Stück. Da das Publikum nicht die Art Mensch ist, die zur See fährt, gehen wir zum Boot und trinken dort in Ruhe unser Bier.

Schattenseiten

Der zuvor erwähnte Lärm ist unglaublich. Die Marina liegt Luftlinie 300 m von der Plaza de Espana entfernt. Im Boot klingt es, als würde ein Jet von einem nahe gelegenen Flugplatz starten. Das ›Geräusch‹ ist beinahe das gleiche, nur mischen sich ab und zu einige Musikinstrumente darunter, die seltsamerweise für Momente klar zu hören sind. Der Lärm beginnt gegen 22.00 Uhr und dauert bis 08.00 Uhr am nächsten Morgen! Wir können nicht erkennen, was daran so toll sein soll. Tinitus lässt grüßen.

Sonntag, 2. März 2003. In der Stadt ist es mit 25 Grad angenehm warm und windstill. Wir unternehmen einen kleinen Spaziergang durch Santa Cruz und sind geschockt. Mit Ausnahme der Hauptgeschäftsstraßen ist die Stadt ein einziges Urinal! Mann hat ganze Arbeit geleistet. In einigen Straßen versuchen Bedienstete der Stadt mit Reinigungsgeräten dem Übel abzuhelfen, aber sie sind gegen so eine massive Verschmutzung machtlos. Denke bitte keiner, die Stadtverwaltung nehme es mit dem Schmutz nicht so genau. Am Tag, aber vor allem in der Nacht, sind Kehrmaschinen unterwegs, nicht nur zur Karnevalszeit. Soweit wir es beurteilen können, sind kanarische Städte sauber.

Die ruhige Atmosphäre von Santa Cruz ist im Moment Vergangenheit. Es herrscht hektisches Treiben; im Gegensatz zu Januar haben viele Touristen die Stadt im Griff. Nahe der Marina legen Kreuzfahrtschiffe an. Gehen die Gäste von Bord, warten bereits einheimische ›Damen‹ mit Blumen auf die Besucher. Sie tun, als sei es ein Geschenk und wollen anschließend 5-10 Euro dafür haben. Bin ich allein unterwegs, werde ich normalerweise nicht angesprochen. Auf dem Weg zum Schiffshändler sprach mich kürzlich dennoch eine an. Meine Stimmung war nicht gerade die beste. Zuerst habe ich »no« gesagt, dann griff sie meine Hand und wollte mir eine Blume für Karneval mit Gewalt aufdrängen. Mein zweites »no« fiel heftiger aus, sehr viel heftiger. Wie gut, dass ich kein Drache bin, der Feuer spuckt.

Rosenmontag ist normaler Alltag, die Geschäfte jedoch nur bis 17 Uhr geöffnet. Karnevalsumzug à la Köln? Fehlanzeige. À la Brasilien? Weit gefehlt. Macht nichts, wir erfreuen uns an den steigenden Temperaturen und arbeiten im Boot weiter. Abends sehen wir auf der großen Bühne im Stadtzentrum einen Teil einer Show, mit Musik und Tanz. Toll gemacht. Im Publikum tragen auffallend viele Männer Frauenkleider. Nicht Touristen, hauptsächlich Einheimische. Machos in femininer Schale. Freud hätte bestimmt seinen Spaß daran.

Am Dienstagnachmittag sieht die Karnevalswelt völlig anders aus. Gegen vier Uhr beginnt die Parade; es ist die gleiche, die wir bereits Freitagnacht sahen. Diesmal im Sonnenschein erscheinen die bunten Kostüme noch schöner. Der Besucherandrang ist enorm; es sollen über 100.000 Menschen nach Santa Cruz gekommen sein. Abends gibt es das vierte Feuerwerk seit der Wahl der Königin am Mittwoch. Ein Feuerwerk mit enormen Donnerschlägen.

Am Aschermittwoch, so heißt es im Lied, sei alles vorbei. Wir hoffen, es stimmt in Bezug auf unser Dieseltank Problem. Neue Leitungen sind installiert, der gesamte Kraftstoff gefiltert. Am Nachmittag liefert der Tankwagen Diesel an. Der Tank ist dicht, der Motor hört sich wieder kernig kräftig an. In die Belüftungsleitung des Tanks ist ein Zwischenbehälter montiert. Sollte Seewasser eindringen, sammelt es sich zunächst dort.

Am Abend wird die Karnevalssardine beerdigt. Die Masse der in schwarz gekleideten Trauernden wälzt sich kreischend und weinend in einem Korso durch die Stadt. Unter den Trauernden sind ›Geistliche‹, die alles segnen, was nicht weglaufen kann. Als ›Bibel‹ halten sie einen roten Michelin Restaurantführer in der Hand. Die in allen Situationen erprobten Reporter des kanarischen TV interviewen die

Trauergäste. Manche Leute fallen beim Anblick der Kamera sofort in Ohnmacht, liegen ›bewusstlos‹ auf der Straße. Tragische Augenblicke im Leben eines Karnevalisten. Um Mitternacht folgt ein weiteres Feuerwerk. Damit sollte der Karneval zu Ende sein, aber nicht auf den Kanaren. Das offizielle Programm läuft bis Sonntag.

Wir laufen auch, diesmal durch das Anaga Gebirge. Eine Wanderung über vier Stunden von Almáciga, vorbei am Leuchtturm im Nordosten bis zum Ort Chamorga, von wo der Bus uns wieder nach Santa Cruz zurückbringt. Es ist so heiß! Am besten würde man in der Badehose wandern. Im Gegensatz zu unserem Kurzbesuch in Chamorga im Januar ist jetzt der Frühling eingezogen. Das Tal beginnt in den Farben gelb, rot und weiß zu blühen.

»Toni, Toni, Toni!« rufen die Teenager. Einige tausend Menschen stehen vor der großen Bühne auf der Plaza de Espana und warten auf Toni Santos, einen spanischen Popstar. Die vielen Teenies sind nervös, angespannt, sie können es kaum erwarten, ihn zu sehen. Nach knapp einer Stunde Warten spurtet er auf die Bühne. Die Teenies kreischen, reißen die Arme in die Höhe und bewegen die Hände, als wollten sie ihn anfassen und festhalten. Verrückt! Einem Saxofonisten wird soviel Begeisterung nie entgegengebracht. Toni ist Ende Zwanzig, schlank und hat einen blonden Wuschelkopf. Die Musik gefällt auch uns, seine Hits Ave Maria und Soy Latino hörten wir häufig und jetzt sogar live.

Am nächsten Abend wird noch einmal eine LKW-Ladung Feuerwerk abgebrannt; der Karneval ist nun endgültig zu Ende.

In der Stadt beginnen die Abbau- und Aufräumarbeiten. Die Straßen werden mit Desinfektionsmitteln abgesprüht; überall sind moderne Kehrmaschinen neben traditionellen Palmwedeln im Einsatz. Hiesige Behörden sind ausgesprochen gut ausgestattet, die Polizei fährt die neuesten Wagen aller Größen und Arten, hat sportliche Motorräder verschiedener Marken und Motorroller.

In der Dienstagsausgabe einer lokalen Zeitung ist auf der Titelseite eine fünf Meter hohe Welle abgebildet. Das Foto wurde in Puerto de la Cruz aufgenommen. Im Vordergrund sieht man ein, im Vergleich zur Welle, winziges Meeresschwimmbad. Elf Menschen wurden verletzt. Sie haben die Welle zu spät gesehen und wurden vom Wasser weggespült.

Gitte und Christian von CLEO sind knapp in der Zeit, Anfang Mai müssen sie in Dänemark sein. Mit dieser Planung haben sie leider auch die größte Gefahr beim Segeln heraufbeschworen: Reisen unter Zeitdruck. Heute Nacht sind sie ausgelaufen, Kurs Madeira, das heißt nach Norden, gegen Wind und Welle. Am liebsten hätte ich mit Christian diese Entscheidung diskutiert, tat es aber nicht. Die beiden sind sehr erfahrene Segler und wissen, was sie tun.

Nach reiflicher Überlegung sind wir zu dem Entschluss gekommen, den Heimweg über Lanzarote anzutreten. Zum einen haben wir die Möglichkeit, das Boot zu testen, zum anderen ist der Kurs zum Nordostwind nach Madeira günstiger und segelbar.

Große Verabschiedung am Steg, dann heißt es Leinen los, Kurs Lanzarote, Entfernung 128 sm. Die Vorhersage lautet auf Nordwind, 20 Knoten, damit könnten wir unser Ziel ohne Kreuzen erreichen. Der Seegang ist mit leicht angegeben, das heißt Wellen bis drei Meter.
    Leider bleibt es nur für kurze Zeit lustig. Zuerst fällt der Robertson Autopilot aus. Normalerweise beträgt die Stromaufnahme vier Ampere, jetzt zieht er fast fünfzehn. Für die Sicherung ist das zuviel, sie schaltet ab. Zum Glück ist im Moment das Radio nicht eingeschaltet. Würde jetzt Louis Armstrong singen, »Someday you'll be sorry«, ginge mein Blutdruck in ungesunde Höhen. Warum macht das Ding schon wieder Ärger?

Schnell ist die zweite Selbststeuerung montiert, das Boot läuft von selbst am Wind. Nächster Ausfall: WIR. Seekrankheit war auf dieser Reise kein ernsthaftes Problem. Beate hatte häufiger mit Unwohlsein zu kämpfen, war aber immer einsatzbereit. Mich hatte es ein einziges Mal auf der südwestlichen Nordsee erwischt.

In den nächsten Stunden werden wir mächtig leiden. Zum Glück läuft das Boot ohne unser Zutun wie auf Schienen, die Mannschaft kann sich schonen. Weniger fürsorglich ist das Meer. Es ist unglaublich, wie die Wellen gegen den Bootsrumpf donnern. Wasser ergießt sich aufs Deck, für Momente zittert das Boot, zieht aber unbeeindruckt seine Bahn. Beate übernimmt bis drei Uhr die Nachtwache, dann ist es ihr zu kalt und sie legt sich in die Koje.

Wer annähernd 24 Stunden nicht essen oder trinken kann, ist früher oder später in seinem Urteilsvermögen und seiner Handlungsfähigkeit eingeschränkt. Im Cockpit sitzend, halbschlafend, halbkrank, schrecke ich manchmal auf, weil ich glaube, ein Schiff zu sehen, dann einen Berg. Alles nur Einbildung.

Im Funk rufen Frachtschiffe Las Palmas. Auf dem Radar ist im Umkreis von 20 Meilen nichts zu sehen, wir sind allein. Was auf dem Radarbildschirm zu erkennen ist, sind riesige Bereiche von brechenden Wellen rings um das Boot. Es ist schwierig, mögliche kleinere Fahrzeuge darin auszumachen. Gegen Morgen ist die Farbe des Meeres wie die des Himmels, bleigrau. Noch immer schlagen die Wellen gegen ATHENE, heben das Boot, laufen darunter hindurch, senken es wieder und wandern schließlich als grauer ›Hügel‹ weiter. So geht es Stunden um Stunden. Außerhalb des Cockpits ist es kalt und feucht, meine Brille ist in wenigen Minuten mit Salznebel verklebt. Das Meer empfinde ich heute Morgen als eine unwirtliche Wüste, kein schöner Platz.

Manchmal stehe ich auf und suche, soweit möglich, sorgfältig den Horizont nach anderen Schiffen ab. Jetzt, bei Tageslicht, sehe ich, was für Wellen von Backbord angerollt kommen. Fast alle Wellen brechen und hinterlassen einen Schaumteppich. Für Segler: in diesen Wellen laufen wir mit 5,5 bis 6 Knoten ca. 60 Grad zum wahren Wind, bei einer Schräglage um die 25 Grad. In manchen Wellen oder in einer Bö, kann die Lage auch mal 40 Grad sein. Das Deck an Steuerbord ist dann für Momente bis zum Deckhaus unter Wasser. Wenn auch die Schräglage unangenehm ist, für unsere Sicherheit ist es besser. Die brechenden Wellen finden keinen Widerstand und spritzen einfach über das Boot hinweg. Sitzt man im Schutz des Cockpits, bekommt man von den Wellen nicht viel mit, weder akustisch noch optisch, gelegentlich wassertechnisch.

In solchen Situationen kann ich an mir interessante Beobachtungen machen. Bevor ich aufstehe und die tatsächliche Wellenhöhe sehe, sage ich mir, es läuft prima, die See ist relativ angenehm. Ja, so auch heute, trotz Seekrankheit. Sehe ich dann die Wellen, bin ich zunächst erschrocken, denke: Ob das alles gut gehen wird? Warum sind wir bloß hier? Mit der Zeit schaue ich dann nur noch auf die höchsten Wellen, wie sie gegen das Boot krachen. Nach einer Weile frage ich mich, warum ich mir das antue, setze mich wieder hin und fühle mich bald wieder sicherer, entspannter, wohler.

Beate ist im Boot zu hören, sie schlief sieben Stunden. Ich habe ihr das Geschenk gerne gemacht, wenn nur einer von uns beiden bald wieder hergestellt ist. In Kürze liegt eine Inselansteuerung vor uns, es darf kein Fehler in der Navigation sein, sonst sitzen wir auf den Steinen. Zudem sind die Wellen bereits 15 Meilen vor Lanzarote spürbar höher, Tendenz steigend. Meine größte Befürchtung ist, dass wir durch den Flüssigkeitsverlust in unseren Wahrnehmungen beeinträchtigt sind, Irrtümern unterliegen, verhängnisvolle Fehler machen. Neben mir liegt eine Limoflasche, ich versuche, so viel wie möglich zu trinken und hoffe, es bleibt genug drin. Jetzt nur keine Kreislaufprobleme.

Gegen 11.30 Uhr rauschen wir punktgenau zwischen den Inseln Lanzarote und Fuerteventura hindurch. Aus seglerischer Sicht ist dieser Törn perfekt verlaufen; enttäuschend ist, mit dem Boot schon wieder ein technisches Problem zu haben. Rückblickend trug eine Magenverstimmung infolge eines feucht-fröhlichen Abends auf einem Nachbarboot Tage zuvor und die ›Wir möchten hier nicht weg Laune‹ zur Seekrankheit bei. Diese Lektion haben wir verstanden.

Im Vergleich zum Frühling auf Teneriffa sieht es in Lanzarote ziemlich trostlos aus. Keine blühenden Bäume und Sträucher; der in Santa Cruz tägliche dunkelblaue Himmel ist hier diesig grau, die Farben der Vulkane haben eine Pause.

Lanzarote

März 2003

Kreis geschlossen - Aufschrei der Bordkasse - Juan und der Dieb

Mit der Ankunft in Puerto Calero schließt sich der Kreis der kanarischen Inseln. Ein Reiseabschnitt ist beendet, der Kopf jetzt freier, die Rückreise hat begonnen. José Calero hilft uns auf seine Art, schnell weiterzureisen, er hat zum Jahreswechsel die Preise deutlich erhöht.

Vom Liegeplatz aus ist die Schiffswerft einzusehen. Zwischen all den dort stehenden Yachten weht eine norwegische Flagge, die FAMILY AT SEA. Überrascht, sie hier in der Werft anzutreffen, gehen wir hin und hören uns deren Geschichte an: Nach dem Start in Kristiansand benötigten sie bereits in Holland einen neuen Motor und Propeller. Damit sind sie bis zu den Kanaren gekommen. Jetzt bereiten das Ruder und die Propellerwelle einschließlich Dichtungen Probleme. Segeln und keine Arbeit am Boot? Das gibt es nur im Märchen oder bei Booten, die nie den Hafen verlassen. Man kann sich nicht vorstellen, welchen Belastungen ein Boot ausgesetzt ist. Salzwasser, Sonnenstrahlung und Erschütterungen durch Wellen sind Geschwister, die allen Yachten Hand in Hand zusetzen. Früher oder später geht etwas zu Bruch; es ist unvermeidlich.

Vielleicht hatte ich zu Hause eine Vorahnung, was auf uns zukommt. Nur so kann ich mir erklären, warum die passenden Noten an Bord sind. Neben mir liegt ›A day in the Life of a Fool‹ (Ein Tag im Leben eines Deppen).

Zwei Deppen räumen am Sonntagmittag die Achterkabine komplett aus, prüfen den Autopiloten und finden nach vier Stunden werkeln heraus, dass der Pumpenmotor defekt ist. Glück im Unglück, es gibt im Hafen einen Fachhändler für diesen Autopiloten, hoffentlich einen guten...

Da der Windpilot nicht richtig arbeitete, prüfe ich die Anlage und sehe, die Badeleiter blockierte die Steuerung. Auf See war uns aufgefallen, wie seltsam sich das Ruder bewegte, aber für genaueres Prüfen war keine Energie da. De facto segelte die gute ATHENE 128 sm fast ohne Steuerung nach Lanzarote, was sicher für sie spricht!

Man mag es kaum glauben, selbst unsere Trinkwasserpumpe hat während des Törns einen Schaden genommen. Weder Handauflegen noch Werkzeug noch mit dem Hammer drohen hilft. Sie muss ausgetauscht werden. Jetzt genießen wir den Luxus einer Wasserversorgung wie zu Hause.

Das Teakdeck benötigte an verschiedenen Stellen mehrere Tage zum Trocknen, was ungewöhnlich ist. Ursache ist eine poröse Abdichtung der Fugen, Wasser kam unter das Holz. Nach dem Motto; ›Wehret den Anfängen‹ schleifen wir kurzerhand das Deck und erneuern die Vergussmasse, die nicht mehr dicht ist. Schließlich ist das Boot in einem Bestzustand. Offen gesagt, wir wissen nicht, was noch schief gehen kann. Ja, ich weiß, so etwas sollte man nie schreiben oder sagen, allein der Gedanke ist schon verwerflich.

Schon seit Tagen ist unser schwimmendes Zuhause keine nachrichtenarme Zone; heute Nacht begann der Golfkrieg. Wir hoffen auf ein schnelles Ende und darauf, dass er unsere Reisepläne nicht beeinträchtigen wird.

Unsere Hydraulikpumpe ist angekommen und beschert der Bordkasse einen rabenschwarzen Tag. Könnte sie sprechen, würde sie wohl Autsch sagen!

Arrecife

Die See zeigt sich auf unserem Kurztrip von Puerto Calero nach Arrecife von ihrer besten Seite. Es ist ein Schwiegermutter-Nachmittags-Küstentörn, aufrechtes Dahingleiten, der variabel gemeldete Wind hat ein Nachsehen und weht schön stetig aus Süd.

In Arrecife gehen wir wieder an den alten Steg. Er sieht noch verfallener aus, ebenso die Boote, die dort liegen. Beides scheint sich magisch anzuziehen. Wir müssen vorsichtig sein, schließlich sind auch wir wiedergekommen. Eine Vorstellung aus dem Narrenhaus erwartet uns, als es um die Frage geht, wo anlegen. Der eine sagt hier, der andere dort. Wir entscheiden uns für dort, der Platz ist am größten. Damit ist der Stegbesitzer allerdings nicht einverstanden, der Platz sei reserviert, ein Fischerboot würde dort liegen (das tatsächlich nie kam). Er sagt, wir sollen auf die andere Seite. Das hört ein Südafrikaner, der seinen Katamaran nicht zwischen anderen Booten eingeklemmt sehen möchte. Wortreich legt er zusammen mit einigen Spaniern kleinere Boote um, so dass er einen größeren Platz auf der anderen Seite hat. Dann können wir in die Katamaranlücke verholen und alle sind zufrieden. Zeitaufwand knapp zwei Stunden. Ich glaube, länger hat noch kein Anlegemanöver gedauert.

Im Hafen kontrollieren wir das GPS-Gerät. Offensichtlich ist die Positionsangabe durch den Golfkrieg beeinträchtigt. Der Abstand zwischen der angezeigten und tatsächlichen Position beträgt deutlich mehr als 100 Meter. So ungenau war die Angabe bisher nicht. Die andere Möglichkeit: das Gerät zeigt falsch an, zum Glück ist Ersatz an Bord.

Deutschland freut sich über den Vorfrühling. Hier, so scheint es uns, kehrt der Winter ein. Es ist abends ziemlich kühl, von wegen 25 Grad wie im Oktober, es werden vielleicht 18 sein.

Am Steg treffen wir Juan und seine Familie wieder. Im Oktober sahen wir sie oft an ihrem Boot werkeln. Juan erzählt sogleich, was inzwischen los war. In den letzten Wochen wurde häufiger eingebrochen und Ausrüstungsgegenstände gestohlen. Sein Boot war auch betroffen. Eines Tages kam er und sah, wie jemand eilig vom Steg verschwand. Er folgte ihm, bekam ihn zu fassen und fand mehrere Bootsgegenstände, unter anderem ein Funkgerät, Juans Funke! Juan ist ein Bär von Mann. Wir benötigen nicht viel Fantasie, wie er den

Gauner festhielt, bis die Polizei eintraf. Später fand man in der Wohnung des Ganoven sieben Außenbordmotoren, einige Schlauchboote und weitere Ausrüstungsgegenstände.

Am nächsten Tag helfe ich Juan, seinen Wagen zu reparieren. Er fährt einen Geländewagen, aus irgendeinem Grund startet der Motor nicht. So ganz nebenbei erzählt er, dass in der vergangenen Nacht zwei Burschen gegen 03.00 Uhr über das Tor zum Bootssteg klettern wollten. Sie wurden zufällig von der Polizei beobachtet und liefen weg, als der Streifenwagen kam. Er rät uns, vorsichtig zu sein und alles wegzuschließen. So traurig es ist, die kommende Nacht wird die erste sein, in der wir das Boot vorsorglich von innen verriegeln.

Der Südafrikaner schließt sich unserer Fehlersuche an. Vergebens, ein Fall für die Werkstatt. Nur, so erzählt Juan, so einfach ist das nicht. Der Monteur kommt nicht zum Wagen, der Wagen muss zur Werkstatt gebracht werden. Das bedeutet einen Lastwagen zu organisieren, der den Wagen abholt. Juan meint auf mein erstauntes Gesicht hin, ja, wir sind hier in Spanien oder schlimmer, auf den Kanaren, hier ist alles umständlich und kompliziert.

Und wie repariert Juan letztlich seinen Wagen? Auf geniale Art. Er folgt der Einladung zum Bier auf das Boot des Südafrikaners, ruft von dort seine Freunde an und bittet um Rat. Einer erklärt: Nimm ein Kabel, schließe einen Augenblick die Batterie kurz und du kannst den Wagen wieder starten. Juan gefällt die Idee. Er trinkt in Ruhe sein Bier aus, geht zum Wagen und tut wie ihm empfohlen, dreht den Zündschlüssel und der Motor läuft. Warum können wir Segler unsere technischen Probleme nicht auch so einfach lösen?

Isla Graciosa

März 2003

Zieh die Schuhe aus - Träume und Karneval

»Wenn du nach Graciosa kommst, zieh deine Schuhe aus und vergiss die Welt«, verspricht der Reiseführer Atlantic Islands. Es ist eine Insel der Träume. Der Hafen der ›Hauptstadt‹ La Sociedad, ist unser neues Quartier. Es gibt zwei Restaurants, eine Minikneipe, einen winzigen Supermarkt und einen Internet-Raum. Graciosa kennt keine festen Straßen, nur Sandpisten, die Insel ist sozusagen autofrei. Die wenigen Menschen leben hauptsächlich von Tourismus.

Graciosa lässt sich an einem Tag umwandern, bereits nach einer Stunde zügigen Gehens stehen wir auf dem höchsten Berg der Insel. Unser Weg führt weiter zur Nordwestküste mit einem tollen weißen Sandstrand und schließlich auf einer Sandpiste zurück zum Ort.

Isla Graciosa, eine Insel zum Träumen? In einem gewissen Sinne bestimmt, wenn man Ruhe und Abgeschiedenheit sucht. Man muss Sand, Steine und karge Landschaft wie auf Lanzarote mögen, sonst ist die Insel eher ein Albtraum.

Die Lage der Insel ist ausgesprochen schön, mit traumhaften Ausblicken auf die umliegenden unbewohnten Felsinseln und natürlich auf Lanzarote. Toll auch das kristallklare Wasser. Heute Morgen konnten wir eine Krake sehen, die neben diversen Fischen unter unserem Boot schwamm.

Weniger schön ist der Umgang der einheimischen Bevölkerung mit dem Müll. Dieser liegt verstreut über die Insel. Offensichtlich wird er dort hingeschüttet, wo man gerade steht. Häufig handelt es sich um Bauschutt, kaputte Reifen, alte Baumaschinen und auch Hausabfälle. Ich hoffe, man bekommt das in den Griff, sonst ist es mit der Inselschönheit vorbei.

Im Südwesten, unweit der Marina, lockt ein schöner Sandstrand. Bei sommerlichen Temperaturen Zeit für einen Sprung ins Wasser.

Auf Graciosa gehen die Uhren langsamer, denn über das Wochenende ist Karneval. Am Freitagabend findet die Wahl der Kinderkönigin statt. Trotz aller Bemühungen verläuft die Veranstaltung schleppend, auch die Einheimischen zeigen wenig Interesse. Am Samstagabend singt im Hafen ein kostümierter Chor. Soweit wir verstehen, handeln die Lieder von lokalen Ereignissen. Kurz nachdem wir den Platz betreten, endet der Gesang. Zu spät? Eigentlich nicht, mit dem Ende der Darbietungen folgt ein riesiges Barbecue, frei für alle. Wir werfen unsere Vorsätze mit Schonkost für den kommenden Törn über Bord und schlemmen ein wenig mit. Aus einer Seitenstraße nähert sich lautstark trommelnd eine elfköpfige Gruppe, in blauen Kostümen gekleidet wie in Santa Cruz. Vor uns bleiben sie stehen und schlagen mit viel Spaß auf ihre diversen Trommeln. Nach einer Weile lösen sie sich auf, immer noch trommelnd, bilden einen Kreis und nolens volens stehen wir in der Mitte und sind begeistert. Ein toller Abschied von den Kanaren.

Madeira

März - April 2003

Beschaulicher Törn - Marina im Abseits - prächtiges Funchal - Nobelhotel und Bergdorf - Levada Wanderung - Sturmzeit

Die Wetterberichte melden für die nächsten vier Tage südliche Winde um 4 Bft bei sehr ruhiger See. Besser kann es nicht werden. Am späten Sonntagvormittag laufen wir aus. Wenige Meilen nach Verlassen des Hafens ruft uns jemand über Funk. Es ist Mike, den wir aus Santa Cruz kennen. Er ist mit seiner kanarischen Freundin nach Graciosa gesegelt und liegt nun in einer Bucht vor Anker. Selbst mit dem Fernglas ist es schwierig, sein Boot zu sehen, Mike muss gute Augen haben. Er hofft auf ein Angebot, ab Herbst wieder von Ushuaia, Argentinien, als Profiskipper in die Antarktis zu segeln. In diesen Breiten hat er bereits mehrere Jahre verbracht und wie er uns erzählte, muss die Region ihn mächtig in ihren Bann gezogen haben. Der Brite Mike ist pragmatisch, zu dieser Zeit hatte er eine argentinische Freundin.

Im Logbuchstil:

Sonntag 30. März 2003
Der Wind ist perfekt, NO mit 20 kn, Kurs NW. ATHENE rauscht mit locker 6 kn Richtung Madeira.

21.22 Uhr.
Kommen sehr gut voran, bereits über 60 Meilen gesegelt. Seit Graciosa sind wir das einzige Fahrzeug weit und breit. Die Stimmung ist gemischt, ein Hurra auf die Meilen, ein ›oh je‹ aufs Unwohlsein, aber es ist noch akzeptabel.

22.45 Uhr
Wie aus dem Nichts passieren uns drei Fähren, eine mit einer Meile Abstand.

Montag 31. März 2003, 04.30 Uhr
Der Wind hat nachgelassen, segeln mit Motorunterstützung. Die See ist ruhig.

09.47 Uhr
Die Seekrankheit hält uns länger im Griff als uns lieb ist. Heute Morgen geht es mir besser, versuche Beate zu schonen, wo es nur geht. Ihr Gesichtsausdruck schwankt zwischen Scheidung, über Bord springen und freue mich auf Madeira. Navtex verbreitet einen neuen Wetterbericht, die Vorhersage lautet auf Süd 3-4 Bft.

13.45 Uhr
Auch auf dem offenen Atlantik ist es heute sehr heiß. Wir halten uns, wenn immer möglich, im Schatten des Verdecks auf. Zwei Meeresschildkröten paddeln an Backbord vorbei. Versuche zu angeln.

14.00 Uhr
Hören Nachrichten der Deutschen Welle. Bush spricht von einer göttlichen Mission. Gott erschuf, Bush zerstört. Er sollte besser von einer tödlichen Mission sprechen. Ein religiöser Fanatiker ist Herr über die größte Armee der Welt. Selbst Hollywood kam noch nicht auf die Idee.

14.45 Uhr
Denke nie negativ, es könnte eintreffen. Habe heute Morgen gedacht: Hoffentlich gibt es keinen Ärger mit dem Motor, jetzt stottert er: Drehzahl rauf, Drehzahl runter. Wir sind schlagartig hellwach und stoppen das Boot auf. Am Heck schwimmen auf einmal zwei Plastiktüten, vielleicht waren sie im Propeller? Aus Erfahrung habe ich aber den Kraftstofffilter

in Verdacht. Er zischt beim Öffnen, Unterdruck hat sich gebildet, weil der Filter wieder verdreckt ist, obwohl erst 24 Stunden in Gebrauch. Normalerweise ist es ratsam, ihn nach 100 Stunden zu wechseln. Beate hüpft ins Wasser, um nach dem Propeller zu sehen, er ist frei. Ihr Schwimmplatz ist übrigens nur für Segler zugänglich. Wer hat schon die Möglichkeit, auf 4300 m Wassertiefe zu schwimmen? Der Motor schnurrt wieder wie eine Katze. Hoffen wir, dass er es lange tut. Noch 100 Meilen bis Madeira. Wer uns analysiert, wird nun feststellen: Wir sind keine Puristen. Segeln ist unsere bevorzugte Art des Reisens. Wenn es wegen Flaute nicht möglich ist, so möchten wir unter Motor zügig voran kommen. Allein der Gedanke, stundenlang, eventuell tagelang in der Flaute zu dümpeln, macht uns verrückt. Wir kennen nur wenige Segler, die das machen könnten und ganz, ganz wenige, die es auch tun.

23.00 Uhr
Sitze seit zwei Stunden im Boot und lese. Ab und zu ein Blick auf den Radarbildschirm. Wir sind allein. Bei allem guten Willen, jetzt kann ich nicht mehr und muss ins Bett. Beate übernimmt die Wache, es geht ihr seit dem Nachmittag wieder gut. Windvorhersage lautet nun auf Ost 3 bis 4. Hier ist es absolut windstill, die See wie glatt gebügelt.

Dienstag 01. April 2003, 05.07 Uhr
Leuchtturm Ponta de Agulto ist auf dem Radarschirm zu sehen. Im Cockpit stehend, kann ich das Feuer schwach erkennen. Es ist diesig und feucht.

05.48 Uhr
Kursänderung auf Madeira zur neuen Marina im Ostteil der Insel. Entfernung 25 Meilen. Bin hundemüde, Beate übernimmt und kontrolliert den Autopiloten, es geht dicht an einer unbewohnten Insel vorbei. Wir wollen nicht stranden.

10.15 Uhr
Anlegen in der fast leeren Marina Quinta do Lorde. 280 Seemeilen liegen nach 47 Stunden 35 Minuten im Kielwasser.

Madeira

Die Marina Quinta do Lorde, im Osten Madeiras, ist Teil einer Hotelanlage. So melden wir uns an der Rezeption an. Die Damen sind ausgesprochen freundlich und sprechen perfekt Englisch. Vielleicht hört es sich deshalb lustig an, wenn sie Euros portugiesisch aussprechen: ›Eurusch‹. Da die Hafenanlage noch nicht ganz fertig gestellt ist, zahlen wir weniger ›Eurusch‹, bei längerem Aufenthalt gewährt man uns ungewöhnlicherweise nachträglich einen Preisnachlass.

Am Steg gegenüber liegt ein französischer Schoner, auf dem ein älteres Paar lebt, sonst ist kein Boot bewohnt. Und damit bin ich auch schon beim Nachteil der Anlage: Sie liegt weit außerhalb. Der nächste Ort Canical ist 4 km, die Stadt Funchal 30 km entfernt. Ein Mietauto wäre hilfreich. Wir fragen unsere Nachbarn, wo sie ihren Wagen gemietet haben. Sie geben uns eine Telefonnummer. Fragt nach Francisco.

Tags darauf fahren wir mit einem alten Bus Richtung Funchal. Die Fahrt dauert fast 90 Minuten; uns ist es recht, da es viel zu sehen gibt.

Nach sechs Monaten Kanaren sind wir mit dem dortigem Lebensstil einigermaßen vertraut. Uns fällt sofort auf, wie einfach die Menschen, speziell Frauen, auf Madeira gekleidet sind. Keine enganliegende, figurbetonende Kleidung und betörenden Düfte. Eine weitere Auffälligkeit sind die öffentlichen Verkehrsmittel. Alte Busse, zum Teil mit zweiteiliger Frontscheibe, das ist Stand der 70er Jahre. Von wegen supermoderner Volvo mit Klimaanlage und bequemen Sitzen. Später, im Stadtbereich Funchals, lässt sich die Aussage in dieser Form nicht aufrecht erhalten.

Die Fahrt führt am Flugplatz vorbei. Ganz sicher ist das

weltweit einer der spektakulärsten Flugplätze. Als Landebahn dient eine riesige Brücke zwischen zwei Bergrücken, die von zahlreichen Säulen getragen wird. Die Straße führt zwischen den Pfeilern hindurch.

Am Hafen steigen wir aus und finden uns in einer hektischen Einkaufsmeile wieder. In Funchal leben unserem Reiseführer zufolge 100.000 Menschen. Zunächst sind wir ein wenig irritiert. So viele Menschen sahen wir vor knapp vier Wochen, einen regen Straßenverkehr zuletzt in Las Palmas, Gran Canaria.

Der erste Eindruck ist maßgebend, Funchal erinnert sogleich an Lissabon, die engen Gassen, die Häuser, die Lage im Berghang - es gefällt uns.

Wohin zuerst? In die Marina. Sind wir auf See, so freuen wir uns auf eine Stadt, eine Allee, einen Park. Später an Land sehen wir uns, wie von magischer Hand geleitet, zuerst die Marina an oder suchen den Blick aufs Meer. Sollte man das auf dem Sofa abklären?

Die Marina Funchal ist ein schlechter Witz. Die Liegeplatzmöglichkeiten sind sehr begrenzt, denn die Stege werden von einheimischen Booten und kommerziellen Ausflugsschiffen belegt. Der Atlantik ist nach wie vor ruhig, aber im Hafen steht eine unangenehme Dünung, neben den Wellen der ständig pendelnden Hafenboote. An einigen Yachten ist durch die fortwährende Bewegung der Fender bereits die Lackierung zerrieben. Allerdings, das muss man zugeben, die Lage der Marina ist hervorragend.

Das berühmte Reid's Palace Hotel in Funchal, vom Schotten William Reid gebaut, wurde 1890 eröffnet und war bereits damals eine Luxusherberge. Bis heute hat sich an dem Zustrom vieler betuchter Briten und Promis nichts geändert. Die herrliche Gartenanlage sei, laut Reiseführer, auch für Nicht-Gäste offen und einen Besuch wert. Nun, dann mal rein.

Das Hotel betreten wir durch eine große Drehtür. Rechter Hand ist die Rezeption, wo viele schwarz gekleidete Pinguine herumstehen, Bedienstete im Frack. Sie ignorieren uns, weil gerade jemand mit erhöhtem Stimmchen ihre Aufmerksamkeit durch »Excuse me...« fordert. Auf unserem weiteren Vorstoß ins Gebäude grüßt uns das Personal freundlich. Na bitte! Der Gang führt in einen großen Raum, einige Gäste schlürfen ihren Kaffee, aber viel besser - irgendwo spielt jemand Klavier. Dem Klang folgend, sehe ich um die Ecke und entdecke einen blitzblanken schwarzen Flügel. Einen Moment höre ich dem Pianisten aufmerksam zu, er improvisiert über einen bekannten Jazzklassiker. Er sieht auf, lächelt, wahrscheinlich überrascht, dass ihm einer zuhört, nickt freundlich, senkt den Kopf und ist wieder in seiner Musik entschwunden.

Auf dem wunderschönen Balkon, der einen ausgezeichneten Blick über Funchal bietet, sitzen Hausgäste und vielleicht auch Volk von der Straße. Die Herrschaften trinken Kaffee. Neben mir sitzt ein Paar in fortgeschrittenem Alter; auf dem Boden neben ihm liegt die Neue Zürcher Zeitung.

Einen Bediensten frage ich nach dem Garten. Leider ist der seit einigen Jahren nicht mehr für die Öffentlichkeit zugänglich, außer am Mittwoch und Sonntag, im Rahmen einer Führung. Schade. Die Tische zum Kaffetrinken sind alle besetzt, so kehren wir um.

Eigentlich ist ein Kap unser Ziel, aber durch falsche Navigation finden wir uns in einem schönen Bergdorf wieder. Die steilen Schluchten erlauben selten einen geraden Weg. Der Ort ist zu sehen, dennoch sind es locker zehn Kilometer ›Kurverei‹ bis zum Ziel. Die Straße endet im Schlamm, da sie noch im Bau befindlich ist.

Beschluss der Besatzung: Umkehr. Erstaunlicherweise gibt es selbst in den Bergdörfern einen starken Berufsverkehr. Hier, in der Mitte von nirgendwo, stehen wir fast eine halbe Stunde im Stau, bis es endlich weitergeht. So besteht ausgiebig Gelegenheit, die Autoinsassen der entgegenkommenden Fahrzeuge anzusehen. Welch ein Gegensatz! Die unten im Hotel sind vielleicht gerade dabei, die Welt untereinander aufzuteilen und hier sitzt ›Vattern‹ mit Kollegen im Wagen, eine Kippe im Zahn, froh, bald zu Hause zu sein.

Im Vergleich zum Sommerwetter auf den Kanaren ist es mit knapp 20 Grad kühl und regnerisch. Umgekehrt ist Madeira die bisher schönste Insel! Sie ist sicherlich mit Gomera vergleichbar, nur ist hier alles noch größer, die Täler gewaltiger, die Insel vielfältiger, um nicht zu sagen, spektakulär. Die Nordküste ist unser nächstes Ziel. In Santana essen wir in dem Sechs-Tische-Restaurant ›Serra e Mar‹ zu Mittag. Es schmeckt ausgezeichnet.

In Sao Vincente endet die Nordküsten-Tour für heute, über die Passstrasse bei Encumeada geht es zurück. Der Pass ist 1007 m hoch, dort unternehmen wir eine kleine Wanderung, die Sicht ist im Augenblick fantastisch. Ebenso sehen wir uns das zweithöchste Kap Europas an, Cabo Girao, 580 m hoch.

Bei Rabacal folgt eine weitere Wanderung, die neben Bewässerungskanälen (Levadas) verläuft - laut Madeira Prospekt die bekannteste Wanderung. Sie führt zu einer Quelle mit 25 Wasserfällen, deren höchste 100 m in die Tiefe stürzt. Was die Aussage, ›eine beliebte Wanderung‹ betrifft, ist am voll belegten Parkplatz zu sehen. Mit festem Schuhwerk legen wir zügig los; ein Weg dauert gut eine Stunde. Mehrheitlich sind die Wanderer um uns herum ältere Herrschaften, mit einem Bundesadler im Personalausweis. Die Route führt durch das dichte Grün des Lorbeerwaldes, die Luft ist eine Wohltat.

Am Wasserfall angekommen, ist es mühsam, die vielen Menschen zu passieren. Die Nationalität lässt sich wieder sehr einfach feststellen, es wird feste weg deutsches Liedgut gesungen. Beate und ich machen ein Foto, dann gehen wir 100 m weiter, um in aller Ruhe die Melodie des Waldes genießen zu können: das Rauschen der Wasserfälle untermalt vom munteren Gezwitscher der Vögel. Schließlich gesellen sich noch einige Leute zu unserem sonnigen Plätzchen, schweigen und lassen den Ort auf sich einwirken.

Im Nordwesten Madeiras liegt das Örtchen Porto Moniz. Am Ende eines steilen Berghanges gelegen, ist die Szenerie in der Sonne atemberaubend. Neben uns stehen Engländer. Einer sagt: Hey, das sieht fast aus wie in Schottland. In Porto Moniz gönnen wir uns ein gutes Essen und fahren schließlich die Nordküste entlang, bis Sao Vincente. Das Besondere an dieser Strecke ist das Meer zur Linken und steile, schroffe Hänge, von denen hier und da ein Wasserfall herabstürzt, zur Rechten. Der Weg zur Marina führt durch die Stadt Machico, der mit 12000 Einwohnern zweitgrößte Ort der Insel. Ein Internet-Café suchen wir hier vergebens, aber der Begriff scheint bekannt zu sein.

In der Nacht fing es an zu regnen, am späten Nachmittag gießt es in Strömen. In Funchal sind die Straßen zu kleinen Flüssen geworden, die Küste ist im Bereich der Flussmündungen rotbraun gefärbt. Die Vorhersage lautet auch für die nächsten Tage auf Regen und Gewitterstürme, der Seewetterbericht weist ausdrücklich auf die damit verbundenen Gefahren hin. Im Boot wärmt die Dieselheizung, zuerst zu Testzwecken nach dem Tankumbau, schließlich zu Komfortzwecken. Es ist angenehm warm; soll es doch regnen.

Besuch im botanischen Garten. Leider lässt der Frühling noch auf sich warten. Dennoch, auch so ist die Pflanzenwelt beeindruckend.

Heute ist unser letzter Tag mit dem Mietwagen. Die Fahrt führt zum zweithöchsten Berg der Insel, Pico do Arieiro, 1810 m hoch. Die Beschreibung im Prospekt liest sich gut, in der Realität sehen wir nur Nebel. Das Fahren ist schwierig. Letztlich erreichen wir den Gipfel. Es regnet in Strömen und, wie nicht anders in dieser Höhe zu erwarten, es ist kalt. Glücklicherweise steht hier ein Hotel mit einem schönen Restaurant, wo wir als einzige Gäste einen heißen Kaffee genießen. Schade, dass das Kaminfeuer nicht brennt. Es würde gut zu den Temperaturen und der Stimmung passen.

Weiter geht es nach Monte, wie der Name sagt, ein Berg. Von hier starten die Korbschlitten ihre zwei Kilometer lange Fahrt den Berg hinab. Das Abenteuer scheint begehrt; zeitweise geht es zu wie in einem Bahnhof. Am Ende der Strecke wartet ein Lastwagen, der die Schlitten wieder hinauffährt. Die Fahrer, immer zwei pro Schlitten, nehmen das Taxi.

Um Monte sind schöne Wanderwege angelegt, die zum Teil durch parkähnliche Anlagen führen. Selbst ein natürlicher Wasserfall zählt zur Szenerie. Welche Stadt hat das zu bieten?

In Funchal sind einige Besorgungen zu tätigen. Unter anderem gehen wir zu einem Händler, wo wir unsere Vorfiltereinsätze für den Dieselmotor bestellt haben. Im Geschäft angekommen, sieht der Inhaber uns kurz an, murmelt was von Filter, nimmt sein ›Handy‹ und geht vors Geschäft zum Telefonieren. So sieht niemand aus, der seinem Kunden freudig die bestellte Ware überreicht. Er beendet das Gespräch und sagt, vielleicht sind sie morgen da. Das Prinzip ›manhana‹ ist uns bekannt.

Ich erwähne dieses Beispiel, denn wer mit einem Boot reist, vergeudet viel Zeit mit solchen Dingen wie Ersatzteile besorgen. Zufällig sehen wir in der Altstadt einen Volvo Händler, der unter anderem auch die maritime Linie, Volvo Penta, führt. Der Filtertype 296 ist ihm ein Begriff. Mit einer Tüte neuer Filter verlassen wir den Laden.

Unsere Hoffnung auf bessere Sicht am Nachmittag hat sich leider nicht erfüllt; im Gegenteil, es ist wieder regnerisch. Somit fällt der zweite Versuch, zum Pico zu fahren, endgültig aus.

Im Hafen von Funchal liegt hoch auf Land die Ex-Beatles Yacht VAGRANT. Sie ist 38 m lang, wurde 1941 für die Vanderbilts in den Staaten gebaut und war die luxuriöseste Yacht ihrer Zeit. 1966 kauften sie die Beatles. Der nächste Eigner hieß Donovan, der amerikanische Sänger, schließlich kaufte ein Grieche die Yacht.

1977 unterlief dem Skipper ein Fehler und die VAGRANT strandete auf Gran Canaria. Ein Geschäftsmann aus Madeira übernahm das schwer beschädigte Wrack, ließ es notdürftig reparieren und nach Funchal bringen, wo es als Restaurant dient.

Innerhalb einer Woche haben wir fast die gesamte Insel mit dem Wagen erkundet. Für unsere Verhältnisse kommt das einem Hochleistungstourimus gleich. Gilt doch unter Fahrtenseglern das Bonmot: Hast du den Ort sowieso gesehen? Nee, meint der Befragte ganz entsetzt, ich bin doch erst seit vier Wochen hier.

Auf einem Fischmarkt kaufen wir zwei Thunfischsteaks, frisch von einem 40 kg Thun. Im Geschäft gibt ein Plakat Auskunft über die Fische in diesem Teil des Atlantiks. Die Thun, die uns an den Haken gingen, waren demnach Bonitos, eine Unterart in der Thunfischfamilie. Bonitos sind mit 4-5 kg ausgewachsen und sollen nicht ganz so gut schmecken wie der große Atlantik-Thun.

Abends der große Test, gebratene Thunfischsteaks mit Kartoffeln und Salat. Wir können keinen Unterschied zu den Bonitos feststellen, es schmeckt in jedem Fall gut. Klar, bei dem Smutje!

Laut Reiseführer ist die Hotelanlage an der Marina mit ihren neun Zimmern ein Tipp. Ganz besonders wegen der günstigen Lage zum Meer und einem Wanderweg entlang der östlichen Felsen. Diese Wanderung ist auch unser Wunsch, den wir heute verwirklichen. Die Strecke führt über mehrere Steilfelsen, auf beiden Seiten das Meer; bei gutem Wetter, wie heute, ist sogar Porto Santo zu sehen. Auf dem Rückweg bläst der Wind manchmal sehr heftig, es ist nicht immer leicht, die Balance zu halten. Wir deuten das als die Vorboten für den vorhergesagten Sturm über das Wochenende. Es soll richtig ungemütlich werden, Windstärke bis acht auf dem offenen Atlantik, Wellen bis zu zehn Meter hoch. Entsprechend sind wir vorbereitet, neun lange Leinen an sechs verschiedenen Klampen am Steg halten ATHENE in Position. Leider ist der Hafen nach SW nicht gut geschützt. Nach Aussagen von Einheimischen ist unser Platz sicher, sofern es bei der Wetterlage überhaupt einen solchen gibt.

Sollte es ganz heftig werden und das Boot so stark schwanken, dass man bereits im Hafen seekrank wird, können wir ins Hotel umziehen, Zimmer sind noch frei, entsprechende Vereinbarungen sind getroffen.

Am Freitagabend sehen die Wetterkarten nach typischem Winterwetter aus. Auf dem Atlantik folgt ein Sturmtief dem nächsten. Leider wehen die übelsten Winde um die Azoren herum, dort, wo wir auf absehbare Zeit hin möchten.

Unsere französischen Nachbarn bereiten ihr Boot auch auf den Sturm vor. Nebenbei erzählen sie von einer tragischen Busfahrt, Ende März. Der Bus begann die Fahrt ab der Marina, bereits wenige Kilometer weiter versagten die Bremsen, er durchstieß einen Zaun und blieb im Graben vor einem steilen Abgrund hängen. Die Franzosen waren die einzigen Fahrgäste und kamen mit leichten Verletzungen davon. Die Busse sehen nicht nur alt aus, jetzt ist klar, sie sind es auch!

Samstagvormittag. Der Wind legte über Nacht deutlich zu und bläst nun aus Südwest mit durchschnittlich 30 Knoten. Die See baut sich langsam auf, Schwell läuft in den Hafen. Im Boot ist es noch gerade so erträglich. Der Flugverkehr ist seit Stunden eingestellt. Aus dem Sturm ist inzwischen ein Orkantief bei den Azoren geworden.

Samstagnachmittag. Die Wellen werden höher und steiler, vor der Hafeneinfahrt brechen sie, Wassermassen laufen in den Hafen, unser Boot führt einen ›Eiertanz‹ auf. Wir fühlen uns unwohl. Die Steganlage windet und bewegt sich gleichzeitig auf und ab, an Land zu kommen ist nicht einfach, wenn nicht gefährlich. Von dort betrachtet sehen die Bewegungen noch schlimmer aus. Wir ziehen Leinen nach und bringen noch zwei weitere aus, eine davon auf das Ankerspill, damit die vorderen Bootsklampen entlastet werden. Die Arbeit an den Leinen erfordert äußerste Umsicht. In einem Moment liegen sie lose auf dem Steg, im nächsten sind sie fest gespannt wie ein Drahtseil. Kommt ein Finger dazwischen, ist er ab.

Zurück an Bord beschließen wir, dass es sinnlos ist, länger durchzuhalten und ziehen ins Hotel um.

Um 20.00 Uhr gehe ich noch einmal zum Steg. Es ist ein seltsames Gefühl. Seit gut zehn Monaten leben wir auf dem Boot und ›lassen es nun im Stich‹. Das Gehen fällt mir schwer, vorsichtig hangele ich mich durch das Boot, um noch einige Kleidungstücke zu holen. Nach wenigen Minuten bin ich froh, wieder an Land zu sein; es ist kaum auszuhalten.

In der Nacht stehe ich auf und blicke vom Hotelfenster Richtung Hafen. Der vordere Teil der Marina ist einzusehen, der Wind hat gedreht, der Schwell nimmt ab. Beruhigt lege ich mich hin, in einem Bett, dessen Ausmaße im Vergleich zur Koje fürstlich sind. Benötigt man an Land so viel Platz zum Schlafen?

Der Sturm ist nun zwei Tage vorüber, aber auf dem Atlantik herrscht nach wie vor starker Seegang. Die Wetterberichte sprechen von 4-5 m Wellenhöhe, selbst in der Marina ist es immer noch nicht ruhig. Selten hatten wir einen so unruhigen Liegeplatz.

Madeira ist eine Insel mit vielen Gesichtern. Einerseits die schöne Landschaft, die steilen Berge, die zerklüfteten Schluchten, die große Vielfalt an Pflanzen. Anderseits ist es eine Insel, auf der es während unseres Aufenthaltes jeden Tag regnete und kühl war. Und nicht zuletzt, die Insel hat vor allem für Yachties eine schlechte Infrastruktur.

In keiner Marina stand soviel Schwell, lag der Hafen derart weit außerhalb, dass eine Fahrt zum Zentrum im Schnitt 80 Minuten dauerte.

Auch die Art des Tourismus ist anders als auf den Kanaren. Mit Ausnahme Gomeras, konzentriert sich dort der Tourismus generell auf die Südküsten. Hier trifft man überall Aktivurlauber, überwiegend Wanderer. Speziell mir drückt die Abgeschiedenheit der Marina aufs Gemüt, es wird Zeit, weiterzusegeln.

Nach langer Diskussion haben wir uns entschieden, nach Portugal zurückzukehren. In der jetzigen Jahreszeit ist es wahrscheinlicher, Westwind zu haben, als eine Nordost

Lage, die günstiger für die Azoren wäre. In den vergangenen Wochen wäre bestenfalls an einem Tag ein Törn Richtung Ponta Delgada (Azoren) möglich gewesen, wir benötigen jedoch fünf Tage. Möglicherweise sieht in vier Wochen die Wetterlage besser für dieses Vorhaben aus, aber wer weiß das schon? Ab den Azoren würde uns schließlich eine Strecke von 1200 sm bis England erwarten, von der auch Regattasegler sagten: Macht es nicht, es ist langweilig. Was euch später davon in Erinnerung bleiben wird, ist, es wurde jeden Tag kälter.

Porto Santo

April 2003

Blaue Symphonie - noch ein Sturm

Symphonie in Blau, sagt ein Reiseprospekt zu Porto Santo. Heiliger Hafen lautet die Übersetzung, weil der Hafen geschützt liegt. Der Hintergrund: Einst wurde in einem Sturm ein Segelschiff zu einer Insel abgetrieben, die man bis dahin nicht kannte. Das Eiland bot willkommenen Schutz, das Schiff ging vor Anker. Aus Dank nannten die Matrosen die Insel Porto Santo. Der berühmteste Einwohner war Christoph Kolumbus, der die Tochter des ersten Gouverneurs heiratete.

Porto Santo liegt 30 Seemeilen von Madeira entfernt und hat als eine der wenigen Inseln im Ostatlantik einen neun Kilometer langen goldenen Sandstrand aufzuweisen. Der Reiseprospekt stellt kühn die Behauptung auf, es gäbe nur wenig Niederschlag. Wir neigen zur Aussage: Der Regen kommt nicht zu kurz. Scheint die Sonne, dann ist die Insel schön; insbesondere der lange weiße Sandstrand sticht durch sein Leuchten vor blauem Himmel und Wasser sofort hervor.

Und wieder droht ein Sturm. Abwarten. Segeln zwischen Hoffen und Bangen!

»Hi, ich bin Bob und segele jetzt los«, sagt der Engländer auf dem Bootssteg im Vorbeigehen und nach kurzem Handschütteln.

»So?«, antworte ich erstaunt. In der Hoffnung, er sagt nach Portugal, frage ich interessiert: »Wohin?«

»Zu den Azoren«, meint Bob ganz locker.

»Bist du sicher? Du siehst doch, wie der Wind heute bläst«, entgegne ich ihm.

»Ja, ja klar, wird aber bald besser für mich.«

Er geht zu seinem Boot und legt kurz darauf ab. Im Hafen

weht es kräftig, mit Wind von den Azoren. Ungefähr drei Stunden später ruft Jenny, unsere südafrikanische Nachbarin, Bob sei wieder da. Sie erzählt: Bob saß von morgens bis abends in der Kneipe, bis er betrunken war. In Porto Santo ist er bereits seit acht Monaten und lebt allein auf seinem heruntergekommenen Boot. Seit einer Woche sprach er davon, am Samstag loszufahren.
Jetzt liegt das Boot im Hafen vor Anker. Auf sein Bier muss er nicht verzichten; im Boot soll er jede Menge Dosen gebunkert haben. Es ist eine der traurigeren Geschichten rund ums Langzeitsegeln, aber zum Glück ein Einzelfall.

Einhandsegler und lange Zeit im Hafen ist meist der Beginn einer unglücklichen Lebensgeschichte. In Arrecife lernten wir einen jungen französischen Einhandsegler kennen, der glaubte, auf Lanzarote sein Glück zu machen. Nachts arbeitete er in einer Kneipe, tagsüber berichtete er für eine lokale Zeitung. Wir trafen ihn in Puerto Calero wieder.
Er sagte: »Noch eine Woche, dann bin ich weg. Ich halte es hier nicht mehr aus, sonst werde ich verrückt. Ich möchte nicht so enden wie die Anderen. So bald wie möglich segele ich zurück ins Mittelmeer, nach Südfrankreich und arbeite wieder zu Hause.«
Sein Boot sahen wir nicht mehr wieder, er hat sein Vorhaben offenbar umgesetzt und rechtzeitig ›die Notbremse gezogen‹.
Der vorhergesagte Wind pfeift, Wellen laufen in den Hafen, unser Boot liegt wieder wie eine Spinne zwischen Leinen nach allen Seiten. Die Zeit nutzend, machen wir eine ausgedehnte und ausgesprochen schöne Inselwanderung, die uns auch zum zweithöchsten Berg Pico de Castello (480 m hoch) führt. Von dort hat man einen wunderbaren Blick über die gesamte Insel und aufs Meer. Selbst aus dieser Höhe sind die brechenden Wellen des Atlantiks gut zu sehen. In der Ferne arbeitet sich ein Frachtschiff schwer durch die grobe See.
In der Marina freunden wir uns mit Jenny und Colin an.

Brandungswelle im Nordwesten

Windrad von Manrique

Dagmar und Beate; der Propeller ist wieder klar

Trockenfisch in Orzola

Faszinirerendes Spiel von Licht und Schatten vor Fuerteventura

Delfine begleiten uns nach Las Palmas, Gran Canaria

Steilküste im Nordwesten von Gran Canaria

Der Teide bei Sonnenuntergang, fotografiert vom Alto de Garajonay, 1487 Meter hoch, dem höchsten Berg Gomeras.

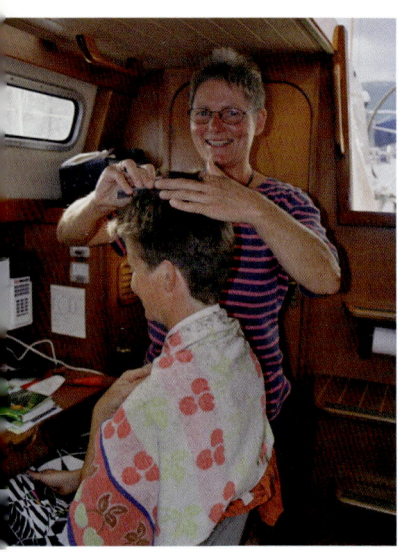

Strand südlich von San Sebastian, Gomera

Gewagter Kurzhaarschnitt à la Bente

Leuchtturm Faro de Punta del Hidalo im Norden Teneriffas

Karneval 2003 in Santa Cruz de Teneriffe. Der erste Umzug fand am Freitag vor Rosenmontag in der Nacht statt, der zweite am Veilchendienstag im Sonnenschein bei angenehmen 25 Grad

Sonnenuntergang auf See

Levadawanderung auf Madeira

Quinta do Lorde, traumhafte Marina im Osten Madeiras als Teil einer Hotelanlage

Schleuse am Crinan Canal

Neptuns Staircase, die Schleuse zum Caledonian Canal

Dagmar und Uwe mit einer Flasche ›Lebenswasser‹

Loch Ness

Die 1879 erbaute Eisenbahnbrücke über den Firth of Forth

Ein Leuchtturm vor Fort William

Glückliche Heimkehr nach 377 Tagen und 5500 Seemeilen

Die beiden wohnen in Durban, Südafrika, wo Colin ein großes Bauunternehmen hatte. Das Ende der Apartheid fiel mit seinem Ruhestand zusammen, so verkaufte er den Betrieb an die dunkelhäutigen Mitarbeiter. Wir sprechen viel von Südafrika, der enorm hohen Kriminalität, die dort äußerst brutal zu sein scheint. Nach gut 65 Jahren in Südafrika können und wollen sie das Land nicht verlassen. Da sie gut situiert sind, reisen sie viel oder leben auf dem Boot. Auf Nachfragen sagen sie: »Weißt du, Südafrika ist für uns so was wie eine Jugendliebe, wir hängen sehr an diesem Land. Früher konnten wir uns nicht vorstellen, dass es etwas Schöneres geben kann.«

Die neuesten Wetterberichte sehen hervorragend aus. Die Gelegenheit bekommen wir nicht so schnell wieder. Ablegen am Mittwoch Mittag, 13.15 Uhr, Kurs Nordost nach Lissabon. 500 Meilen Hochsee liegen vor uns.

Porto Santo - Portugal
April 2003

Muntere Crew - flottes Boot - rollendes Boot - No Scotch, No Bourbon, No beer - Verwirrung vor Lissabon

1.Seetag

Wir treffen die Bedingungen an wie vorhergesagt: kein Wind, Dünung aus Nordwest, Wellenhöhe drei Meter. Unter Motor läuft ATHENE konstant sechs Knoten. Sehr langsam verschwindet Porto Santo im Dunst achteraus. Wir leben uns in den neuen Rhythmus der See ein, in die Schiffsbewegungen, in den Tagesablauf auf See.

Beate hat zu unserem ultimativen Mittel gegen Seekrankheit gegriffen, ein Pflaster, das man hinter das Ohr klebt. Der darin enthaltene Wirkstoff wird über drei Tage durch die Haut aufgenommen. Sie fühlt sich topfit und ist entsprechend munter.

Über Navtex wird vor einem toten Wal in der Nähe der Kanaren gewarnt. Am Nachmittag taucht ein großer Wal mit markanter spitzer Rückenflosse nahe des Bootes auf. Die Kamera liegt bereit, die Chance einmal eine Schwanzflosse zu fotografieren. Vergebens, er verschwindet in den Tiefen.

Es ist 04.45 Uhr, Wind aus SW 4 lässt segeln zu. Mit ausgebaumter Genua laufen wir fünf Knoten. Im Keller gibt der olle Diesel jetzt Ruhe.

Die jetzige Segelführung hat einen Nachteil, sie unterstützt das Rollen in der See oder hat dem nichts entgegenzusetzen. Wir können sagen, unsere ATHENE ist richtig rollig. Was bedeutet rollen? Ein an Land lebender Mensch muss sich das so vorstellen: Im Haus werden lose Gegenstände sorgfältig in Schränken verstaut oder verzurrt. Nun wird von großer Hand die ganze Hütte um 20 Grad zur Seite geneigt, einige Sekunden später mit Schwung zur anderen. Dieser Vorgang wird wiederholt, ungefähr 40 Stunden lang. In regelmäßigen Abständen folgt eine Gruppe von Wellen, die die Neigung auf mehr als 30 Grad erhöhen. Na, ist noch alles in den Schränken? Schade! Wann ist der nächste Termin für Sperrmüll? Im Boot bewegen sich die Teile in den ›Schränken‹ ganz prächtig. Gelegentlich räumen wir um, umwickeln die Gläser beispielsweise mit Handtüchern. Aber auch das hilft nur über einen kurzen Zeitraum, dann findet sich ein neuer ›bing, klack, schrrkt, rums‹ Rhythmus ein.

Die Stimmung ist dennoch gut, speziell bei Beate, die keinerlei Seekrankheitsprobleme hat, noch nicht einmal Anzeichen. Das hilft auch mir; der Druck, das Boot quasi allein zu segeln, ist weg. Nach 24 Stunden die erste Bilanz, 143 sm.

2. Seetag

Zu den Faktoren, die die Wellenhöhe beeinflussen, zählt unter anderem die Wassertiefe. Stellen, an denen das Meer flacher ist, haben hohe steile Wellen zur Folge, die auch brechen können. Die Brandung am Ufer ist dafür ein Beispiel. Gegen Mittag passieren wir eine flache Stelle, im Vergleich zu den 5000 m Wassertiefe, auf denen wir uns in diesem Seegebiet befinden, steigt der Meeresgrund steil bis auf 20 m an. ›Unicorn Seamount‹ heißt das Unterwassergebirge. Auf See wird es jetzt richtig spaßig. Über die nordwestliche Dünung legt sich eine südwestliche Windsee. Der Segler spricht von Kreuzwellen. Einfach zu merken - die Wellen legen ihn aufs Kreuz. Je nachdem, wie die Wellen ineinander laufen, entstehen für kurze Momente Wasserpyramiden, manchmal auch Fontänen.

Wir machen nun eine neue Bewegung mit: Stampfen. Eine Welle läuft von achtern heran und hebt das Heck. Das Boot beschleunigt, es geht bergab. Die Welle eilt weiter, hebt das gesamte Boot an, läuft darunter hindurch und der Bug steigt in die Höhe. Bergauf werden wir wieder langsamer. Dann senkt sich der Bug und das Spiel beginnt von neuem. Kurshalten ist schwierig, der Autopilot arbeitet ausgezeichnet; unsere Zufriedenheit mit ›Robert‹ ist im Moment besonders hoch.

3. Seetag

Die ganze Nacht ist ATHENE im Schnitt sechs Knoten gelaufen. Das ist erstaunlich viel unter diesen Bedingungen – nur ein Vorsegel gesetzt und heftige Schiffsbewegungen. Offensichtlich hat das Rollen wenig Einfluss auf die Geschwindigkeit. Aus Windstärke sechs ist inzwischen vier bis fünf geworden, die heutige Bilanz 140 sm.

Dichte Wolken zogen schon am Morgen auf, nun beginnt es zu regnen. Zuerst wenig, dann ziemlich heftig, der Wind lässt nach. Am frühen Abend ist es urplötzlich windstill, die See deutlich ruhiger. Im Keller läuft wieder unser eisernes Segel und lädt zudem die Batterien. Der Autopilot hat viel Energie benötigt, die Batteriekapazität ist mit 330 Amperestunden unter diesen Umständen zu klein bemessen.

Die Stimmung ist nach wie vor gut, nur die mitunter heftigen Bootsbewegungen ›nerven‹. Lesen ist leider nicht möglich; ich habe es einmal probiert, mir wurde fast schlecht, obwohl das Buch gut ist. Es dauerte annähernd drei Stunden, bis ich mich wieder wohl fühlte. Ja, das Leben auf See fordert seinen Tribut.

Wir hören Dänen-Jazz der Sugarbeet Stompers. Ein Lied heißt »One Scotch, one Bourbon, one beer«. Unser Getränk ist nur noch Wasser, leicht bekömmlich, gelegentlich nehmen wir eine rote Dose amerikanischen Lebensstils zu uns. Dem Song geben wir einen neuen Text: »No Scotch, no Bourbon, no beer. Me and my baby we're on the sea, our drinks are absolutely alcohol free, no Scotch, no Bourbon, no beer.«

Kurz vor Beginn der Nachtwache um 22.00 Uhr wird das Vorsegel ausgerollt, ein leichter Westwind unterstützt den Motor, die Bewegungen im Boot sind angenehmer.

4. Seetag

Der Tag beginnt mit Sonnenschein und Wärme. In der Nacht kamen wir gut voran, die Entfernung bis Lissabon beträgt noch 80 Meilen. Gelingt es, bis 22.00 Uhr in der Mündung des Tejo zu stehen, wäre es möglich, mit auflaufendem Wasser direkt bis Lissabon durchzufahren. Die Strömung des Flusses ist mit durchschnittlich zwei bis drei Knoten ziemlich heftig, gegen den Strom zu segeln ist sinnlos.

Ich freue mich für Beate, wie gut es ihr geht. Die vergangenen drei Tage waren nicht einfach, aber sie hat immer das Essen zubereitet und war gleichzeitig ihr bester Gast! Zum Glück überqueren wir nicht den Atlantik, sonst müsste ich sie nach 20 Tagen liebevoll mein Pummelchen nennen.

Um 18.30 Uhr kreuzen wir die in Nord-Südrichtung verlaufende Schifffahrtslinie vor der portugiesischen Küste. Im Vergleich zur Geschwindigkeit der Großschiffe sind wir Fußgänger, die die Autobahn queren und daher entsprechend angespannt. Leider läuft auch noch der Strom gegen uns, die Fahrt über Grund liegt bei 5 kn, die durchs Wasser bei 6,5.

Die erste Schiffslinie von Nord nach Süd queren wir ohne Probleme. Die nächste in umgekehrter Richtung wird schwieriger; es herrscht reger Verkehr.

In einem spektakulären Abendrot passieren wir schließlich die zweite Linie und befinden uns nun in der Mündung des Tejo. Der Fahrt bis nach Lissabon steht nichts mehr im Wege.

Mehrere Delfinschulen nehmen im Augenblick ihr Abendmahl ein. Gemeinsam umkreisen sie ihre Beute, treiben sie in ihre Mitte, um sich dann auf die Fische zu stürzen. Auch ein Muttertier mit Nachwuchs ist darunter. Seglerromantik: der rote Abendhimmel, die ruhige See, die Delfine und in der Ferne die Lichter Lissabons.

Hektik! Wo zum Teufel sind wir? Die Ansteuerungstonne ist nicht da, wo sie sein sollte. Mehr noch, die Lichter der Tonnen sind vor der Stadt kaum auszumachen. Ist es ein rotes Bremslicht, eine rote Verkehrsampel, eine rote Laterne am Haus einer Freudenstube oder die gesuchte Tonne? Das Radarbild ist voll mit irgendwelchen hellen Flecken, die ich nicht zuordnen kann. Der Position in der Karte zufolge sind wir auf Kurs, aber wo stehen die Tonnen? Wir spüren deutlich unsere Übermüdung und sind gereizt. Nur keinen Fehler machen, sonst gibt es ein Debakel! Neben uns wendet, zunächst völlig unbemerkt, ganz langsam eine große Fähre. Sie führt die vorgeschriebenen Navigationslichter. Den dicken Klecks auf dem Radarschirm habe ich gesehen und verzweifelt versucht, ihn einer Landmarke zuzuordnen. Nein, so geht es nicht weiter.

Wir starten das Notebook mit Navigationsprogramm und elektronischen Seekarten. Einen Augenblick später zeigt es die genaue Position auf dem Fluss. Keine Gefahr, die Eintragungen in der Seekarte stimmen. Beate steuert, langsam erkenne ich nun die gesuchten Tonnen und werde wieder ruhiger; die gefürchteten Untiefen sind weit weg. Bald setzt Mitstrom ein und flugs rauschen wir mit 8-9 kn den Fluss hinauf. Um Mitternacht passieren wir die große, beleuchtete Brücke des 25. Abril, ein Erlebnis besonderer Art. In der Marina endet die Fahrt nach 503 Seemeilen in 82 Stunden in einem guten Liegeplatz. Den Tag beschließen wir mit: »No Scotch, no Bourbon, one beer!«

Wieder ist ein Abschnitt beendet, die Reise zu den atlantischen Inseln Kanaren und Madeira. Im September 2002 besuchten wir Lissabon, das Logbuch wies zu diesem Zeitpunkt 1400 Meilen auf, inzwischen sind daraus 3500 geworden. Viel Atlantik liegt in unserem Kielwasser, es ist knapp die Distanz einer Ozeanüberquerung, von den Kanaren in die Karibik. Ein Wunsch des Skippers, dessen Seele nun ihre Ruhe hat.

Von den drei größeren Strecken, die wir segelten, gefällt uns die von Portugal nach Lanzarote immer noch am besten. Der Wind, die Wellen und die Strömung hatten eine Richtung: nach Süd. Allein der Gedanke, von Nordeuropa Richtung

Süd zu segeln, ist schön, mehr noch, er ist Freude, Aufleben. Anstrengend war der letzte Törn, sozusagen quer zu den Wellen. Das wir unsere Position nicht genau kennen, ist noch nie passiert. Nach einer längeren anstrengenden Reise bei Nacht in einen Hafen einzulaufen, ist keine gute Idee. Oft gelesen, nun selbst erlebt.

Portugal

April - Mai 2003

Skippers Philosophie - Dieselfontäne oder wie versenkt man ein Boot - der portugiesische Norder - männliche Urinstinkte - zurück in Galicien

Über uns setzt ein gewaltiges Flugzeug zur Landung an, vor uns rauschen Autos über die Brücke Ponte 25. de Abril. Es ist ein Geräusch, als wäre ein mächtiger Insektenschwarm im Anflug. Reizüberflutung. Nach Tagen auf See benötigen wir Stunden, gelegentlich einen Tag, um uns an die optische und akustische Vielfalt an Land zu gewöhnen.

Möglicherweise war die Strecke von Madeira die letzte längere Seereise, eine Gelegenheit, Zwischenbilanz zu ziehen.

Unser Sabbatjahr ermöglichte uns zum ersten Mal Hochseesegeln, entsprechend war die Neugierde und die Freude auf Segeln ›mit großen Löffeln‹. Unzählige Reiseberichte haben wir zuvor gelesen. Sie sprachen häufig von einem Leben auf See, das klare physikalische und keine von Menschen bestimmten Gesetze hat, eine Welt, frei von gesellschaftlichen Fehlern. Dort ist niemand, der bestimmt oder kritisiert, man gibt selbst den Kurs vor, die totale Freiheit. Wilfried Erdmann schrieb von seiner ozeanischen Wiedergeburt, Seele und Geist stehen wieder in einem stimmigen Verhältnis zueinander. Ein anderer, Bernard Montessier, verschenkte einen sicher gewonnenen Regattasieg, um seine Seele zu retten. In seinem Buch, ›Der verschenkte Sieg‹, legt er seine Gründe dar. Die Folge war ein bis dahin nicht gekannter Boom im Segelsport, ganz besonders in Frankreich.

Und unsere Erfahrung?

Die Mehrheit der heutigen Segler, zu der wir uns auch zählen, hat nicht mehr ›Aussteiger – oder Paradiesinteressen‹ als Lebenseinstellung, sondern eine geplante Auszeit für einen Zeitraum oder Lebensabschnitt. Ziel ist die andere Art des

Reisens, die Langsamkeit in einer schnelllebigen Welt, sich selbst zu erfahren. Man muss sich den Weg erarbeiten. Der Lohn der Mühe ist eine Erlebnisdichte, die man in keinem Pauschalurlaub findet.

Bestimmt wird man später von uns sagen: Sie hatten viel Ehrgeiz, um mit einem Boot auf die offene See zu kommen. Dann segelten sie sportlich, um nicht zu sagen ehrgeizig, um ganz schnell als Erster im nächsten Hafen zu sein. Und wenn es nicht möglich war, half der Motor. Auf dem Wasser eine ruhige, nur vom Wind bestimmte Zeit zu verbringen ist ein Anliegen, aber nicht das primäre. Es ist mehr die Kombination aus Sicherheit, Komfort und Geschwindigkeit, mit der man eine Strecke bewältigt.

Geblieben ist die Faszination, damals wie heute: den Wind im Gesicht, segeln unter Vollzeug, das Rauschen der Bugwelle, das Knistern des schäumenden Wassers, das Kielwasser, das schließlich im Ozean verschwindet, als sei es nie gewesen. Nicht zuletzt die Begegnung mit Meerestieren, allen voran mit Delfinen und Walen, die uns unvergesslich bleiben wird. Nach zwei bis drei Tagen auf See stellen sich die Sinne um; man hört kleine Unterschiede in der Windstärke, spürt, ob das Boot langsamer oder schneller ist. Der Himmel hat deutlich mehr Farben als blau oder grau. Die Skala der Bewegungsarten des Bootes erhöht sich um Zwischenabstufungen. Man ist feinfühliger für Unterschiede in Luftfeuchtigkeit und Temperatur, ist sensibler für Naturbeobachtungen. Der Körper findet Einklang mit Boot und See, ein Zustand, in dem auch Seekrankheit normalerweise ihr Ende findet. Im Grunde muss man sich der See für Tage ›hingeben‹, die Natur genießen und alle Eindrücke auf sich einwirken lassen. Wir taten es hin und wieder gezwungenermaßen so, hätten aus Langeweile lieber gelesen, aber es ging nicht. Langeweile deshalb, weil man anfangs glaubt, immer irgendetwas tun zu müssen.

Wieder im Hafen sind wir stolz auf die vollbrachte Leistung, Ankommen ist schließlich das Ziel einer jeden Reise, mehr noch, es ist der schönste Teil.

An Land ist in erster Linie das Geräuschniveau sehr gewöhnungsbedürftig, besonders in größeren Städten, wie hier in Lissabon, gefolgt von der Schnelligkeit der Verkehrsmittel.

In einem Konsumtempel fühlen wir uns im ersten Moment verloren. Alles ist bunt, sieht wichtig aus, will auffallen. Wo soll man zuerst hinsehen? Und man lässt sich ablenken, schließlich hat man soeben auf See gelernt, auf kleinste Unterschiede zu achten. Die an Land notwendige Abstumpfung ist vorübergehend herabgesetzt.

In der Phase der Eingewöhnung genießen wir andererseits das Landleben in seiner Vielfalt von Formen und Farben. Richtig erhebend ist ein Wald- oder Parkspaziergang, auch Tage später. Der Duft, das Gezwitscher der Vögel - unsere Sinne sind offener dafür.

Schließlich sind es die Menschen, die uns immer wieder begegnen. Sprechen wir später von bestimmten Orten oder Ländern, so folgt oft die Frage: Haben wir da nicht ›die und die‹ kennen gelernt? Wir verbinden Orte leichter mit Personen als mit dem Namen einer Kathedrale.

Wir sind uns sicher: Menschen, die gerne an Land leben, sich mit den Gegebenheiten arrangieren, werden nicht für immer ihre Seele auf dem Meer verlieren, obgleich eine magische Anziehungskraft unbestritten ist.

Spötter werden jetzt sagen: Da kannst du mal sehen, was Jürgen an seinem heutigen Geburtstag durch den Kopf geht. Nun, da die zweite Hälfte des Lebens einfach nicht anfangen will, genehmigt er sich mit der Gattin einen Sekt zum Frühstück, dann noch einen, als unsere Freundin Monika zu Besuch ist. Zu dritt verbringen wir den Tag in Lissabon, gehen in der Altstadt essen und lassen es uns prächtig gehen. Der Freude an kulinarischen Dingen nicht genug, schließen sich zwei Freundinnen von Monika an und Skip geht mit vier reizenden Damen noch mal essen. Auf Monikas Wunsch ist sie Gastgeberin! In dieser Klönrunde legen uns die Portugiesinnen nahe, nach Sintra zu fahren; es ist ein Muss für jeden Besucher Portugals.

Sintra

Sintra hält, was man uns versprochen hat: eine schöne Stadt mit vielen historischen Gebäuden, viel Wald, auch tropischer Prägung, und wunderschönen Park- und Grünanlagen.
Den Weg zur hoch über der Stadt gelegenen Burgruine bewältigen wir zu Fuß, dass zieht sich ganz mächtig. Neben der Burg kann man auch einen Palast besichtigen, der heute leider seine Tore geschlossen hat. Bergab wieder per pedes, schließlich mit dem Zug zurück nach Lissabon, der diesmal viele dunkelhäutige Fahrgäste aufnimmt.

Cascais - Peniche

Freitags, so sagt der Aberglaube, verlässt kein Schiff den Hafen. Heute, am Freitagmorgen, wird nicht daran gedacht, die Magie eines Zeitplans umnebelt unser Hirn.
Um acht Uhr möchten wir im Büro des Hafenmeisters den Liegeplatz bezahlen. Der gute Mann ist noch zu verschlafen und ruft einen Kollegen an, der ihm das Passwort für den Computer nennt. Dann rechnet er und findet heraus, von Sonntag bis Freitag sind sieben Nächte. Protest, fünf. Zahlung per Kreditkarte ist trotz zwei ›Abrechnungsmaschinen‹ seltsamerweise nicht möglich, cash ist fesch, nur Wechselgeld hat er nicht. Ich eile zum Boot zurück, um Kleingeld zu holen und übe mich in der Kunst des stillen Fluchens. Nach 35 Minuten ist der Platz bezahlt, der Hafenmeister entschuldigt sich.
Den Tejo fliegen wir hinunter, der Ebbstrom lässt uns wundervolle zehn Knoten über Grund laufen, zwei Stunden später liegt ATHENE am Pier der Marina-Tankstelle in Cascais. Tankdeckel auf. Die Zapfpistole ist geringfügig zu groß für den Stutzen, so halte ich sie fest. Der Diesel fließt, nach einer Weile höre ich ein eigenartiges Zischen und stoppe sofort den Tankvorgang. Ehe ich mich versehe, spritzt ein Teil des Kraftstoffs zurück. Vor Schreck ziehe ich die Pistole

weg, wodurch die Öffnung ganz frei kommt. Im Tank hat sich Überdruck gebildet, der Diesel, der noch in der Zuleitung steht, schießt fast einen Meter hoch. In einer Rechtsdrehung bewege ich mich weg, zu langsam, die linke Gesichtshälfte, die Schulter und ein Teil meiner Hose werden völlig durchnässt. Schnellstens lege ich die Zapfpistole auf den Steg und stürze ins Boot, um mein Gesicht zu waschen. Glück im Unglück, meine Brille war ein guter Augenschutz.

Das Deck an Steuerbord ist nass, schätzungsweise drei bis vier Liter Diesel sind ausgetreten. So gut es geht, säubere ich den Steg, das Boot und auch mich selbst.

Da der gemeldete Nordwind jetzt schon mit Windstärke vier bläst und wir ein Tankproblem haben, ist die Entscheidung leicht: Hafentag in Cascais. Anmelden, Platz M 31. Langsam tuckern wir hin, der Platz ist besetzt. Nach zehn Monaten Reisen ist es das zweite Mal, dass ein zugewiesener Platz besetzt ist. Warum ausgerechnet heute? Das Boot stinkt wie ein Dieseltanker. Wieder zurück zum Büro, neuer Liegeplatz, diesmal klappt es.

In Anlehnung an Reinhard Mey, ›Über den Wolken‹: ›Wind Nordost, Platz M 3, auf dem Deck schwimmt Diesel, schillernd wie ein Regenbogen, warum mache ich das mit und bin nicht nach Haus geflogen? Ohne Boot muss die Freizeit wohl grenzenlos sein, so sagt man, ohne Kummer, ohne Sorgen...‹

Das Deck wasche ich zweimal, Beate nimmt sich meiner Kleidung an, versucht zu retten, was noch zu retten ist. Nach einer kleinen Entspannungspause sehe ich mir in einer Luke die Schläuche der Tankbelüftung an. Einmal kräftig gezogen, kommt ein geknickter Schlauch zum Vorschein, an einer Stelle, die nicht einsehbar war. Was für ein Glück, dass die Verengung im Schlauch noch genügend Luft für einen störungsfreien Motorlauf – auf dem Atlantik – durchließ. Es ist das Quäntchen Glück, das man manchmal hat. Am Nachmittag geht es nochmal zur Tankstelle; die Tankanlage ist wieder in Ordnung.

Peniche

Pünktlich um 06.30 Uhr steht der ›Docking Master‹ am Boot, erstattet uns das Pfandgeld für die Zugangskarte zum Steg und nimmt einen Stromadapter zurück. Im Marinabüro hatte ich dies am Tag zuvor vereinbart, jedoch stille Zweifel gehabt, ob der Mann kommt. Wir legen ab, Kurs Peniche. Zunächst ist es ruhig, bis der Bug ums erste Kap schaut, wo eine üble Welle steht. Normalerweise fahren wir unter Maschine nur mit moderater Leistung, jetzt muss der Hebel fast ›auf den Tisch gelegt werden‹ - Vollgas -, damit ein Vorankommen möglich ist. Wellen brechen am Bug, es spritzt, Duschwasser kommt reichlich über. Im Cockpit ist es dank Schutzdach noch erträglich.

Beate fühlt sich sichtlich nicht wohl, denkt aber nicht an ihren ruhigen Bürostuhl. Es geht ruckartig rauf und runter, oft wird das Boot in einer Welle stark abgebremst, was auch unsere Körper spüren. Am Ruder stehend ist das Wohlbefinden zweitrangig, steuern erfordert Konzentration. Wohl fühle ich mich auch nicht. Gegen Mittag ist der schwierigste Teil bewältigt, jetzt nervt nur noch das starke Abbremsen in den Wellen. Die erste Welle rollt schräg von vorne an, der Bug schlägt voll hinein, es spritzt. Kaum steigt der Bug auf, folgt bereits die nächste Welle, in die er wieder hineinschlägt. Nach drei bis vier ›Begegnungen‹ dieser Art halbiert sich die Geschwindigkeit. Selten sind wir so nass gesegelt (in der Seglersprache heißt das, das Boot ist komplett nass, die Crew nicht unbedingt).

»Hast du das gehört?«, fragt mich Beate, die plötzlich aus ihrem Nickerchen im Cockpit aufgewacht ist, »mit dem Motor stimmt etwas nicht.«

Wir brauchen nicht viele Worte zu verlieren, der Motor meldet sich mit dumpfem Brummen. Wenn auch langsam, läuft er bis nach Peniche ohne Probleme weiter. Der Dieselfilter ist wieder mit feinstem Schlamm zugesetzt und wird ausgetauscht, fertig. Die Wetterbedingungen sind so gut, für weitere Ursachenforschung ist keine Zeit, Prinzip Hoffnung. Stimmungspegel: Wie versenkt man ein Boot?

Glücklicherweise treffe ich auf dem Steg den englischen Nachbar Ian, dem ich von unserem Problem erzähle. Eine halbe Stunde später sitzen wir im Maschinenraum seines Bootes und er zeigt mir diese Filtervariante: zwei Dieselfilter parallel geschaltet. Ist der eine verdreckt, so kann er sofort auf den anderen umschalten. Vielleicht können wir das auch realisieren.

Ian hat sein Boot in sechs Jahren selbst ausgebaut und ist immer noch nicht fertig. Die Werft in England hat ihn mit dem Einbau eines defekten Motors betrogen, es kam zu einer Gerichtsverhandlung. Da erfuhr er, dass das Boot, das die Werft ihm verkaufte, nicht deren Eigentum war, sondern einem Mitarbeiter gehörte. Das Ende vom Lied: Er zahlte hohe Anwaltskosten und konnte seine Ansprüche nicht durchsetzen. Er sagt: »Denke ich an England, dann im Zorn, daher bin ich hier.«

Figueira da Foz

Am Sonntagmorgen legen wir mit Kurs Figueira da Foz ab, 60 sm die Küste hoch. Die Windrichtung mit West ist günstig, die See ruhig. Im Gegensatz zu gestern ist das Segeln, beziehungsweise das Segeln mit Motorhilfe, sehr einfach, bequem und recht flott. Zum reinen Segeln ist der Wind leider zu schwach, aber wir möchten nicht klagen; man kann nicht alles haben.

Gegen Nachmittag zieht gut sichtbar die angekündigte Kaltfront von Westen heran, der Wind dreht auf West, endlich Segelwind. Im Boot ist es angenehm ruhig, beinahe lautlos. Sanft gleiten wir in der ruhigen See dahin, da stört auch nicht der einsetzende Regen. Der vierzigste Breitengrad wird von Süd nach Nord überquert, 9 Stunden und 45 Minuten später sind wir in der Marina.

Portugiesische Behörden wollen in Bezug auf Formalien (Bootspapiere, Personalausweise) für die Einwanderungsbehörde, den Zoll und die Marinepolizei sehr ernst genommen werden. Kaum liegt das Boot im Hafen, erscheint ein Uniformierter und verlangt die Ausweise oder ordnet an, in zehn Minuten in seinem Büro zu sein (ausgenommen die großen Marinas, diese erledigen die Formalitäten mit). ›Papiere morgen‹ ist hier unbekannt, außerdem tragen sie immer eine Schusswaffe!

Heute erleben wir eine neue Variante. Der diensthabende Polizist, so erzählt mir später der Hafenmeister, hatte keine Lust, im Regen zum Boot zu kommen. Er rief den Hafenmeister an, klärte ihn über seine Pflichten auf, die offensichtlich auch beinhalten, uns über die Einklarierungsvorschriften aufzuklären. Er steht im strömenden Regen am Boot und sagt: »Ihr müsst zum Einklarieren, ich bringe euch hin.« Im Büro folgt eine lustige Diskussion zwischen Hafenmeister und Diensthabendem über das Ausfüllen des Formulars. Mein Eindruck: der Hafenmeister kennt sich besser aus als der, der dafür entlohnt wird.

Am Montag gehen wir zeitig in einen Computerladen mit Internetzugang und sehen die Vorhersagen für die Woche durch. Was sich gestern andeutete, ist heute bestätigt: Für die nächsten Tage ist Sturm gemeldet, Windstärke 7-8, in Böen 9-10! Die durchschnittliche Wellenhöhe soll fünf Meter betragen. Für die Azoren sind Windgeschwindigkeiten bis zu 45 kn (rund 90km/h) gemeldet. Wie gut, im Hafen zu sein! Am kommenden Wochenende könnte es besser werden, aber das ist noch offen. Eine Vorhersage über 144 Stunden ist mit Vorsicht zu betrachten. Wir nutzen den Discount der Marina und zahlen für eine Woche im Voraus.

Kaum ist das Mittagessen beendet, klopft ein hagerer Mann, Mitte 60, ans Boot. Er fragt, ob wir aus Griechenland seien, der Bootsname ATHENE brachte ihn auf die Idee. Wir wechseln ein paar Worte, dann stellt er sich vor, er heiße Roy und sei Amerikaner. Der Zusatz war nötig. Bisher habe ich mir eingebildet, wenn einer im Umkreis von 50 m amerikanisches Englisch spricht, höre ich es sofort. Roy erzählt, er arbeitete lange Zeit in Deutschland, später in der Schweiz und in den Benelux Staaten. Seinen starken amerikanischen Akzent hat er reduziert, weil er ihn nicht mag und wahrscheinlich kaum jemand in Europa ihn verstehen würde. Ich bitte ihn an Bord; eine kleine Plauderstunde mit einem Muttersprachler steht immer hoch im Kurs.

Beate hat inzwischen den puren Luxus einer Waschmaschine genutzt (im nächsten Boot haben wir auch eine), bald darauf flattert die Wäsche annähernd waagerecht, der Wind legt mehr und mehr zu.

Deutschland schwitzt, hier erwarten wir bald den ersten Eisberg. Gut, ich gebe es zu, die Darstellung ist übertrieben, mehr als 18 Grad sind es aber nicht. Wir nutzen den Tag für unsere ›Lieblingsbeschäftigung‹, Dreck vom Boden des Dieseltanks absaugen. Neuestes Fundstück aus dem Tank, ein kleines Stück Plexiglas.

Samstagnachmittag. Die Marina füllt sich langsam, erste Boote mit Südkurs, die Mehrheit strebt nach Norden. Eine norwegische Yacht hat den Weg von Cascais nach Figueira aufgekreuzt. Die drei Herren benötigten für 100 Meilen 36 Stunden und sind fix und fertig.

Auf dem Weg in die Stadt treffen wir Segler, deren Boot direkt am Steg zum Ausgang liegt. Wir wechseln einige Worte, schließlich erzählt Bob von ihrem Pech mit dem Motor. Die Maschine hatte nicht mehr genug Öl, folglich war sie innerhalb weniger Minuten zerstört. Das geschah vor der hiesigen Hafeneinfahrt, im September 2002. Sie ließen einen neuen Motor einbauen, der anscheinend auch nicht in Ordnung war. Die Maschine wurde wieder ausgebaut und steht nun irgendwo in Lissabon. Neun Monate später ist das Boot immer noch nicht repariert. Portugal ist kein guter Platz für defekte Boote. Diesen Eindruck haben auch wir, neben den einschlägigen Erfahrungen anderer Segler. Aber so ein langer Zeitraum, um eine Maschine zu reparieren, ist sehr ungewöhnlich.

Carsten und Margit von den Färöer-Inseln – sie fahren im Urlaub immer nach Süden, Richtung Schottland, wo es schön warm ist – sind ebenfalls auf dem Heimweg. Leider brach sich Margit auf einem Steg in Cascais den linken Arm und kann kaum mehr etwas machen. Auf See ist sie mit einem Arm völlig hilflos. Die beiden kennen Bob, er bot ihnen an, mit Carsten das Boot zur spanischen Grenze zu segeln, während die Frauen per Zug nachreisen.

In der Nacht zu Samstag sind die Herren abgefahren, heute, am Montag treffen wir Bob und seine Frau auf dem Steg: sie kehrten soeben von Leixoes zurück. Er erzählt, es war furchtbar. Für die 63 Meilen benötigten sie 17 Stunden, ständig schlug das Boot in eine Welle, viel Wasser kam über.

Coimbra

»Neue Münzen erhalten Sie nur bei der Zentralbank in Coimbra«, klärt mich der Kassierer einer Bank auf. Euromünzen für sammelnde Freunde. Coimbra? Gute Idee. Von Figueira da Foz besteht eine direkte Zugverbindung. Zwei Stunden später sind wir dort.

Unser Reiseführer klärt auf:
Coimbra, im 12. und 13. Jahrhundert Portugals Hauptstadt, gehört zu den schönsten Reisezielen der Beiras. Die Stadt hatte ihre Blütezeit in der Regierungszeit von König Dom Dinis, dem Bauernkönig, und hat sich ihr besonderes Flair bis heute bewahrt. Auch der romantisch leichte Lebensstil der Studenten prägt die Atmosphäre der Stadt spürbar.

Romantisch leichter Lebensstil? Die Studenten, die wir sehen, erinnern an werdende Geschäftsleute, jetzt schon mit deren Insignien ausgestattet: Mobiltelefon, gute Kleidung, neue Autos, schmucke Mappen mit Schreibutensilien. Mit Studentenrevolte, oder »Hey, gehen m'r auf ne Demo eh?«, haben die scheinbar nichts im Sinn. Jedoch: manche männlichen Studenten fallen durch ihre langen Rasta-Zöpfe auf.

Wir finden schließlich doch etwas Romantisches: die engen Straßen, die sich durch die alten Häuserreihen schlängeln. Coimbra, am Fuße eines Berges gelegen, hat zahlreiche steile Treppenaufstiege mit vielen kleinen, alten Häusern zu beiden Seiten, aus denen häufiger ein Geruch in die Gassen strömt, der reichlich Geschichte mit sich trägt.

Durch die Altstadt weht noch ein anderer Duft: der von Olivenöl und Knoblauch. Wir lassen uns gerne davon verführen, und halten in einem kleinen Lokal Siesta.

Später sehen wir uns die Universität mit ihren verschiedenen Fakultäten an. Die dortige Kapelle beherbergt ein Prachtstück von Orgel, ebenso prachtvoll sind die Eingangsportale.

Bevor es mit dem Zug zurückgeht, genießen wir einen kleinen Spaziergang durch den botanischen Garten Coimbras. Nach Monaten frischer Seeluft ist der Aufenthalt hier eine willkommene Abwechslung. Die Luft ist trocken, warm und ein Cocktail von Düften. Vögel stimmen ein Konzert in den Baumkronen an, reich an Melodien und Stimmen. Das Gekreische der Möwen dagegen ist ausgesprochen eintönig und laut.

Auf der Rückfahrt sehen wir viele Störche, die hoch oben in Strommasten ihre Nester gebaut haben. Die Masten haben spezielle Plattformen, in sicherer Entfernung zu den Kabeln, wo die Vögel nisten können.

Männliche Urinstinkte

Portugal ist stolz auf seine Vergangenheit; Schlösser, Burgen und Paläste zeugen davon. Was nirgendwo erwähnt wird: Es gibt hier auch noch lebende Beweise aus der frühesten Menschheitsgeschichte, die männliche Nase!

Versetzen wir uns in eine Zeit zurück, in der es keine

Straßen und Häuser gab, Menschen in Höhlen wohnten, Männer auf Wildschweinjagd gingen. Ein erfolgreicher Jäger zeichnete sich dadurch aus, dass er ein Wildschwein nicht nur hören konnte, er musste es riechen, bevor das Schwein ihn roch. Die Technik des Riechens war einfach: wie das Schwein, einmal kräftig Luft durch die Nase ziehen. Dieses Grunzgeräusch vermittelte einem in der Nähe weilenden Schwein darüber hinaus das Gefühl von Sicherheit: Dort ist einer von uns.

Heute leben die Menschen in Städten, das Taschentuch wurde erfunden, Knigge machte Verhaltensregeln populär. An vielen portugiesischen Männern ist diese Entwicklung offenbar vorbeigegangen, ihr Urinstinkt des ungehemmten Grunzens und Spuckens dominiert nach wie vor auf öffentlichen Straßen und Plätzen. Eine gute Gelegenheit zur Demonstration sehen einige Herren auch in Straßencafés. Ideal ist ein wenig besuchtes Café, wo einzelne Männer an Außentischen sitzen. Man führt gerade eine Tasse an den Mund und möchte genüsslich einen kleinen Schluck trinken, da grunzt es plötzlich lautstark zwei Tische weiter. Eine winzige Pause, dann fliegt der Auswurf meterweit durch die Luft. Sie mögen denken, das ist eine Ausnahme. Für diese Gegend leider nicht.

Spanien

Nach zwölf Tagen Warten können wir heute, am Freitag, weitersegeln. Bis Aveiro, das ungefähr auf halber Strecke liegt, kommen wir schnell und komfortabel voran. Dann setzt Nordwind ein, leider nicht aus Nordwest wie gemeldet. Wir segeln gegen Wellen und eine Strömung, die gut einen Knoten beträgt. Das Deck steht ständig unter Wasser, Wellen brechen sich am Boot und fluten es. Einmal wird sogar der Anker von einer Welle angehoben, so tief schiebt sich der Bug in sie hinein. Schließlich erreichen wir Leixoes gegen 21.00 Uhr. Im Vergleich zum September 2002 ist die Marina wie ausgestorben. Am ersten freien Liegeplatz legen wir an, kurzes Nachtmahl, ab in die Koje.

10.00 Uhr ablegen, Kurs Viana do Castelo. Die See ist glatt, leichter Wind weht aus Süd, kein Gegenstrom. Unter Maschine kommen wir zügig voran, so gut, dass wir beschließen, nach Bayona in Spanien weiterzufahren. Diese Gelegenheit bietet sich so schnell nicht mehr wieder. Im Laufe des Tages steigern wir uns, zuerst Motorsegeln, später Segeln. Am späten Nachmittag beginnt es leicht zu regnen, die Gastlandflagge wird gewechselt, willkommen in Spanien.

Erster großer Vorteil für uns: hier wird ein anderer Fischfang betrieben. Jetzt müssen wir nicht mehr ständig auf das Wasser vor dem Bug schauen, um irgendwelche Markierungen von Fischern zu erkennen und gegebenenfalls auszuweichen. An diesen Markierungen sind nämlich Netze oder Kästen mit Leinen angebracht. Fährt man aus Versehen in einen solchen ›Fischstock‹, kann die Leine den Antrieb blockieren. Auf einem in der See schwankenden Boot geht man dann nicht mal eben ins Wasser, um den Propeller zu klarieren. Abgesehen davon, beträgt die Wassertemperatur nur noch 15 Grad.

In der Marina legen wir gegen 20.40 Uhr an, 63 Meilen mehr stehen auf unserem Segelkonto. Endlich liegt die portugiesische Küste hinter uns. Sie ist von Süd nach Nord seglerisch kein Traum, absolut nicht!

Spanien

Mai 2003

Endlich Spanien – schnelle Reise – ein Glas auf La Coruña

»Un filtro completo«, schreit der Inhaber eines Geschäfts für technisches Zubehör ungehalten ins Telefon, ein spanischer Temperamentsausbruch. Am Sonntag führte uns ein Segeltörn von Bayona nach Santa Eugenia de Ribeira, von dem ich nicht weiß, welche Attribute ihn am besten beschreiben: schnell, fantastisch, wie fliegen, unglaublich. In Spanien ist die Segelwelt eine einfachere, hier möchten wir einen zweiten Dieselfilter kaufen. In Portugal scheiterte der Kaufversuch kläglich. Nach vielen Wenn und Aber wollte man uns den Filter für den annähernd dreifachen Preis des üblichen verkaufen, mit Liefertermin morgen, vielleicht. Der Händler ruft verschiedene Lieferanten an, sein jetziger Gesprächspartner scheint nicht gut zu hören. Schließlich beendet er das Telefonat, tritt mit dem Blick eines Erfolgreichen aus dem Büro und sagt: Um sechs Uhr heute Nachmittag ist der Filter hier. Der Mann scheint vertrauenswürdig, hasta luego.

Ribeira ist kein schmucker Ort, liegt aber an einer sehr schönen Ria, umgeben von Bergen und blauem Wasser. Gegen sechs Uhr sind wir wieder im Geschäft und tatsächlich, der Filter ist da, strahlende Gesichter auf beiden Seiten. In aller Ruhe stellt der Spanier die restlichen Teile zur Montage zusammen. Er macht das so akribisch, als würde er die Teile in sein eigenes Boot einbauen. Ich mag Leute, die, nachdem man ihnen den Sachverhalt erklärt hat, engagiert und kompetent arbeiten. Wir sprechen nur spanisch, unvollständige Sätze, Worte, aber es reicht völlig aus; technische Menschen können sich mit wenigen Worten und einer Skizze verständlich machen. Mich fasziniert das immer wieder.

Zurück an Bord begeben wir uns unverzüglich an den Einbau. Auch Beate ist heute besonders rege und sorgfältig, als würde sie morgen allein nach Schottland segeln. Nach drei Stunden sägen, bohren und verschrauben ist der neue Filter parallel zum vorhandenen montiert. Ein Probelauf der Maschine, die Anlage funktioniert zu unserer vollsten Zufriedenheit. Unsere Dieselmotor-Welt ist nun hoffentlich einfacher geworden: Ist ein Filter verschmutzt, kann bei laufendem Motor auf den anderen umgeschaltet, der verstopfte im nächsten Hafen ausgewechselt werden. Ich hoffe, das Thema niemals mehr erwähnen zu müssen!

Portosin - La Coruña

Wir verlassen Ribeira mit Kurs Portosin, eine Ria weiter nördlich. Gemütlich tuckert ATHENE die Küste hoch, im leichten Lüftchen der Ria de Muros folgen einige Kreuzschläge, dann schläft der Wind endgültig ein. Die Gelegenheit nutzend, hüpfe ich mit Taucherbrille ins Wasser, besser gesagt, arbeite mich langsam dorthin vor, das Wasser ist 15 Grad kalt. Der Propeller ist einwandfrei in Ordnung, so auch das Unterwasserschiff, vereinzelt ist leichter Bewuchs zu sehen. Im Boot beträgt die Temperatur 28 Grad, seit den Kanaren das erste Mal, dass es wohltemperiert ist.

Tags darauf geht es weiter, die Umrundung von Kap Finisterre ist Tagesziel. Vier Stunden später liegt das Kap gut sichtbar querab. Damals, im September, war es in Nebel getaucht. Auf fast gleichem Breitengrad zu Kap Finisterre liegt auf der anderen Seite des Atlantiks Boston. Gut drei Stunden später sind wir in der Ria de Camarinas, es ist drückend heiß.

Am nächsten Morgen ist es sehr diesig, ein Vorbote für die kommende Wetterverschlechterung. Im August waren in diesem Gebiet viele Fischer anzutreffen. Als Folge der Tankerkatastrophe ist heute kaum jemand hier. Bald lädt der Wind zum Segeln ein, um 17 Uhr machen wir in der neuen

Marina La Coruña fest; die Liegeplatzgebühr ist fürstlich.
Mit La Coruña schließt sich wieder ein Kreis, die iberische Atlantikküste liegt achteraus. Schon lange ist eine Flasche spanischer Sekt in der Kühlbox deponiert, auf diesen Moment freuen wir uns seit Wochen. Die Gläser klingen. Gut gemacht, Prost!

Nach der ersten Biskaya Überquerung im August vergangenen Jahres, damit verbunden waren auch unsere ersten Nachtfahrten, erreichten wir La Coruña mit dem Gefühl, die Segelwelt habe schon viel zu lange auf dieses Ereignis gewartet. Kein Gedanke an Computer und Internet, wir genossen jede Sekunde in dieser Stadt. Jetzt nutzen wir unsere Ortskenntnis zum zielstrebigen Gang ins Ciber, wie das Internet im Spanischen heißt. Erstaunlich, wie sich die Prioritäten mit zunehmender Erfahrung ändern.

Nach Durchsicht aller Karten können wir kaum glauben, was dort zu sehen ist: die Wetterlage deutet absolut nicht mehr auf eine stürmische Woche hin, ganz im Gegenteil, eine ruhige hochsommerliche Woche über ganz Nord- und Mitteleuropa ist vorhergesagt. Für die Biskaya heißt das stetige Winde um vier aus östlicher Richtung, bei sehr wenig Seegang. Die dicke Überraschung: das Wetter lässt einen Törn nach Schottland zu, La Coruña – Mull of Kintyre, 750 Seemeilen. Wir fürchteten schon, unser Wunschziel Schottland sei nicht mehr zu verwirklichen, da zu viel Zeit in Portugal verloren ging.

Am Sonntag sehen wir das Boot durch, eine Pumpe ist undicht. Im Laufe des Tages bauen wir das Ding zweimal ein und aus, einmal falsch herum, wechseln Teile aus. Zeitaufwand gut sechs Stunden. Vom Boot aus sehen wir Menschen, die im Hafenbereich in der Sonne sitzen, den Tag genießen. Manchmal schaue ich hinüber und denke: Die machen sich bestimmt lustig über uns. »Hey, sieh mal diese zwei Typen auf dem deutschen Segelboot. Ich weiß nicht, was sie machen, aber sie stellen sich ziemlich dumm an.«

Zum Abschluss unseres Spanienaufenthaltes gönnen wir uns ein leckeres Essen in einem Restaurant der Altstadt.

Spanien – Irland

Mai 2003

Super Start - Action mit Großsegel - Jazz- oder Bastelkeller - Irische See - im Mast

1. Seetag

Schiff und Mannschaft sind klar zum Auslaufen, Motor an, Leinen los, der Hafenmeister winkt zum Abschied. Kurz nach Verlassen des Hafens bläst uns ein kräftiger Nordwind ins Gesicht, der erste Kurs lautet Nordwest. Nach Passieren eines Kaps bei El Ferrol dreht der Wind auf Nordost, am frühen Abend dann auf Ost, nun liegt der richtige Kurs an: Nord. Die Sonne scheint. Im Schutz des Cockpits ist es wohltuend warm; so macht Segeln Spaß. Sonnenschein von makellos blauem Himmel begleitet uns den ganzen Tag. Am späten Abend versinkt die Sonne stimmungsvoll am Horizont. Der Himmel leuchtet rot, mit grauen Farbtupfern.

Die ersten 24 Stunden verlaufen routinemäßig: sich an die Bootsbewegungen gewöhnen, die übliche Anspannung abbauen. Das Etmal beträgt 152 sm; mit diesem Eintrag stehen jetzt mehr als 4000 Meilen im Logbuch. Seit Kurs Nord anliegt, war keine Änderung in der Segelführung nötig, der Autopilot steuert stetig seine Bahn durch die Biskaya. Der Traum eines jeden Seglers.

2.Seetag

Der zweite Tag beginnt weniger schön. Der Wind hat nachgelassen. Wir möchten das Reff im Großsegel ausschütteln und siehe da, das Segel lässt sich nicht mehr bewegen, weder rauf noch runter. Wir versuchen einige Tricks, ohne Erfolg. Das Tuch sitzt ganz oben am Kopfbeschlag fest.

Ein blockiertes Segel ist eine nette Grundlage für Action an Bord. Frischt es auf, ist das Boot mit zu großer Segelfläche kaum zu steuern, das Manövrieren im Hafen ist schwierig und riskant. Und nicht zuletzt: irgendwann muss das Tuch herunter, aber wie? Durchgehende Latten halten das Segel in Form und schränken weitere Möglichkeiten, wie um den Mast wickeln, ein. Wie die Antwort auch ausfällt, ein Aufstieg in den Mast ist unvermeidlich. Auf einem schwankendem Boot ist es gefährlich, bei höherem Seegang unmöglich.

Mit Aktivitäten auf See am Morgen gab es bereits schlechte Erfahrungen. So bleibt das Segel wie es ist; erst mal hinlegen und ausschlafen.

Gegen Mittag, nun im vollen Besitz der geistigen und körperlichen Kräfte, nehmen wir uns das Segel noch einmal vor. Durchs Fernglas ist ein schrägsitzender Schlitten zu sehen, er scheint gebrochen zu sein. Beate sichert mich mit einer Leine. Ich bin es gewohnt, den Mast hinaufzuklettern, nur geschah das bisher im Hafen und immer auf der Segelseite, weil vorne am Mast die Radarantenne montiert ist, die den Weg versperrt.

Genau bis zum Radar steige ich auf, das Boot liegt eigentlich ruhig, aber in dieser Höhe schwankt und schaukelt es erbärmlich. Wir versuchen es morgen noch einmal, vielleicht ist das Wasser ruhiger. Und wir hoffen auf die Richtigkeit der Wetterberichte: kein Wind über 25 Knoten.

Unsere kleine Winschkurbel möchte nicht mehr an Bord bleiben, es macht klick, plom und weg ist sie. Sie gibt uns noch nicht einmal die Möglichkeit, tschüss zu sagen, so schnell verschwindet sie in den Fluten. Ein schlechtes Zeichen. Waren es nicht die Winschkurbeln, die rechtzeitig das sinkende Schiff verließen?

Abends sorgt die Vorsegelanlage für eine weitere Überraschung, das Segel lässt sich ebenfalls nicht mehr wegnehmen. Die Ursache ist schnell gefunden. In der Refftrommel gab es einige ›Überläufer‹, die Leine hat sich verwickelt. So etwas passiert, wenn das Segel beim Einrollen

201

schlägt, wie heute Morgen bei unseren Versuchen mit dem Großsegel geschehen. Jetzt sitze ich am Bug, pitschnass durch das spritzende Wasser, und sortiere die Leine auf der Trommel. Praktisch: meine Ungehaltenheit über dieses Missgeschick findet sogleich eine Abkühlung - wassergekühlter Skipper. Sehr zufriedenstellend dagegen das heutige Etmal, 154 Meilen. Das Radar ist fast die ganze Nacht eingeschaltet, Fischereifahrzeuge kreuzen unseren Kurs. Auf See gelten die so genannten Kollisionsverhütungsregeln. Diese Vorschriften sagen unter anderem: ein Segelfahrzeug muss einem fischenden ausweichen. Wir tun das grundsätzlich erst in letzter Minute. Unsere Erfahrung ist, wenn der Fischer sieht, jemand hält konstant den Kurs, berücksichtigt er das bei seinen Manövern und hält Distanz. Die Situation ist küstennah anders, dort sind wir auf der Hut, sprungbereit, den Kurs im letzten Augenblick zu ändern. Ein nettes Spiel. Wer hat die besseren Nerven?

3. Seetag

In der Nacht zog Nebel auf. Der neue Tag beginnt trübe, feucht und kalt. Kurz nach Sonnenaufgang passieren wir die Scilly Inseln und einige wichtige Schifffahrtslinien, auf denen zur Zeit absolut keine Bewegung wahrzunehmen ist. Die Biskaya liegt achteraus, 412 Seemeilen in 69 Stunden. Die Sonne wärmt bald die Luft, im Cockpit herrscht Südstimmung. Das Wasser hat inzwischen eine türkise Farbe, das tiefe Atlantikblau ist nun Geschichte. Die Luft riecht würzig. Ich bin davon überzeugt, dass es ›Salzbuckel‹ gibt, die riechen können, wo sie ungefähr sind. Jedes Seegebiet hat seine Besonderheiten in Farbe und Geruch.

Im Vergleich zur Bewältigung der Strecke unter Motor ermöglichte das Segeln eine Kraftstoffersparnis von ca. 175 Litern Dieselkraftstoff. Nachdem ich diese Zahl berechnet habe, muss ich unwillkürlich an meine früheste Kindheit denken.

Meine Eltern sagten: Du musst immer etwas Gutes tun, damit du später in den Himmel kommst. Ich sehe es richtig vor mir, wie ich in der Schlange der Neuankömmlinge stehe. An Tischen sitzen Leute, die beurteilt und eingeteilt werden. Wortfetzen sind zu hören; es wird um die Bewertung des Lebens gefeilscht wie auf einem Jahrmarkt. Nun werde ich abgeholt. Der göttliche Gesandte eröffnet mir, die vorgesehene Abteilung ist Jazz- oder Bastelkeller. Bei der Betrachtung meiner Umweltbilanz werde ich die 175 Liter Diesel in die Waagschale werfen, ebenso die kleinen Fische, die uns an die Angel gingen und denen wir wieder die Freiheit schenkten. Na also, Jazzkeller. Ja, ja, ich weiß, die Gedanken auf See können bisweilen grotesk sein.

4. Seetag

Die irische See ist ruhig; heute der zweite Versuch, das Segel zu bergen. Diesmal funktioniert es besser und ich steige zur Mastspitze auf. Ziel meiner Mission ist, einen Bolzen herauszuschlagen, der den Kopfbeschlag des Segels mit dem Mastrutscher verbindet. Gelingt es, fällt das Segel herunter. Den Bolzen kann ich lösen, aber herausziehen ist sehr schwierig, der Zug des durchgesetzten Segels lastet darauf. Nach einigen Minuten, die mir wie eine Ewigkeit vorkommen, ist das Ding endlich raus, das Segel rutscht ab.

Das Boot senkt und hebt den Bug nur leicht; durch den langen Mast als Hebelarm verstärkt sich die Wirkung beachtlich. Mir ist, als würde es mich jeden Moment wegreißen, Angstgefühle überkommen mich. Sachte steige ich hinunter, Beate fiert die Sicherungsleine. An Deck bleibe ich für einen Moment stehen, bin völlig durchgeschwitzt und weiß nicht, ob ich lachen oder weinen soll. Dennoch Erleichterung, es ist vollbracht.

Zu Mittag gibt es gefriergetrocknete Trekkingkost, Huhn in Curryrahmsauce. Auf See lässt sich dieses Essen leicht

zubereiten, heißes Wasser darauf, 15 Minuten ziehen lassen, fertig. Normalerweise schmeckt das Menü, aber diese Variante ist schrecklich. Kein Huhn, dafür Ananas und Rosinen in Reis. Als das Huhn sah, wozu es seinen Kopf hinhalten sollte, ist es klugerweise weggeflogen. Ausnahmsweise fliegt bei uns auch etwas, nämlich das Essen über Bord. Die folgenden Spiegeleier auf Brot werden zelebriert. Wie köstlich!
Für den Rest des Tages liegen wir in der Sonne im Cockpit. Die irische See ist spiegelglatt, der Wind schwach, die wundervolle Erfindung Rudolf Diesels läuft wieder und gefährdet meine Chance auf den Jazzkeller, aber das ist eine andere Geschichte.

23.10 Uhr, die Sonne ist vor einer Stunde untergegangen, es ist immer noch hell. Meine Wache dauert bis 01.00 Uhr; ich nutze die Zeit und schreibe. Neben mir auf dem Radarbildschirm, bewegen sich viele Signalpunkte auf uns zu. Es wird Arbeit geben. Eventuell doch ausweichen?

Hunger überkommt mich, ich mache mir zwei Brote. Beiläufig schaue ich aus dem Fenster und glaube zu träumen. Ein Schule Delfine begleitet uns, die Tiere springen gerade in dem Augenblick aus dem Wasser und ›fliegen‹ am Fenster vorbei. Mein Verstand fragt sich, ob das Realität ist, meine Seele macht einen Freudensprung. Ich starre auf das Wasser; weiter vorne, sehe ich sie im schwachen Licht wieder springen.

5. Seetag

Der Morgen beginnt mit einem tiefroten Sonnenaufgang, es ist diesig und warm, ein Sommertag wie auf den Kanaren. Schiffe jenseits von vier Meilen Entfernung laufen als Geisterschiffe schemenhaft an uns vorbei. Die Wasseroberfläche ist vollkommen glatt, Licht spiegelt sich darauf; schwimmende Vögel sind auf eine halbe Meile zu sehen.
Den starken Strom von annähernd drei Knoten nutzend rauscht ATHENE Richtung Norden.

Die Stromstärke ist neben dem beschädigten Großsegel ein weiterer Grund, die Fahrt nach Schottland an der irischen Küste zu unterbrechen. Die Strömungsrichtung kehrt sich, grob gesagt, alle sechs Stunden um; es können schwierige Stromkabelungen entstehen. Der DSV-Revierführer erweist sich als wertvolle Hilfe. Er zeigt Möglichkeiten auf, wie die Strecke nach Schottland mit optimaler Nutzung der Gezeitenströme schnell und einfach zu bewerkstelligen ist. Wir entscheiden uns, in Arklow, südlich von Dublin, anzulegen. Gegen 13.00 Uhr treten erste Umrisse der Küste aus dem Dunst hervor, erste Landsicht seit 96 Stunden. Unsere letzte Küste waren die Berge um La Coruña, jetzt ist es Irland. Dieses Erlebnis - es ist eins, auch in unser technischen, aufgeklärten Welt - hat etwas Magisches. Schön, dass wir solche Dinge erleben dürfen.

In der letzten Stunde kippt der Strom und wir sehen sofort: die Entscheidung, nicht sechs Stunden gegen ihn an zu fahren, ist richtig. Und nicht zuletzt, unser Dampfer ist ein Segelschiff, kein Schnellboot.

Irland

Mai - Juni 2003

Zweite Biskayaüberquerung - irische Gastlichkeit - Spurt in Dublin - Feuerschiff - Feststimmung

Arklow

In der Hafeneinfahrt begrüßen uns winkende Kinder. Unser längster Törn von 580 Meilen ging nach 98 Stunden glücklich zu Ende. Die Marina ist nur schwach belegt, der Hafenmeister, sein Name ist Lorcan O'Toole, weist uns einen Platz neben einem irischem Boot, PAPILLON, zu.

Einerseits müde, andererseits frisch für weitere Taten, wie immer nach einer langen Strecke, werden wir auch in dieser Nacht nicht wesentlich vor Mitternacht in der Koje liegen.

Beate sichert mich mit einer Leine, ich steige in den Mast und sehe, dass ein Teil des Schlittens abgebrochen ist. Eine Schraube hat sich verbogen und in den Alu-Mast gedrückt. Bei der Demontage fällt mir trotz aller Umsicht ein Teil ins Wasser. Im Mast kann nur der Typ Mensch mit drei Händen vernünftig arbeiten, aber der sollte klugerweise Klavier spielen. In Irland gibt es leider keine Firmenvertretung für dieses Schlittensystem. Lorcan ruft fast eine Stunde lang Händler an, erfolglos. Das Teil ist nur über Deutschland per Paketdienst zu beschaffen. Lorcan ist äußerst hilfsbereit. Er gibt uns seine private Telefonnummer, sollten wir jemanden mit Kenntnis im irischen Versandhandel benötigen.

PAPILLON ist nicht unbewohnt, ein freundlicher älterer Herr steht an Deck und sieht erstaunt zu den geschäftigen deutschen Nachbarn hinüber. Seine hagere Statur und Gesicht erinnern uns an den Präsidenten der amerikanischen Notenbank, Alan Greenspan. Die Yacht ist neu. Auf seine fortgeschrittenen Tage – später erfahren wir, er ist 75 – möchte er es noch einmal wissen. Ihn interessiert unsere Geschichte der

Biskaya-Überquerung. Er fragt immer wieder nach, möchte Details wissen, wundert sich über unsere Zweipersonencrew und äußert Anerkennung. Die Strecke ist sein Traum; wir sind sie gesegelt.

Am nächsten Morgen beladen sechs Taucher ein Boot mit viel Tauchgerät. Sie scheinen sich gut zu verstehen, machen Witze. Die Gelegenheit nutzend, erzähle ich den Männern von meinem Missgeschick. Bald sind zwei im Wasser und suchen nach dem Teil. »Keine Chance«, erklärt einer nach dem Tauchgang, »dort unten ist mindestens 20 cm Schlick. Hier findest du nie mehr was, tut mir leid.« Die Crew wird heute ein Wrack dokumentieren, das 1958 sank.

Wir sehen uns Arklow an, das so aussieht, wie man sich eine typisch irische Kleinstadt vorstellt: viele bunte Pubs mit Hinweisschildern im Fenster, wann das nächste ›tonight singing‹ ist, zwei große Kirchen, Autos, die durch enge Straßen fahren. Nur Geisterfahrer! Es gibt einige Bäckereien, eine größere Buchhandlung, viele Frisöre. Ungewöhnlich ist der Fleischerladen, auf dem Boden liegt Sägemehl verstreut, mit Blutspuren. Diese Spuren sind auch vor der Theke zu sehen, Achtung, wer ist hier Opfer? In der Buchhandlung erstehen wir zwei neue Werke meines Lieblingsautors, Bill Bryson.

Zurück an Bord sagt unser Nachbar mit einem Lächeln: »Ich möchte euch gerne zu einer kleinen Party am Nachmittag einladen. Wenn ihr Zeit habt, kommt. Die Getränke sind frei.«

»Freie Getränke? Klar, wir werden kommen«.

Am späten Nachmittag finden sich die ersten Gäste ein, der Gastgeber bittet uns an Bord. Der Grund für die Feier ist das neue Boot, heute ist Einweihungsparty. Uns überrascht die Gastfreundlichkeit, wir sind Fremde und werden dennoch eingeladen.

Wir stellen uns vor, die irischen Namen klingen für uns manchmal fremd und gelegentlich auch lustig. Den Gastgeber nennen alle PJ, er wird wohl Peter mit Vornamen heißen, eine Frau heißt Bernie, ein anderer Gast stellt sich als Breffni Kelly vor. Jetzt kennen wir jemanden aus der großen Kelly Familie. Die Leute sprechen mit uns, als würden wir uns seit langer Zeit kennen. Auch sie möchten hören, wie es in der Biskaya war und warum wir ausgerechnet in diesen Ort kamen. Nonstop ist noch keiner von Spanien hierher gesegelt. PJ schwärmt von Schottland. Er war Professor für Chemie und Biologie, lehrte 15 Jahre an der Universität Glasgow, Schottland ist seine Herzensheimat. Viktor und Susan, beide frühe Ruheständler, hatten in ihrem Berufsleben viel Glück; der Immobilienmarkt in Irland hat sie sehr reich gemacht. Die beiden lächeln viel und sind überglücklich, rechtzeitig den Absprung aus dem Geschäft geschafft zu haben.

Hinter uns liegt eine neue 48-Fuß-Yacht. Viktor deutet mit einer Kopfbewegung darauf und sagt: »Die gehört meinem Bruder. Er dachte, er braucht ein Boot, ging zur Bootsshow und kaufte es direkt auf dem Messestand. Das war vor vier Jahren; er hat das Boot vielleicht dreimal im Jahr genutzt. Er denkt, er hat noch nicht genug Geschäfte. Im Januar hat er mit einem Mobiltelefon-Service begonnen. Verrückt!« Kleine Pause, dann fügt Viktor hinzu: »Mein Bruder hat drei Söhne, aber keiner will seine Geschäfte übernehmen. Vor einigen Tagen kam er zu mir und sagte: Du, Viktor, der Arzt hat mir gesagt, ich bin nicht mehr bei bester Gesundheit. Am Ohr hat sich eine Geschwulst gebildet, verursacht von der ständigen Nutzung des Mobiltelefons. Die Möglichkeit, krank und alt zu werden, hat er nie in Betracht gezogen.«

Der Beitrag von Viktor und Susan zur Party ist ein Berg von verlockenden Köstlichkeiten. Von zwei Seiten werden wir verwöhnt, ist der Teller leer, drängen sie uns auf nette Art, weiteres zu probieren: »It's delicous.«

Alle an Bord sind in irgendeiner Form dem Wassersport verbunden; unsere Eindrücke und Erfahrungen der zehnmonatigen Reise interessieren sie sehr. Breffni erkundigt sich nach unseren weiteren Plänen, insbesondere, was wir mit dem Boot vorhaben. Unsere Überlegung geht dahin, dass es am sinnvollsten ist, das Boot zu verkaufen. Die Strecke von je 400 km zwischen Holland, dem Heimathafen, und unserem Wohnort ist sehr weit für Wochenendfahrten. Diese, eher unbedachte Aussage, alarmiert sogleich Breffni. Er ist im Vorruhestand, hat auch mit Immobilien Geld verdient und sucht eine Yacht. Die Linien unseres Bootes haben es ihm angetan. Eine Stunde später finden sich alle Partygäste auf ATHENE ein. Anerkennende Worte für die holländischen Schiffsbauer und den Zustand des Bootes. Breffni und seine Frau Sandra sind begeistert. Als hätten uns die Iren mit ihrer Herzlichkeit noch nicht genug verblüfft, sprechen die beiden eine Einladung zum Essen für Sonntag aus. Anschließend möchten sie uns ihre Grafschaft zeigen; es sei die zweitschönste in Irland.

PJ erzählt eine sehr bedenkliche Geschichte. Irland, damit verbunden ist die Vorstellung von einer grünen Insel, sauberem Wasser, sauberer Luft. »Das Leitungswasser hier«, warnt er, »dürft ihr nicht trinken. Es muss abgekocht werden! Dieser Ort hat keine Kläranlage, alles geht in den Fluss und beeinträchtigt auch die Trinkwasserversorgung. Nach Arbeiten mit Leinen immer die Hände waschen. Habt ihr die dunkle Trennlinie vor dem Hafen gesehen, eine Linie zwischen dem dunklen Wasser vom Fluss (Arklow liegt in einer Flussmündung) und hellem Seewasser? Wir nennen es die ›shit line.‹ Unwillkürlich muss ich an die Taucher denken: »Heute Morgen bat ich Taucher nach einem Teil zu suchen, das mir ins Wasser fiel. Die sind einfach rein gesprungen.« PJ grinst: »Das war sehr clever von dir. Lass andere hier ins Wasser gehen.«

»Heute erlebt ihr einen typischen Sommertag in Irland«, witzelt Breffni auf der Fahrt zu seinem Haus. Es regnet seit Stunden.
  Leider ist durch Regen und Nebel nicht viel zu sehen. Ich höre schon, wie uns die Iren vorschwärmen werden, wie schön es hier ist, wären wir nur früher gekommen.

Die Fahrt führt durch viele kleine Orte, genau wie man sich Irland vorstellt. In Wexford biegen wir ab; die Gegend wird noch ländlicher.

»Schade, dass ihr nicht mehr Zeit habt«, sagt Breffni. »Es ist so toll hier, die Berge, die Täler, alles ist grün. Am schönsten finde ich die Gegend am Abend, kurz vor Sonnenuntergang, wenn sie in wunderbare Farben getaucht ist, von rot bis grün.« Er biegt in eine kleine Einfahrt ab und wir sind da. Das Haus liegt am Rande eines Waldes, umgeben von Feldern und einem Fluss, der nahe am Haus vorbeifließt. Der Wind rauscht in den Bäumen, Vögel zwitschern, in der Ferne plätschert das Wasser. Eine Idylle.

Zuerst begrüßt uns Sam, ein Hund in Pflege. Sandra heißt uns willkommen und stellt ihre Kollegin Mary vor. Kurze Zeit später gesellt sich mit Toni eine zweite Kollegin hinzu. Sie ist Australierin und arbeitet als Apothekerin in Arklow.

Uns gefällt das Haus, ein geräumiges Wohnzimmer mit einem Kamin, der fast Stehhöhe hat, große Fenster zu Wald und Wiesen. Die Küche ist gleichzeitig auch Esszimmer. Da, wo es Essen gibt, finden wir es sowieso immer gemütlich.

Im Wohnzimmer sitzend, beginnen die drei Damen eine Diskussion. »Es ist eine Betriebsversammlung«, murmelt Breffni spöttisch. »Die haben ein Problem. Es wurde Geld gestohlen.« Sandra erzählt: Jemand kam in die Apotheke, ging bis zum Ende durch, stieg eine Treppe hinauf zur nächsten Etage, ging weiter zu einem Schrank, öffnete eine Schublade und nahm 8.000 Euro heraus. Schließlich griff die Person in eine Kiste, entwendete Parfüm im Wert von 800 Euro und verschwand mit der Beute. Es gibt ein Videoband, auf dem eine Frau zu sehen ist, aber nur undeutlich. Sie trägt ein Kopftuch. Ein wenig Sarkasmus kann ich mir nicht verkneifen: »Jeder weiß das doch. Man geht in einer Apotheke in den ersten Stock, öffnet einen Schrank, zieht eine spezielle Schublade, nimmt das Geld und geht davon.« Breffni nickt: »Klar, inside job.«

Der Nachmittag ist sehr kurzweilig. Es werden Geschichten aus der Nachbarschaft erzählt, von einer Frau, die genauso kläfft wie ihre Hunde, von langen Winterabenden, von der Isoliertheit der Insel. Immer wieder machen sie uns ihren Missmut gegenüber den Engländern deutlich, die Abneigung scheint tief in der irischen Seele zu sitzen. Zu Schotten ist das Verhältnis besser; sie kämpften ebenfalls gegen die englische Vorherrschaft.

Abends klart es auf, Breffni fährt uns durch die Grafschaft Wicklow. Gelegentlich hält er an und erklärt die Besonderheiten der Gegend. Einmal mehr beklagt er sich über die Engländer, die nach einem gewonnen Krieg die Wälder abgeholzt haben, Holz für den Schiffsbau. Breffni zeigt uns ein versteckt im Wald liegendes Haus. Das Gebäude wurde in traditioneller Bauweise erstellt, das Fundament aus gebrochenen Steinen, darüber Holz. Es ist sein Traum, so ein Haus zu erwerben. Das Anwesen ist auch in einem anderen Sinn eine Besonderheit. Eigentümer ist eine der zahlreichen Glaubensgemeinschaften, von denen eigentlich keiner so richtig Kenntnis hat, was die hier machen. Schulung, Meditation, wer weiß?

In Rathdrum fahren wir an einem Denkmal vorbei, das vertikal stehende Streitäxte darstellt. 1798 gab es wieder einmal eine Schlacht gegen die Engländer. Hintergrund: Diesmal wurde die Schlacht gewonnen. Nachdem Breffni das erzählt hat, kann er irgendwie meine Gedanken lesen. »Ich lebe nicht so tief in der Vergangenheit, wie du vielleicht denkst. In der Schule wurde uns viel über die Geschichte Irlands gelehrt. Auch meine Eltern sprachen oft von ihren Eltern, die die Schlachten zum Teil noch miterlebt haben. Diese ablehnende Einstellung gegenüber England ist tief in unserer Seele. Andererseits sind wir in Europa. Irland hat heute eine sehr sichere Position. Viele große ausländische Firmen produzieren hier, wir sind international geworden.«

Die Deutschen, so erzählen uns verschiedene Leute, sind in Irland gern gesehene Gäste und auch als Nation sehr geschätzt.

In irgendeinem Krieg sollen deutsche Soldaten den Iren gegen die Engländer zum Sieg verholfen haben. Später brachten sie viel Technologie auf die Insel. Breffni schwört auf deutsche Autos, er fährt BMW und Mercedes.

Einer englischsprachigen Konversation mit sechs Leuten zu folgen, mit ständig wechselnden Themen, ist mitunter anstrengend, vor allem, nachdem man erst zwei Tage Zeit hatte, sich an den irischen Akzent zu gewöhnen. Zurück im Boot fallen wir in die Kojen.

Eigentlich hatte ich erwartet, von Schlachten zu träumen, aber dem war nicht so. Ein Telefonat nach Deutschland jagt mich regelrecht aus der Koje. Ersatzteilbeschaffung. Das Teil ist beim deutschen Händler vorrätig, sie können es direkt zuschicken. Die Frachtkosten für Lieferung am nächsten Tag sind erschreckend, fast 100 Euro. Mit normaler Post dauert es bis zu einer Woche. Rechnen wir die Liegeplatzkosten für die Zeit, ist es noch teurer.

Vielleicht sollte ich es einmal erwähnen: Im Durchschnitt hatten wir bisher 220 € Reparatur- und 425 € Liegeplatzkosten pro Monat, zusammengerechnet 150 € mehr, als wir geschätzt hatten.

Dublin

Ein Setter im Spurt, darunter steht Bus Eireann, das Logo der Busgesellschaft, mit der wir im Sonnenschein nach Dublin fahren. Und schon erreicht uns die Hektik der Stadt. Hier lebt man ein ›schnelles‹ Leben, viele Menschen sind in Eile. Mehr noch, heute wird Schnelligkeit sogar prämiert, es findet ein Lauf zu einem Minimarathon über zehn Kilometer statt. Toni sprach gestern davon; auch sie möchte teilnehmen.

Eine Großstadt hat einen weiteren Nachteil: die Wege sind oft sehr weit. Wir laufen stundenlang herum, um die wichtigsten Plätze und Gebäude zu sehen, das Rathaus, den Gerichtshof und diverse Kirchen. Im Bankenviertel prangen an Gebäuden die Schriftzüge und Logos bekannter Geldhäuser. In den Fenstern hängt ein Schild mit der Aufschrift Büros zu vermieten. Ende einer Glanzzeit? Zurück am Boot erzählt Beate PJ von unserem Besuch in Dublin. PJ: »Ich bin in Dublin geboren. Komme ich heute dorthin, bin ich froh, wenn ich wieder raus bin.« Nach dieser Bemerkung wird mir bewusst, dass wir in Dublin sehr viele junge Menschen sahen. Den älteren wird es zu hektisch sein, vielleicht auch zu teuer.

Howth

Vor uns hält ein schnittiger dunkelblauer Sportwagen japanischer Bauart, die Seitenscheibe senkt sich: »Can I give you a lift to Howth Marina?«, fragt der Fahrer, ein Herr Mitte Fünfzig. Er war ebenfalls Kunde in einem Geschäft für Schiffszubehör, wo wir eine neue Winschkurbel erstehen konnten. An der Bushaltestelle sieht er uns. »Dachte mir, ihr seid Gäste der Marina, ich nehme euch mit.« Für ihn ist es eine Selbstverständlichkeit.

Vor zwei Tagen kam Breffni zum Boot und bot an, uns zum Supermarkt zu fahren, einfach so. Zum Dank schenkten wir ihm Blumen für Sandra. Am gleichen Abend waren wir in der örtlichen Bibliothek, sahen am Computer die Wettervorhersagen durch. Vertieft in die Wetterkarten erschraken wir fast, als uns plötzlich jemand ansprach. Sandra und Breffni wollten uns zum Abschied in einen Pub einladen.

In den vergangenen Monaten bereisten wir sieben Länder und lernten viele Menschen kennen. Die Freundlichkeit und Hilfsbereitschaft als Maßstab genommen, reichte die Bandbreite von heute-versuche-ich-mal-nett-zu-sein bis zu äußerst hilfsbereit und entgegenkommend.

In Irland sind wir nun knapp eine Woche und können bereits jetzt sagen: Nirgendwo haben wir so viele hilfsbereite Menschen getroffen wie hier. Fragt man nach dem Weg, nach einem Wort, einer Redensart, oder ist es einfach nur ein Klönschnack - Iren nehmen sich Zeit, bieten Hilfe an, die das gewohnte Maß übersteigt. Sie freuen sich, anderen zu helfen, sie tun es auf eine herzliche Art. Gelegentlich denke ich, Iren sind Segler, sie haben den gleichen Geist, ›the spirit of the sea‹.

In der jetzigen Marina Howth, nördlich von Dublin, dauert unser Aufenthalt zwei Tage. Es gibt eine Sturmwarnung. Im Boot gibt es auch eine Warnung, die von Wasser.

Die Bilge ist in mehrere Sektoren unterteilt. Die Bereiche um den Dieseltank, unter der Maschine, und um den Schmutzwassertank stehen 8-10 cm unter Wasser. Eine Geschmacksprobe zeigt den Ernst der Lage; Glück gehabt, es ist Süßwasser.

Es stand schon einmal Wasser im Boot, am Tag der Übergabe, ein Tankdeckel war nicht verschlossen. Unsere Vorbesitzerin zögerte nicht eine Sekunde, schon war die Hand mit dem Wasser am Mund. Damals habe ich sie erschrocken angesehen und mir gesagt: Das musst du nicht nachmachen. Wer weiß, was alles in dem Bilgewasser drin ist? Diesel, Öl, Dreck oder Abwasser. Und heute? Der Unterschied ist, ich zögere, noch.

Die schadhafte Stelle ist bald gefunden. In die Wasserversorgung ist ein Behälter aus Kunststoff integriert, ein Druckspeicher, der häufiges Ein- und Ausschalten der Pumpe vermeidet. Im Bereich einer Schweißnaht ist ein kaum zu sehender Riss, durch den Wasser austritt. Kleine Ursache, große Wirkung. Die schadhafte Stelle wird mit einem Lötkolben verschmolzen, zusätzlich eine Lage Kleber darüber und das Teil ist wieder dicht. Ich komme mir vor wie in einer Bastelsendung im TV:»Und dann nehmen wir das Werkzeug zum Abschneiden, dann das zum Glätten ... zur Not tut es auch ein handelsüblicher Lötkolben, wie man ihn in jeder Werkzeugkiste findet.«

Manchmal glauben wir, dass auf einem Boot - <u>und nur dort</u> - sogar eine normale Bratpfanne einfach so in der Mitte durchbricht!

England, Irland und Schottland sind für uns schon seit Jahren seglerische Traumziele. So mancher wird bei dem Gedanken erschrecken. Kühle Sommer, häufig Regen und mitunter viel Wind. Die Sonne kennt man dort nur als Wettersymbol, unter der Rubrik Wetterberichte für die Karibik.

Seglerisch ist dieses Revier durchaus anspruchsvoll. Die Gezeitenströme können Geschwindigkeiten erreichen, die der unserer maximalen Bootsgeschwindigkeit entsprechen, sie mit acht Knoten sogar übersteigen. Wer zur falschen Zeit in einen Strom hineinfährt, kann in ernsthafte Schwierigkeiten kommen. Genaues Timing, richtiges Abschätzen von Reisegeschwindigkeit und Ankunftszeit ist hier unerlässlich.

Neben dem seglerischen Aspekt ist es die Landschaft in ihrer kargen Schönheit, die uns reizt.

Sonnenfans werden, falls sie überhaupt hierher kommen, nur karge Felsen und grüne Wiesen wahrnehmen, das ist es, mehr auch nicht. Ganz sicher werden sie die vielen grauen Wolken während ihres Aufenthaltes sehen und später in Erinnerung behalten, nächstes Jahr wieder Urlaub im Süden. Man kann diese Landschaft aber auch anders betrachten:

Inseln, die den Stürmen seit Jahrtausenden trotzen, umgeben von Wasser, das an einem Tag friedlich rauscht, um am nächsten Tag, vom starken Wind angetrieben, hart und zerstörerisch gegen die Klippen zu branden. Steile massive Felsen unterschiedlicher Schattierungen, Oberflächen überzogen von Gras und Moos, die aus der Ferne betrachtet wie Seidentücher darüber liegen. Der schroffe, kalte, harte Fels, im Kontrast zu der weichen Farbe der Wiesen - Gegensätze, die Spannung schaffen. Wolken, die über den Himmel fliegen, groß, bedrohlich, unheilbringend, Stunden später taucht die Sonne die gesamte Landschaft in helles, klares Licht; die Kontraste von Grau und Grün vor dem stahlblauen Himmel sind phänomenal.

Ardglass

Der letzte längere Törn in der Irischen See bringt uns nach gut neun Stunden nach Ardglass, eine Zwischenstation Richtung Nord. Der Gezeitenstrom läuft sehr hart im North Channel, einer Meeresenge, die die irische See mit dem Seegebiet der Hebriden verbindet. Hier beträgt der Strom zur Springzeit über vier Knoten.

Die enge Hafeneinfahrt in Ardglass ist eine Herausforderung, denn häufig steht dort eine kräftige Brandung. Beidseitig brechen die Wellen; man glaubt, jeden Moment läuft das Boot gegen die Klippen. Die Entfernung zwischen den Felsen ist von See schwer abzuschätzen, die dazwischenliegende Durchfahrt nicht zu sehen. Weiter in der Einfahrt ändert sich der Blickwinkel und plötzlich sieht alles ganz einfach aus.

An Bord befindet sich für die Britischen Inseln das Buch Reeds Nautical Almanac, das alle wichtigen Segelanweisungen, Hafenbeschreibungen und deren Pläne enthält. Somit wissen wir, wie der Hafen aussieht, wo die Marina liegt. In der Praxis bleibt gelegentlich eine gewisse Anspannung. Stimmt auch alles? Wurden keine Pläne vertauscht?

Ardglass liegt bereits in Nordirland und gehört somit zu Großbritannien, Zahlungsmittel ist das teure Pfund. Der Ort ist eine Enttäuschung; die Häuser sind einheitlich dunkelgrau, teilweise verfallen. Hier gibt es nichts, was diesen tristen Ort aufhellt. In einigen Straßen hat man Wohnblocks in einem Kasernenstil angelegt. Es muss schwer sein, in dieser depressiven Umgebung zu leben.

Selbst in diesem kleinen Ort hat jede Glaubensrichtung eine Kirche: Katholiken, Methodisten und Presbyterianer. Bitte sehen Sie mir den Ausdruck nach. Das Beste an diesem Nest ist der Blick von der Marina, von dort sieht Ardglass viel netter aus. Mit der nächsten Tide lautet der Kurs Richtung Belfast.

Bangor

Das Auslaufen gegen die ziemlich ruppige See in der Hafeneinfahrt erfordert einige Überwindung, aber einmal draußen auf See, ist die Fahrt sehr angenehm. Unsere Auslaufzeit ist tidebedingt am späten Nachmittag, Wind ist reichlich vorhanden, es wird eine schnelle Reise werden. Ein Novum auf dieser Strecke ist ein Feuerschiff, knallrot, in der Mitte ein Leuchtfeuer. Früher dienten diese Schiffe mit ihren starken Signalen als Navigationshilfe, Leuchttürme konnte man aufgrund der Seetiefe nicht errichten. Schweres Ankergeschirr hielt die Schiffe in Position, häufig waren sie bewohnt. Das Leben an Bord war hart. In Stürmen arbeiteten die Schiffe schwer in der See oder es bestand bei dichtem Nebel Gefahr, gerammt zu werden. Ob das hiesige Feuerschiff SOUTH ROCK bewohnt ist, entzieht sich unserer Kenntnis, aber deutlich ist zu sehen, wie das Schiff in der See stampft.

Segeln in diesen Breitengraden hat eine große Annehmlichkeit zu bieten: die Sonne geht erst gegen 22 Uhr britischer Zeit unter, der Himmel bleibt dann noch gut eine Stunde hell, ein scheinbar endlos dauernder Sonnenuntergang. In der Marina Bangor, ein Vorort von Belfast, können wir somit im Hellen anlegen. Der Hafen ist in Hochstimmung. Am Wochenende findet eine Segelregatta mit Klassikern statt. Aus einem Festzelt schallt irische Folkmusik herüber. Die Stadt sieht bereits von der Marina hübsch aus, bunte Häuser und eine Parkanlage um den Hafenbereich als auffälligste Merkmale. Nicht zu vergessen, es ist ziemlich warm, ein T-Shirt durchaus angemessen. Obwohl wir morgen um sechs Uhr weiter wollen, ist ein kleiner Spaziergang durch Bangor zu verlockend, einschließlich eines Kurzbesuches im Bierzelt, wo Live Musik dem Publikum kräftig einheizt. Vor uns eine gute Band, neben mir die Kellnerin mit einem Tablett gekühltem Bier, es ist warm... Jetzt nur nicht schwach werden! Morgen muss es weitergehen, sonst läuft uns zu viel Zeit davon.

Schottland

Juni 2003

Mull of Kintyre - beschaulicher Crinan-Canal - Whirlpools - Filmkulissen - Traumziel Caledonian-Canal - Steinkreis und Whisky

Der Kurs liegt an, 11 Grad auf der Karte, Ziel ist die Halbinsel Kintyre, mit dem berühmten Kap Mull of Kintyre. Breffni reagierte sofort, als der Name fiel, indem er den Song von Paul McCartney summte. So geht es auch mir, ich muss unwillkürlich daran denken und an die Tanzschule, die mir beinahe das Lied mit dem ach so komplizierten langsamen Walzer verleidet hätte. Heute weiß ich, ich hätte besser die Zeit damit verbracht, Schlagzeug statt Tanzen zu lernen, jetzt kann ich beides nicht.

Die Strecke zwischen Bangor und Campbeltown, im Süden von Kintyre, beträgt 45 Meilen. Die Schwierigkeit ist, innerhalb der sechs Stunden Mitstrom ungefähr 36 Meilen zu bewältigen, sonst wird daraus ein kräftiger Gegenstrom. Eine weitere Herausforderung ist der Wetterbericht. Am Freitag lautete die Vorhersage auf wenig Wind, am Samstag auf Südwest 4-5 und heute, am Sonntag, auf Süd 3-4, dafür aber eine Sturmwarnung für den Abend. Tatsächlich ist es windstill; in der Ferne steigt Rauch senkrecht auf.

Kaum auf See, schlägt das Funkgerät schrill Alarm, ausgelöst durch einen Notfall. Bekannt ist Mayday als höchste Stufe, es gibt aber noch zwei weitere Arten, Pan-Pan und Securité. Die Küstenwache Belfast hat ein Pan-Pan ausgelöst, der Sprecher verliest die Meldung:

Pan-Pan, Pan-Pan, Pan-Pan. Hier ist Belfast Coastguard. Um 05.50 Uhr ging per Mobiltelefon folgender Notruf ein: Pan-Pan, Handelsschiff LARKEN VIKING, eine Person wird an Bord vermisst. Zuletzt gesehen auf Position 54° 33'N, 005° 20' W gegen 05.20 Uhr. Alle in der Nähe befindlichen Schiffe werden um Hilfe gebeten.

Kurze Zeit später folgt ein Gespräch zwischen einem Rettungsschiff und der Küstenwache; die Seenotretter möchten mehr Einzelheiten wissen. Die Coastguard informiert, es handele sich um einen 52 Jahre alten Mann, der zu dem Zeitpunkt sehr betrunken und deprimiert gewesen sein soll. Hubschrauber kreisen über dem Seegebiet.

Wer bei 13 Grad Wassertemperatur ins Wasser fällt, dem bleibt nur eine sehr kurze Zeitspanne, unversehrt zu bleiben, ein Mensch kühlt schnell aus. Die Kleidung spielt ein große Rolle, ebenso die körperliche Verfassung. Bevor die Küstenwache verständigt wurde, verstrich schon eine halbe Stunde, das ist sehr viel Zeit.

In einer Mischung aus Dunst und leichtem Nieselregen queren wir den North Channel. Nach sechs Stunden ist die Südspitze der Halbinsel Kintyre in Sicht. Die Wolkendecke wird immer dünner, Dunst steigt auf. Unser erster Tag in Schottland ist ein Sonnentag, das muss ein gutes Zeichen sein. Auf einige Lagen Kleidung können wir nun verzichten, die Sonne wärmt.

Leider ist es immer noch windstill. Was kann man tun? Angeln! Seit den Kanaren ist uns kein Fang mehr geglückt. Es gibt mehrere Gründe, die Jahreszeit, die Reiseroute lag ungünstig zu den Fischgründen, vor allem ungeeignete Köder und vielleicht ein ungeschickter Angler. Wie dem auch sei, uns war es egal. In Irland oder Schottland wollen wir unser Glück erneut versuchen, diese Gewässer sind sehr fischreich. Dummerweise kollidierten die Geschäftsöffnungszeiten immer mit meiner ›Eingebung‹, die passenden Köder zu kaufen, oder es gab in dem Ort kein Geschäft für derlei Dinge. In Arklow gab es eins, es hatte die gewünschten Pilker sogar im Schaufenster liegen. Am Morgen der Abfahrt fiel mir ein: Mensch, du wolltest doch die Pilker kaufen. Skipper sind manchmal dusselig.

Aus der Not haben wir einen Spaß gemacht. Zu Beate sagte ich: Wähle einen von unseren läppischen Ködern aus, vielleicht hast du Anfängerglück. Mehrfach haben wir es mit Beates Köderwahl probiert, erfolglos. Heute trifft sie wieder die Auswahl und entscheidet sich für einen roten, wurmähnlichen Köder, die Schnur rauscht aus. Die Zeit vergeht, ketzerische Bemerkungen meinerseits, Beate bleibt beharrlich bei ihrem roten Wurm.

Die Angelrute steckt in einem Köcher, der im Cockpit innen an der Steuerbordreling befestigt ist. Rechts daneben befindet sich eine Aktiv- und GPS Antenne, außen hängt ein Rettungsring, davor die Fender. Alle diese Teile sind an derselben Reling montiert.

Beate sitzt auf der Cockpitbank, genießt die Sonne. Ich stehe mit dem Rücken zur Angel und beobachte ein Kriegsschiff bei seinen Manövern.

Plötzlich ruckt es in der Reling. Meine rechte Hand umgreift das Relingrohr, die seltsame Vibration konnte ich deutlich fühlen. Ich blicke auf die Fender, diese bewegen sich leicht. Klar, die müssten es gewesen sein. An die Angel hinter mir habe ich aus ›Gewohnheit‹ nicht mehr gedacht; wir fangen eh keine Fische.

Auf einmal kracht und knallt es hinter mir, Holz splittert. Beate fährt auf, ich drehe mich um. Wir können nicht glauben, was dort zu sehen ist: NICHTS. Die Angelrute ist aus dem Handgriff gebrochen und im Meer verschwunden. Die Aktivantenne ist passiv geworden, der Antennendraht einfach abgeknickt. In der TV Serie ›die irritiertesten Gesichter der Woche‹, hätten wir den ersten Platz gemacht. Nachdem Beate unser Pech überwunden hat, ist der Spaß auf ihrer Seite: »Selten warst du so sprachlos, das heißt etwas.« In einem Cartoon würde man mich mit einem Unterkiefer, der bis auf den Boden fällt, darstellen.

Immer wurde die Angel mit einer Leine zusätzlich gesichert, nur heute nicht. Es ist nicht nur der Verlust der Angelausrüstung, der uns ärgert, wir hätten gerne gesehen, was daran hing. Ein Fischnetz ist durch unsere ständige Ausschau fast ausgeschlossen, der Schiffssicherheit wegen. Mehrfach war Seegras am Haken, in der Folge bog sich die Rute stärker, mehr nicht. So ein gewaltiges Rucken, das zum Verlust der Angelausrüstung führte, kann nur ein Fisch bewirkt haben.

Wir schreiben das Jahr 12003, Archäologen finden bei einer Ausgrabung eine versteinerte Angelausrüstung, daneben einen versteinerten Fisch. Sie können diesen Fund nicht verstehen. Was bedeutet dieses merkwürdige Ritual, die Ausrüstung mit Fisch ins Wasser zu werfen? Sollte es eine Gabe sein, die das Meer gnädig stimmt? War es der erste Versuch der Fische, die Menschen ins Wasser zu ziehen?

Belfast Radio beendet den Pan-Pan Notfall, sie sagen, der Mann sei gefunden, mehr aber nicht. Es ist auch nicht deren Aufgabe, die Neugierde anderer zu befriedigen.

In Campbeltown ist am einzigen Steg reichlich Platz, in unseren Bäuchen auch. Wir stoßen auf Schottland an. In zwei Wochen wurden rund 800 Meilen zurückgelegt.

Campbeltown

Stahlblauer Himmel und Sonne, unser erster Morgen in Schottland. Die Reinheit der Luft lässt die Farben der Berge, des Himmels, des Wassers kräftiger erscheinen, wir können uns nicht satt sehen.

Campbeltown ist von Bergen umgeben, durch die Wanderwege führen, genau richtig. Gegen Mittag marschieren wir los, es ist warm. Eine T-Shirt-Wanderung in Schottland, wer hätte das gedacht? Die Landschaft erinnert an die Voralpen, saftig grüne Wiesen, auf denen Kühe und Schafe grasen, eingezäunte Weiden mit Klapptüren, die Wanderern einen einfachen Zutritt ermöglichen, das liebe Vieh kann nicht hindurch. Am höchsten Punkt des Weges angekommen, pfeift ein frischer schottischer Wind. Die Sicht ist klasse, im Osten ist die Insel Arran zu sehen, von der man sagt, sie sei Schottland im Kleinen. Direkt vor unseren Füßen liegt, umgeben von

Weiden, ein Süßwassersee, weiter entfernt in nördlicher Richtung, am Ende einer Bucht, die Stadt Campbeltown.

Weniger schön ist der Blick nach Süden; von dort ziehen dunkelgraue, teilweise schwarze Wolken auf. Es ist offensichtlich, auch diese Farben sind hier kräftiger. Die Wolken sind die ersten Vorboten des angekündigten Sturmes. Schnellen Schrittes geht es zurück zum Boot, der Wind pfeift mittlerweile, es beginnt zu regnen. Auch das ist Schottland, drei Jahreszeiten an einem Tag, Frühjahr, Sommer, Herbst.

Die ganze Nacht hat der Wind am Boot gerüttelt, der Regen ging annähernd waagerecht nieder. Unsere schottischen Nachbarn sind ebenso in dicke Jacken eingemummelt wie wir. Sie grummeln etwas von Mistwetter.

Im Ort ist ein Geschäft für Angelzubehör. Mit einer neuen Rute, Rolle und Schnur verlassen wir Campbeltown, unser nächstes Ziel ist der Crinan Canal. Beim Heraussegeln aus der Bucht schaut etwas Dunkles, Rundes, dicht vor dem Boot aus dem Wasser. Eine Fischermarkierung? Nein, es ist ein Seehund, der neugierig zu uns herübersieht.

Ardrishaig

Diese Zahlen stecken den heutigen Segeltag ab: 40, 25, 8.2. So viel sei verraten, es ist nicht der benötigte IQ zum Trimmen von Vor- und Großsegel sowie zum Steuern.

40 Meilen sind es bis nach Ardrishaig, dort beginnt der Crinan Canal. Der Wind weht aus Süd, mit durchschnittlich 25 Knoten ist eine flotte Fahrt Richtung Nord garantiert, was schließlich die dritte Zahl zum Ausdruck bringt: 8.2 Knoten Höchstgeschwindigkeit.

Wir praktizieren zwei Arten des Segelns. Über eine lange Strecke von mehreren Tagen wird das Boot schonend gesegelt, alles vermeidend, was viel Anstrengung und Arbeit bedeutet. Gut und entspannt ankommen, ist die Losung. Anders sieht es auf kurzen Strecken aus, wie jetzt. Dann segeln wir gerne am Limit, die Tücher bleiben oben, solange es nur geht. Heute pflügen wir mit fast voller Besegelung durchs Wasser. Geschwindigkeit ist wie ein Rausch, man kann nicht genug davon haben. Die Bugwelle, die mit ihrem weißen Schaum dem Boot Flügel verleiht, das Zischen der Wellen, das animiert, weiterzumachen. Mit acht Knoten laufen wir nur geringfügig langsamer, als die von achtern kommenden Wellen. Mit Geschick und Mithilfe einer kleinen Bö kann unser Boot auf einer Welle mitreiten. Oft nur für einen Augenblick; die schwere ATHENE ist nicht zum Surfen ausgelegt, aber immerhin, es geht und macht reichlich Spaß. In solchen Situationen muss man am Ruder stehen, die Kraft im Boot spüren. Jetzt bitte keine Witze wegen des benötigten IQ.

Eine Anmerkung am Rande. Während der sechs Stunden Segeln regnet es prächtig, kurz vor Erreichen des Zielortes klart es auf, die Sonne bricht durch und wärmt. Einen sichtbaren Vorteil hat der Regen, er hat das Salz und den Schmutz der vergangenen Wochen abgewaschen, die Segel sind deutlich heller, um nicht zu sagen sauber geworden.

Die Schleusenwärter lassen uns die Seeschleuse passieren und nehmen die Leinen entgegen. Weiter geht es heute nicht mehr, der Kanal darf nur bis 18 Uhr befahren werden.

Crinan Kanal

Der Crinan Kanal, angeblich der schönste in Großbritannien, wurde vor 200 Jahren angelegt, um den langen und gefährlichen Weg rund um Mull of Kintyre zu verkürzen. Für die kommerzielle Schifffahrt spielt er schon lange keine Rolle mehr, es sind Touristen, die ihn heute bevölkern. Der Kanal ist 14.5 km lang, 15 Schleusen sind zu bewältigen. Als Besonderheit muss die Bootscrew die Schleusen allein bedienen, ausgenommen die in Verbindung mit einer Straßenbrücke.

Caroline, eine entzückende junge Frau im Büro der Kanalgesellschaft, erledigt die Formalien zur Passage mit schottischer Lässigkeit. Unser Boot macht sie kürzer und damit preiswerter, außerdem rät sie zu einem Paketangebot, Caledonian- und Crinan Kanal zum Preis von annähernd einem. Sie zeigt, wie man Wasser in die Schleusen lässt und Tore öffnet. Es ist einfach, Muskel schlägt Hirn. Dann entschuldigt sich Caroline für einen Augenblick und kehrt mit einem jungen Mann zurück, der uns bei den ersten drei Schleusen helfen wird. Warum wir diese Hilfe erhalten, ist uns nicht klar. Sei es drum, entscheidend ist, für Beate ist es einfacher, sie möchte das Boot nicht manövrieren und lieber die Tore bedienen, zusammen mit einem kaum zu verstehenden Schotten.

Und so verläuft die Schleusenarbeit. Im ersten Teil des Kanals gehen Beate und ihr Helfer vor, öffnen mit einer Handkurbel einen Schieber im Schleusentor und warten, bis das Wasser auf beiden Seiten den gleichen Pegel erreicht hat. Ein pechschwarzer Holzbalken von vielleicht sieben Meter Länge und einem beachtlichen Querschnitt, als Hebelarm auf dem Schleusentor montiert, will nun zum Öffnen eines Tores bewegt werden. Das ist ausschließlich eine Frage von Körpergewicht und Kraft. Beate, als zierliche Frau, ist genau die, die man sich als erstes am Tor vorstellt. Andererseits kenne ich ihre Zähigkeit; sie sagt: Ich kann das und ... das Tor bewegt sich.

Im zweiten Abschnitt können wir zusammenarbeiten, in den Schleusen sind erreichbare Leitern, die es mir ermöglichen, das Boot zu verlassen.

Die Sonne scheint, Schottland meint es gut mit uns. Treffen wir Menschen, wie hier auf dem Kanalpfad, geht kaum jemand an uns vorbei, ohne die Sonne zu erwähnen: »Hey, tolles Wetter heute.«

Nach sechs Stunden erreichen wir Cairnbaarn, den höchsten Punkt im Kanal, 23 m über dem Meeresspiegel. Eine arbeitsreiche Fahrt findet für heute ihr Ende. Den

Energetischen ist es noch nicht genug; mit Fahrrädern geht es rund um den Kanal auf Erkundungsfahrt, Schottland gefällt uns sehr.

Es folgt der Abstieg über Schleusen, die in kurzen Abständen, wie eine Treppe, angelegt sind. Die erste Schleuse wird von zwei Touristen geöffnet, die zufällig vorbeikommen. Sie selbst sind auch Segler und möchten tatkräftig mithelfen. Bei den restlichen vier Schleusen hilft ein Mitarbeiter der Kanalgesellschaft. Über Nacht kam zu viel Wasser in den Kanal, unsere Abwärtsschleusung und der damit verbundene Wasserverbrauch senkt den Pegel.

In Crinan endet die Fahrt. Die Seeschleuse werden wir erst morgen passieren - im Kanal liegt man erheblich ruhiger.

Beim Anlegen helfen uns zwei Segler eines deutschen Bootes. Beate ist der Meinung, die beiden irgendwo schon einmal gesehen zu haben. Das ist auch mein Gedanke, der noch verstärkt wird, als ich sehe, dass deren Boot GEMMA heißt. Das ist der Name des Bootes von Gerti und Harm Claußen, zwei Autoren, die Revierführer und ein Sachbuch zur Bewältigung von Seekrankheit geschrieben haben. Warum soll man lange grübeln? Ich gehe rüber, erläutere ihnen kurz unsere Überlegung, und Bingo, sie sind es.

Sie erzählen von ihren Segelerlebnissen und Begegnungen in einer sehr angenehmen, zurückhaltenden Art. Dass sie schon einmal weit über das Nordkap hinaus, bis nach Russland, gesegelt sind, erfährt man eher beiläufig.

Oban

Freitag, 13. Juni 2003. An einem solchen Tag sollte man im Hafen bleiben, andererseits sind wir nicht abergläubisch. Zur Mittagstide passieren wir die Seeschleuse und nehmen Kurs auf Oban. Der Wind ist ideal, Stärke vier bis fünf aus Südwest; es wird eine schnelle Fahrt werden. Der Gezeitenstrom setzt bereits nach Nord, über Grund laufen wir locker acht Knoten.

Zwischen kleineren Inseln gibt es so genannte Overfalls, das Wasser wird an diesen Stellen aufgrund des starken Gezeitenstroms so stark verwirbelt, dass sich Wellen und Strudel bilden. Einige dieser Strudel durchfahren wir. Sie sind unter den heutigen ruhigen Wetterbedingungen ungefährlich, jedenfalls für ein Boot von ATHENE's Größe. Trotzdem wird das Boot durchgeschüttelt, versucht immer wieder die Richtung zu ändern oder neigt sich im quersetzenden Wasser zur Seite. Beate steht am Ruder, ist auf der Hut und hat sichtlich Spaß.

In der Ferne sind die Wellen des größten ›Whirlpools‹ Europas zu sehen. Grundsätzlich ist diese Stelle auch für eine Yacht passierbar, exakt zur Stillzeit, ein kurzer Zeitraum, in dem das Wasser steht.

Ursprünglich sollte unsere Tour dort hindurchführen, aber ein lokaler Segler warnte ausdrücklich. Einmal drin im Sog, kommt man nicht mehr heraus, der Strudel zieht das Boot nach unten. Es ist das gleiche Prinzip wie bei einer ablaufenden Badewanne. Er sagte, das Wasser drehe sich nicht lautlos; an manchen Tagen sei der Strudel bis zu einer Entfernung von acht Meilen zu hören.

Weiter nördlich durchsegeln wir eine Engstelle, die Geschwindigkeit über Grund beträgt sagenhafte 11,2 Knoten, bei fast 5 Knoten Mitstrom. Die Wasseroberfläche ist an manchen Stellen fast spiegelglatt, an anderen bilden sich Wellen, das Wasser scheint zu kochen. Einige Meilen nördlich normalisiert sich der Strom auf knapp zwei Knoten. Um 16 Uhr legen wir in Oban an.

Das warme Licht der Nachmittagssonne taucht die ohnehin fantastische Kulisse in spektakuläre Farben. Große viktorianische Häuser vor begrünten Berghängen, das Blau des Wassers und des Himmels, dazwischen verstreut weiße Segelboote, die vor Anker liegen.

Fort William - Caledonian Canal

Bei bestem Wetter segeln wir am folgenden Tag weiter zum Caledonian-Canal. Der Kanal beginnt im Westen bei Fort William und ist über Loch Linnhe zu erreichen, einen zehn Meilen langen, schmalen Fjord. Diese Umgebung wird vielen Filmfans bekannt sein, ohne es zu wissen. Hier wurden Filme wie ›Die 39 Stufen‹, ›Highlander‹, ›Braveheart‹ und ›Harry Potter‹ gedreht. Wer weiß, vielleicht treffen wir eine Hollywood-Größe. Robert Redford, der unsere Leinen entgegen nimmt; noch besser, Michelle Pfeiffer zum Abendessen.

Damit endet unser einjähriger Aufenthalt in Atlantik-Wassern, es war eine tolle, unvergessliche Zeit, eine wunderbare Erfahrung.

Schottland mit dem Motorrad, diesen Wunsch erfüllen sich unsere Freunde Dagmar und Uwe. Am Caledonian-Canal treffen wir uns wie verabredet, großes Hallo, Wiedersehen nach einem Jahr. Zusammen möchten wir uns Fort William ansehen, die größte Stadt am westlichen Ende des Kanals.

Wir müssen gehen; am Wochenende sind die Busverbindungen dürftig und für die ultimative Variante, die Fahrt mit dem Motorrad, fehlen Helme. Zum Ort führt ein Fußweg, lange 6 km, für Motorradfahrer eine qualvolle Strecke, für Segler auch nicht einfach, zu groß das Risiko, sich zu verlaufen. Am Ortsrand passieren wir die Bahnanlagen; auf einem Gleis steht dampfend eine alte Lok. Sie ist sehr gut erhalten, ein richtiges Schmuckstück.

Die Einkaufsstraße ist eine verkehrsfreie Zone, an deren Beginn ein kleiner Park liegt. Jeweils im Süden und Westen des Parks stehen zwei Kirchen, im Norden als Ort der Verführung ein Kaufhaus. Im Osten geht die Sonne auf, hier ist ein Pub; wir kehren ein und erholen uns von den Strapazen. Von Fort William selbst ist wenig zu sehen, einige Mauerreste und Wiesen. Im Augenblick unseres Besuches ist Niedrigwasser.

Alle biologischen Produkte, über die das Wasser jetzt keinen Schutz mehr legt, liegen nun frei und wetteifern im Duft. Wir verduften!

Wieder auf dem Boot, zaubern Dagmar und Uwe das schottische Nationalgetränk hervor: Whisky. Obwohl die Stimmung schon gut ist, schließlich haben wir den Fußweg überstanden, wird sie immer besser. Woran das wohl liegt? Es kann nur das schottische Wasser sein, mit dem wir den Whisky leicht verdünnen.

Dinnertime in einem Pub im Ort. Einige Leute stehen an der Bar, Musik spielt, leider nicht live. Hinter uns sitzt eine Familie beim Essen, es ist gemütlich hier. An einem schönen sonnigen Tisch nehmen wir Platz. Die Kellnerin nimmt nur Bestellungen für das Essen entgegen. Getränke erhält man an der Bar, wo man selbst hingehen und sogleich zahlen muss. Die Musik wechselt immer wieder, irgendwann wird irische aufgelegt, die Dubliners singen ›Whisky in the jar‹. Uwe erinnert uns, die Flasche an Bord ist noch nicht leer. Zurück im Boot gehört auch das sehr schnell der Vergangenheit an. Ein ausgesprochen schöner, kurzweiliger Tag endet gegen Mitternacht.

Dagmar und Uwe nutzen die verbleibende Urlaubswoche zur weiteren Erkundung Schottlands; wir verabschieden uns. Ihre Motorradkleidung beeindruckt mich. Im Motorradhelm sind Kopfhörer und Mikrofon integriert; verbunden mit einer kleinen Sendempfangseinheit können die Fahrer sich unterwegs verständigen. Jede Sportart hat ihre eigene zweckmäßige Kleidung. Im Vergleich zu Seglern sehen die beiden aus, als könnten sie jederzeit eine Fregatte entwaffnen.

Die Schotten, die sich im Hafenbereich aufhalten, sehen die davonfahrenden Motorräder. Die Gelegenheit nicht verpassend, erkundigen sie sich. Sie finden es toll, mit dem Motorrad durch Schottland zu reisen und denken, es sei eine schöne Art, das Land kennen zu lernen.

Peter, der Schleusenwärter, spricht in seinem bestem Englisch. Seine Stimme ist ebenso monoton und gemächlich wie er sich bewegt. Er redet sehr langsam, um sicher zu sein, dass wir ihn auf Anhieb verstehen. Schotten sind sparsam, zweimal den gleichen Satz zu sprechen ist reine Energieverschwendung. Andererseits nimmt er sich Zeit für einen kleinen Plausch.

Neptun´s Staircase - Loch Lochy

Vor uns liegt Neptun's Staircase, acht Schleusen in dichter Folge, der Aufstieg auf 22 m dauert zwei Stunden. Thomas Telford konstruierte die Schleusen 1822; sie folgen dem Great Glen, einer Verbindung von Flüssen und Seen. Parallel zum Kanal führt der Great Glen Weg, 118 km lang, der heute von Wanderern ebenso wie von Radfahrern geschätzt wird.

Mit uns schleust ein Charterboot. Eigner ist ein schottisches Paar, das auf dem Boot lebt und mit Tagesfahrten Geld verdient. In erster Linie bieten sie Tauchfahrten zu den unzähligen Buchten in Schottland an; das Boot ist entsprechend ausgerüstet. In jüngster Zeit lief das Geschäft nicht mehr so gut. Heute sind ein halbes Dutzend älterer Damen an Bord, die unbedingt einmal Neptun's Staircase durchfahren möchten. Der Skipper grummelt. Die Schleusen sind für ihn nicht mehr der große Spaß, aber er muss Geld verdienen. Zudem ärgert er sich über die Bediensteten der Schleuse: »Schau denen mal beim Gehen zu. So gehen sie.« Er macht sie nach, indem er in Zeitlupe geht.

»In Deutschland sagen wir«, versuche ich ihn aufzumuntern, »Dem kann man beim Gehen die Schuhe besohlen.« (Eigentlich habe ich reparieren gesagt. Wer kennt schon das englische Wort für besohlen?) Der Skipper findet das klasse und möchte sich den Spruch merken. Er gibt es uns einige Tipps für die schottische Ostküste und bestätigt, was Dagmar und Uwe bereits erzählten: Der schönste Teil Schottlands beginnt mit dem Caledonian Canal.

Das Wetter ist an diesem Montag kanarisch warm. Auf den Wiesen rechts und links der Schleusen sitzen Touristen und picknicken, meistens ältere Herrschaften. Die Jüngeren stehen auf den Schleusentoren, positionieren sich vor und hinter beiden Schiffen und warten, bis sich die Kammer zur nächsten Schleuse öffnet. Unzählige Male dient unser Boot als Fotomotiv oder wird auf Video gebannt. Dann und wann stehen Neugierige über uns auf der Schleusenmauer und inspizieren, so gut sie können, unser Boot.

Den Schleusen folgt der Kanal, Traumkulisse bei Traumwetter. Südlich des Kanals befindet sich der höchste Berg Großbritanniens, Ben Nevis, 1.300 m hoch. Die Bergkuppen sind vereinzelt mit Schnee bedeckt. Ein Fisch ist unvorsichtig und schnappt nach unserem Angelhaken. Fast ist er an Bord gezogen, da erinnert er sich an die Mahnung seiner Eltern: Beiße niemals in einen Fischköder. Er reißt sich los und verschwindet im dunklen Wasser. Im Loch Lochy, es klingt wie Jürgen Jürgens, gehen wir zur Nacht an eine kleine Steganlage.

Ein schottischer Klassiker. Musikfreunde werden an Mendelssohn denken, der hier, inspiriert durch die gewaltige Natur, seine schottische Symphonie komponierte. Urlauber werden an Regen, Nebel, kaum Sonne denken. Richtig, so ist das Wetter heute Morgen. Im Boot ist es dank Heizung gemütlich warm und trocken; über den Vormittag lesen und schreiben wir mit T-Shirt bekleidet. Es ist schwierig, nach so viel kanarischer Sonne von diesem Kleidungsstück wegzukommen.

Leichter Regen fällt wieder senkrecht. Vor uns liegen acht Meilen, die Länge des Sees Lochy. Am anderen Ende des Lochs befindet sich ein Steg, der auch Basis für Charterboote ist. Unsere Wassertanks müssen gefüllt werden, auch täte dem Boot eine Reinigung gut, es ist vom Schleusen dreckig geworden. Warum der schottische Regen den Schmutz nicht abwäscht, verstehe ich nicht, ähnelt er doch ab und zu einer Waschanlage für Autos.

Am Nachmittag scheint die Sonne, wir sehen uns um. Der Caledonian-Canal durchzieht hier ein Tal, das durch zwei Bergrücken im Süden und Norden begrenzt wird. Große Teile der Berge sind bewaldet, meist Nadelwald, alle anderen Flächen von hellgrünem Gras überzogen. Drei Häuser gehören zur Charterbasis. Weiter im Berg liegen zwei Bauernhöfe, dazwischen, versteckt im Wald, Ferienhäuser in A-Form. British Waterways meint es gut mit uns und hat an der Schleuse ein Haus mit sanitären Einrichtungen errichtet. Vorsichtig inspizieren wir die Räumlichkeiten, Duschen und Toiletten sind immer ein Abenteuer. Hier ist alles sauber; keiner hat soeben einen Hund, einen Bären oder einen schottischen Löwen geduscht, das Geschirr gewaschen und das halbe Essen zurückgelassen, die Hosen vergessen oder den Nachfolgenden mit einem kleinen Sandstrand in der Dusche beglückt. Auch die Toiletten sind in Ordnung, die letzten Benutzer waren offensichtlich im Umgang vertraut, zielsicher und wussten, wo der Hebel zur Spülung ist. Paradiesisch!

An einer Wand fällt ein großer Hinweiszettel auf, der sinngemäß folgendes sagt: Im Wasser sind Bakterien, die möglicherweise gesundheitsschädlich sind. Es wird davor gewarnt, das Wasser ungekocht zu Trinken, zum Zähne putzen oder zum Salatwaschen zu nutzen.

Schottland ist das letzte Land, von dem wir dachten, es gäbe Umweltprobleme. Die Wassertanks an Bord werden wieder ausgepumpt und mit einem Reiniger behandelt.

Schottland hat leider noch eine Schattenseite: das Militär. Rund um Mull of Kintyre ist ein Übungsgebiet für U-Boote und eines der zahlreichen Schießgebiete. Ich bin kein Experte für militärische Übungen, aber soweit ich verstanden habe, erfolgt das Schießen von Booten wie von Flugzeugen aus. Es wird scharf geschossen. Würde mich interessieren, wie die Folgen für Meer und Tierwelt aussehen.

In Campbeltown trafen wir Schotten, die einmal Opfer eines Militärjets wurden. Er flog immer wieder im Sturzflug über ihr Boot hinweg; sie hatten schlichtweg Angst. In ihrer

Not riefen sie die Küstenwache an und beschwerten sich über den ›Angreifer‹. Binnen kurzer Zeit brach der Pilot seine Manöver ab, die Küstenwache war mit dem Problem vertraut. Für Militärs scheint der Caledonian-Canal ein kleiner ›Leckerbissen‹ zu sein. Ungefähr zwei Kilometer vor dem Hafen hörten wir heute Mittag ein helles Pfeifgeräusch, das sehr schnell laut, dann ohrenbetäubend wurde: Kampfjets im Tiefstflug. Einer flog links von uns vorbei, der andere genau über uns hinweg. Sie waren so tief, dass die Verglasung des Cockpits mit bloßem Auge zu sehen war. Als hätten sie es geahnt - beim Schreiben dieser Zeilen donnert wieder einer übers Boot.

In der Nacht fällt das Barometer um 20 mb, ein Sturm zieht auf. Im Hafen beträgt die Windgeschwindigkeit über Stunden um die sieben, in Böen acht Beaufort. Der Windgenerator läuft zur Stormerzeugung, locker lädt er zwischen 10 und 20 Ampere, üblich sind 4-5. ATHENE liegt wieder wie eine Spinne zwischen etlichen Leinen. Wir halten uns fast den ganzen Tag im Boot auf. Auch so ist Schottland.

Fort Augustus - Loch Ness

Die Schottin, die heute morgen die Schleuse bedient, trägt eine dicke Jacke und hält eine Tasse wärmend zwischen den Händen: »Ich finde, es ist heute ziemlich kalt ... und so starker Wind. Brrr«, sie schüttelt sich. Sie wird die Schleuse für uns vorbereiten und öffnen, sobald wir da sind. Wir liegen quer zur Windrichtung, der Hafen ist flach, wenig Manövrierraum. Einen weiteren Tag hierzubleiben gefällt uns auch nicht, der Liegeplatz ist sehr unruhig. Es bereitet einige Mühsal, vom Steg wegzukommen, aber mit der gesamten Palette an Tricks und etwas Glück gelingt es, das Boot mit dem Heck in den Wind zu drehen. Mit Vollgas rückwärts geht es aus dem Hafen hinaus, die Windgeschwindigkeit beträgt in Böen annähernd 30 Knoten. Erstaunlich, dass unsere gute ATHENE bei dem

Wind noch so gut rückwärts fährt, mehr noch, dass sie es überhaupt kann.

Die Schleuse liegt geschützt zwischen Bäumen, hier ist es himmlisch ruhig. Es folgt der Kanal; eine beschauliche Fahrt mitten durch einen dichten Wald. Der höchste Bereich, mit 106 Fuß über Meeresspiegel, ist mit Loch Oich erreicht.

Bei Fort Augustus folgt der erste größere Abstieg über eine Schleusentreppe von fünf Stufen. Am Fuße der letzten Schleuse, liegt Loch Ness.

Beinahe wäre es zu einem ernsten Zwischenfall gekommen. In die erste Schleuse fahren wir mit Motorhilfe, in die zweite Schleusenkammer ziehen wir das Boot. Beate hält die Bugleine, ich die Heckleine. Es ist einige Kraft erforderlich, die 13 Tonnen schwere ATHENE mit der vorderen Leine zu ziehen. Beate möchte deshalb die Heckleine übernehmen, ich soll ziehen. Gute Idee, hätten wir direkt machen sollen. Völlig unterschätzt hat sie das gegenteilige Manöver, das Abbremsen des Bootes. Die Leine wird dazu in zwei, drei Windungen über einen Haken an Land gelegt, ein Ende der Leine führt zum Boot, das andere hält man in der Hand und zieht. Der umwickelte Haken bietet dann durch Reibung so viel Widerstand, dass man nicht allzu kräftig ziehen muss. Beate kennt das Prinzip. Leider rutscht ihr die Leine vom Haken, es ist zu viel Zug drauf. Mit der Hand greift sie nach, passt einen Moment nicht auf und die Finger geraten zwischen Leine und Haken. Zum Glück lässt sie das andere Ende sofort frei, die Zugkraft ist weg. Eine leichte Schwellung auf dem Handrücken ist zu sehen. Sie hat sehr, sehr viel Glück gehabt.

Ein Schleusenwärter hilft uns im weiteren Verlauf, so kann ich an Bord wieder mit Motorkraft fahren. Die Lehre ist, ein Boot von 13 Tonnen ziehen zwei Personen nicht mehr durch eine Schleuse.

Fort Augustus hat ein großes Thema: Nessie. Im Supermarkt, an der Tankstelle, in der Tourist-Information, überall gibt es Bücher oder Stofftiere zu kaufen. Darüber hinaus liegen Bücher von schottischen Schriftstellern und schottischen Themen aus, Mythen und Sagen, Märchen, Lieder, Mordgeschichten, nicht zu vergessen die üblichen Touristenführer.

1933 erschien ein Artikel in der Zeitung Inverness Courier. Ein Paar berichtete von einer enormen Kreatur, die sie auf dem Wasser sahen. Es war die Stunde, in der das Nessie Fieber geboren wurde.

Zu Loch Ness schreibt das Buch Myths & Legends: Bereits im siebten Jahrhundert wurde das Ungeheuer von Loch Ness erwähnt, der Heilige Saint Columba ging am See entlang und sah ein Ungeheuer, das einen im Wasser schwimmenden Mann angreifen wollte. Er befahl dem Monster im Namen Gottes zu verschwinden, was es auch tat. Bei einer anderen Gelegenheit sah er das Biest, wie es auf Beute lauerte. Columba befahl Nessie, niemals mehr Menschen anzugreifen und sie wurde nicht mehr gesehen.

Diese Sätze faszinieren mich. Ein gesetzestreues, gottesfürchtiges Ungeheuer, das tut, was man ihm sagt! Wer von allen Völkern in Europa befolgt die Gesetze am genauesten? In einem Buch las ich: Schweizer. Nessie könnte demnach schweizerischen Ursprungs sein, auch sprechen die dortigen zahlreichen kühlen Bergseen für eine gewisse Erfahrung mit Kaltwasser. Und was in der Schweiz einmal versteckt ist, bekommt niemand mehr zu sehen. Nessie hat auch diese Angewohnheit nicht abgelegt.

Wissenschaftlich gesehen gibt es nur eine Kreatur, die Nessie ähnlich sein könnte: den Plesio-Saurier. Er wurde bis zu 40 Fuß groß, hatte einen langen Hals und einen einer Schildkröte ähnlichen Körper. Dieser Saurier verschwand, wie alle anderen auch, vor rund 65 Millionen Jahren. Eine Theorie zufolge, könnten einige Eier in der Tiefe lange gefroren gewesen sein, tauten auf und entwickelten sich. Andere sagen, in Loch Ness gibt es niemals genug Nahrung für ein Tier solcher Größe.

Loch Ness ist 19,5 sm lang und über 300 Meter tief, mit Abstand der größte See im Caledonian-Canal. Das Wasser

ist dunkel braun, fast schwarz. Das ist eventuell das größte Hindernis, jemals zu sehen, was darin verborgen ist.
Über Loch Ness segeln wir, eine durchmischte Erfahrung. Oft rauscht kalter Fallwind die Berge hinunter, in Sekunden steigt die Windgeschwindigkeit von 4 auf 6 Bft an. Unser Boot legt sich in solchen Momenten auf die Seite, es ist schwierig, Kurs zu halten. Und das, obwohl wir uns nur vom Vorsegel über den See ziehen lassen. Uns ist es zum ersten Mal kalt in Schottland, der Regen der vergangenen Tage hat die Umgebung deutlich abgekühlt.
Auf halber Strecke liegt Urquhart Castle. In vergangenen Schlachten war es eine bedeutende Kommandostelle über den Great Glen. Heute ist es eine bedeutende Geldquelle, wenn wir die zahlreichen Busse und Autos auf dem Parkplatz als Indiz nehmen. Vom Schloss ist nicht viel erhalten, mehr als einige Mauern sind nicht zu sehen. Für uns wäre ein Besuch enttäuschend. Von See besteht freie Sicht auf die Mauerreste, ein kleiner Vorteil für Seereisende.

Inverness

Mit Erreichen von Inverness endet der Caledonian-Canal. Es ist spät, die Abwärtspassage erfolgt morgen. Das Marinabüro ist am Wochenende geschlossen, die Schleusenwärter übernehmen die wichtigsten Aufgaben, einen Liegeplatz zuweisen und den Stromkasten aufschließen. Aus Erfahrung wissen wir, am besten ist es, Fakten zu schaffen. An einem Platz, der uns gefällt, vertäuen wir unser Boot und fragen nicht lange.
Beate nutzt die Gelegenheit der Waschmaschine, nachdem sie mich zuvor damit verrückt gemacht hatte. Die Schleusenwärterin wollte nach einer Stunde kommen, einen Stromanschluss aufschließen. Jetzt sind zwei verstrichen, sie ist nicht in Sicht, die Wäsche hängt inzwischen auf der Leine. Herumtrödeln oder auf jemanden warten, der irgendwann kommt, macht mich wahnsinnig, da hat auch das Sabbatjahr

keine Abhilfe gebracht. Ich gehe zur Schleuse zurück. Die Frau entschuldigt sich, musste einige Boote schleusen, aber in zwanzig Minuten sei sie da und wird den Kasten aufschließen, sofern sie einen Schlüssel hat. Die Zeit vergeht, sie lässt uns schon wieder sitzen. Das Elektrokabel legen wir auf den Steg, soll sie es anschließen, wenn sie überhaupt noch kommt. Die Batterien müssen geladen werden, sonst wäre uns der Anschluss egal.

Jetzt ist der ›Ich werd noch verrückt Virus‹ völlig auf uns übergesprungen. Wir vergessen die Hälfte unserer Dinge für den Einkauf, kehren zum Boot zurück und gehen ›auf ein Neues‹ in die Stadt.

Wohin geht man am besten nach unnötigem, selbstgemachtem Ärger? In einen Whiskyladen. Hunderte von Flaschen stehen in den raumhohen Regalen, eine Flasche schöner gestaltet als die andere. Eine Verkäuferin bietet uns Proben an, freie Auswahl. Die Entscheidung fällt auf Talisker, einen Whisky von der Insel Skye. Mehrere Leute haben uns von diesem Whisky vorgeschwärmt. In Portugal trafen wir einen ehemaligen Hubschrauberpiloten, der sein Boot nach diesem Whisky benannte. Er flog für Royal-Dutch und lebte lange Zeit in Schottland. Die Verkäuferin erklärt uns, sie hat zwei Sorten Talisker, einen jungen von 10 und einen älteren, 14 Jahre alt. Sie sucht nach dem jüngeren Whisky, ›leider‹ ist die Flasche leer, die andere aber voll. Mit dem Einschenken ist sie großzügig. Das Wasser des Lebens genießen wir, es schmeckt mild, rauchig. Die dümmste Frage bei so einem Tropfen ist die nach dem Preis. Für einen Liter Whisky könnten wir unseren halben Dieseltank füllen, mit einem köstlichem BP Jahrgang. Zurück am Boot verliere ich eine Wette: das Boot ist am Stromkasten angeschlossen.

›Johnny Foxes‹ ist ein Pub im Zentrum der Stadt. Am späten Abend zählen wir zu den Gästen der ausgesprochen gut besuchten Kneipe. Eine Zwei-Mann-Band spielt Hits aus vergangenen Tagen. In der Mitte des Pubs befindet sich die

Theke, von allen Seiten zugänglich. An den Außenwänden sind Tische und Stühle angeordnet. Die Tische sind nochmals mit Scheiben nach vorne und seitlich abgetrennt, mit einem Durchgang in der Front. Es sieht ein wenig aus wie bei der Bahn, wo es Abteilungen zu jeweils sechs Personen gibt, die sich dann über Stunden ertragen müssen.

Wer von den Kanaren nach Schottland reist, dem fällt sofort auf, dass es nur Bleichgesichter in diesem Land gibt, weißer als weiß. Den meisten Schottinnen scheinen die niedrigen Temperaturen nicht viel auszumachen, viele sind auffallend üppig und verfügen dadurch offenbar über einen integrierten Kälteschutz. Ihre Kleidung ist knapp, insbesondere die Oberbekleidung. Für Männer können die Winter in Schottland nicht kalt und auf keinen Fall langweilig sein. Schöne Menschen sieht man auf den britischen Inseln wenig, Spanien steht für uns nach wie vor an der Spitze. Übergewichtig ab dem 25. Lebensjahr scheint hier das Los des Lebens zu sein, Fastfood sei Dank.

Die Stimmung im Pub ist gut. Beate hat den Eindruck, viele Damen flirten mit allem, was nach Mann aussieht. Für den Fall, dass ein Leser nach Inverness kommt und Interesse an Schottinnen hat: Johnny Foxes, Bankstreet, ist eine Empfehlung. Uns gefällt das unterschiedliche Publikum, die Mehrheit der Pub-Besucher dürfte zwischen 20 und 55 Jahren alt sein. Wir ordern zwei Ale. Das Bier ist warm wie Spülwasser und so schmeckt es auch. Die zweite Bestellung ist ein Guinness, laut Zapfhahn, ›extra cold‹. Es hat die für uns gewohnte Trinktemperatur. Wer nun glaubt, ich schreibe von einer dritten Bestellung, der wird enttäuscht. Das nächste Getränk ist Orangensaft an Bord.

Steht man in der Kneipe, bieten sich viele Gelegenheiten, einfach mal in Gespräche hineinzuhören, so dachten wir. Schnell ist klar; das ist nur Theorie. Untereinander sprechen Schotten einen Dialekt, der sehr schwer zu verstehen ist. Mehr und mehr bestätigt sich der Eindruck: BBC Englisch spricht so gut wie kein Brite.

Samstag, 21. Juni 2003. Für jeden Harry Potter Fan der langersehnte Tag; der fünfte Band ›Harry Potter and the Order of the Phoenix‹ ist im Handel. Einige Buchhandlungen öffneten um Mitternacht. Am Nachmittag laufen etliche versprengte Zauberer durch die Stadt. Jede Buchhandlung veranstaltet eine Feier oder Verlosung. Unsere Bordbibliothek ist auch um ein Exemplar reicher.

Prinz Williams Geburtstagsparty wurde von einem Eindringling gestört, die erste Meldung heute bei BBC. Scotland-Yard entschuldigt sich. Uns bleibt vor Schreck fast der Atem weg, der arme 21-jährige wird nun für den Rest seines Lebens mit diesem Trauma leben müssen. Die Palästinenser, die heute von Israelis erschossen wurden, werden erst in der zweiten Meldung erwähnt und sind von ihrem Trauma befreit, sorry. Die Einstellung der Briten zu ihren Royals wird mir immer ein Rätsel bleiben. Um das zu verstehen, muss man hier geboren und mit britischer Muttermilch aufgezogen sein, die britische Geschichte verinnerlicht haben.

›Auf historischen Wegen‹ ist das Motto unseres letzten Tages in Inverness. Mit einem Sightseeing-Bus - man kann den ganzen Tag ein- und aussteigen, wo man möchte – erkunden wir die Umgebung. Zur Nachmittagstour sind wir die einzigen Gäste. Die Reiseleiterin, die Touristen auf der Fahrt begleitet, setzt sich zu uns und erzählt von allen Orten, Steinen, Feldern, an denen die Fahrt vorbeiführt. Uns überrascht dieser Spezialservice, die Freude an Geschichte steigt.

Am Stadtrand passiert der Bus ein Gewerbegebiet, wie es heute oft zu sehen ist, mit Kaufhäusern, Autoservice und so weiter, eigentlich kein besonderer Platz. Hier wurde 1835 der letzte Schotte hingerichtet. Tod durch den Strang. Er hatte seine Frau ermordet. 8.000 Leute sahen die Hinrichtung. Na, wenn das kein Anfang für eine tolle Führung ist?

Am Ortsausgang stehen rechter Hand mehrere Gebäude. Die Reiseleiterin erzählt, es sei eine Privatschule mit insgesamt vier Schülern. Zum Lernen ist das sicherlich besser, aber auch viel langweiliger. Keine Schülerstreiche, keine Hoffung, bei vergessenen Aufgaben nicht aufzufallen. Wie öde! Wo bleibt der Spaß?

Am meisten interessiert uns Culloden. Dort fand am 16. April 1746 die letzte Schlacht auf britischem Boden statt, Schotten gegen Engländer. Bonnie Prince Charlie wollte die Krone für Schottland. Er verlor die Schlacht und floh mit Hilfe von Flora MacDonald, als deren Magd verkleidet, auf die Insel Skye. Heute stehen auf dem Schlachtfeld rote und gelbe Flaggen, die die Ausgangspositionen der Streitkräfte symbolisieren. Ungefähr 9.000 Engländer standen 4.500 Schotten gegenüber, die Schlacht dauerte eine Stunde und endete mit dem Tod fast aller Schotten. Kriege haben ihre eigenen Gesetze und Grausamkeiten. Von englischer Seite war die Schlacht schnell gewonnen, weiterer Blutzoll schottischer Soldaten nicht mehr nötig. Dennoch wurden fast alle getötet oder sollte man besser ermordet sagen?

Einen kurzen Fußweg entfernt liegen die Steinkreise von Clava Cairns. Cairns sind runde, aufgeschichtete Steinhügel, unter denen die Schotten wahrscheinlich ihre Toten begruben. Bei Ausgrabungen fand man Knochen und Reste von verbranntem Holz, was nach meiner Lesart auch für die Reste eines guten Barbecue sprechen könnte. Um den Cairn stehen, in einem Abstand von einigen Metern, bis zu einem Dutzend Steine, die einen äußeren Kreis bilden. Diese Steinkreise dienten wahrscheinlich religiösen Zwecken und sind mit viel Zauber und Magie versehen. Über den Anblick des verkohlten Holzes entwickele ich rasch eine eigene Theorie. Die Steinkreise dienten der Unterhaltung. Dreizehn Schotten und zwölf Steine. Wer sich nicht dahinter verstecken konnte, musste Holz für die Grillfeier hacken.

Ein Besuch im Fort George ist angesichts vorangeschrittener Tageszeit nicht mehr möglich. Das Fort, errichtet nach 1746, war niemals in einen Krieg involviert, dementsprechend gut ist es erhalten.

Auch Gegenwärtiges erzählt die Reiseleiterin. Aberdeen ist die wichtigste Stadt für die Ölindustrie. Fast alle Verbindungen zu den Förderanlagen in der Nordsee werden von dort abgewickelt. In Inverness ist eine Werft, die Bohrinseln wartet und repariert, vom Bus aus ist eine Plattform in der Moray Bucht zu sehen. Und last but not least: selbst das weit im Norden liegende Schottland hat Drogenprobleme.

Nordsee

Juni 2003

Kurze Nächte - Firth of Forth - kurzweiliges Edinburgh - musikalisches Glasgow - Pipers in Eyemouth

Die kurze Passage zur Seeschleuse entwickelt sich zu einer nervigen Angelegenheit. Zusammen mit zwei weiteren Booten eine Etage tiefer geschleust, warten wir nun zwanzig Minuten, bis die Eisenbahnbrücke, die unmittelbar folgt, geöffnet wird. Der Zug passiert, die Brücke bewegt sich. Auf Anweisung der Schleusenwärterin dürfen wir nicht ausfahren, weil es in der Seeschleuse ein Stück weiter ein Problem gibt. Die Zeit vergeht, die Schleusenwärterin ruft ihren Kollegen über Funk. Der berichtet von Schwierigkeiten mit zwei Booten in der Schleuse. Die Brücke schließt für den nächsten Zug. Wieder eine halbe Stunde warten. Dann ›kütt de Zoch‹, wie man in Köln sagen würde, die Brücke öffnet. Diesmal können wir hinaus, nach gut 90 Minuten! Zum Glück ist es noch nicht zu spät, das Wasser läuft weitere drei Stunden ab.

Am Nachmittag erreicht unsere Reise ihren nördlichsten Punkt, der weitere Weg führt jetzt ohne große Umwege nach Hause. Die Entfernung bis nach Den Helder in Holland beträgt 500 sm. Langsam beginnen wir die Meilen zu zählen; die Freude auf zu Hause wächst.

Für ein Boot mit knapp zwei Meter Tiefgang ist die Nordostküste Schottlands stellenweise ein schwierigeres Revier, wenn man Marinas als Maßstab nimmt. Nur wenige Häfen sind zum Anlaufen geeignet, diese sind dann kommerzielle oder Fischereihäfen. Yachten sieht man dort nicht gerne. Umgekehrt ist es auch für uns kein Vergnügen, an einem gammeligen Fischerkahn anzulegen, ganz zu schweigen von möglichen Beschädigungen des Bootes. Wir haben uns entschlossen, eine Nacht durchzufahren, Edinburgh ist das nächste Ziel.

Die Nachtfahrt ist mehr eine Dämmerungsfahrt, auf Deck ist alles, selbst im Detail, zu erkennen. Beate übernimmt gegen 23.00 Uhr die Wache und ist sogleich aufgeregt. Eine Möwe ist uns an die Angel gegangen! Zunächst scheint es, als hätte sie nach dem Fischköder geschnappt, beim Einrollen der Schnur wird klar, die Möwe ist in die Leine geflogen, ein Flügel hat sich darin verwickelt. Der Vogel kreischt und pickt, das macht die Befreiungsaktion nicht einfacher. Mit festen Handschuhen ausgerüstet, halte ich das Tier in einer Hand und versuche, die Leine vom Flügel abzuwickeln. Die Möwe hat sich derart darin verheddert, leider muss die Leine zerschnitten werden. Die Schnur ist gekappt, die Möwe schlägt heftig mit den Flügeln, ich kann sie kaum halten. Sie kommt mir zu nahe ans Gesicht, ich schubse sie ins Wasser und sie fliegt davon. Das Reststück der Leine ist entweder abgefallen oder behindert den Vogel nicht beim Fliegen. Ich hatte keine Chance, sie komplett zu befreien.

Die schottische Ostküste steht in erster Linie für Nordseeöl und Gas. An Land sind riesige Anlagen zu sehen, unzählige Lichter, so stark, dass die Wolken, von unten beleuchtet, gelblich rot schimmern. Wenige Meilen außerhalb der Küste stehen ein halbes Dutzend Offshore-Förderanlagen, ebenfalls hell beleuchtet.

Die ›Nacht‹ dauert von ca. 23.00 bis 03.00 Uhr, bis es wieder taghell ist. Wir durchfahren eine Kolonie von blauschimmernden Quallen. Das Wasser ist erstaunlich klar; die tellergroßen Tiere sind mit dem jetzigen Sonnenstand sehr gut zu beobachten. Es müssen Tausende sein.

Mit Passieren von Peterhead liegt Kurs Süd an. Der Ort bietet, als einer der wenigen, eine Marina. In einem Prospekt sahen wir ein nettes Foto der Anlage. Was es verschweigt, ist das Umfeld. Die Marina liegt mitten in einer petrochemischen Anlage! Der Hafen dient in erster Linie dem Bedürfnis der Großschifffahrt, auch Yachten müssen vor Befahren per Funk eine Genehmigung einholen. Wieso hier eine Marina errichtet wurde, ist uns ein Rätsel. Ob einige Ölbosse Platz für ihre Boote benötigten? Für Durchreisende ist es sicherlich ein Erlebnis: Zum Frühstück ein wenig Ruß, der von einer Abfackelflamme herüberzieht, zum Mittag riecht es nach Verdünnung und die Nacht wird mit Dieselgeruch versüßt. Ich weiß nicht, ob es wirklich so ist, aber einladend sieht der Ort nicht aus.

Thema Umwelt. Die Nordsee ist als Industriemeer bekannt, somit war unsere Erwartung an irgendeine Form von Leben im oder auf dem Wasser sehr gering. Die Realität ist erfreulich anders. Wir haben den Eindruck, dass das Meer voller Leben ist!!!

Neben dem Boot tauchen immer wieder Delfine auf, verschiedene Gattungen, einheitlich dunkle, gefleckte und sogar ein fast weißer mit zwei seitlichen grauen Streifen.

Ein Novum sind Seehunde. Immer auf der Ausschau nach Fischermarkierungen, beobachten wir häufig etwas Dunkles, Schwarzes vor oder neben dem Boot. Bei genauerem Hinschauen ist es ein Seehund, der, einmal aufgetaucht, sich nach allen Richtungen umdreht. Führt unser Kurs zu nahe an ihm vorbei, taucht er einfach ab.

Auf dem Wasser tummeln sich verschiedene Möwenarten, unendlich viele Papageientaucher und eine kormoranähnliche Art, aber braunweißes Gefieder.

Die Papageientaucher schauen mit ihren rot-gelb-schwarzen Schnäbeln hübsch aus. Auf annähernd 100 Seemeilen begleiten sie uns ständig, genügend Zeit zur Beobachtung. Unter Wasser mögen sie geschickte Schwimmer sein, was ihre Flugkünste angeht, wirken sie hilflos. Bei einem Vogel zähle ich zwei Dutzend Schläge der Flügel aufs Wasser, bis er endlich abhebt. Im Vergleich benötigt eine Möwe wenige Flügelschläge und ist weg.

Über Seefunk erreicht uns ein Mayday. Die Yacht GOOD QUESTION ist im Firth of Forth bei Niedrigwasser auf einen Felsen gelaufen, der Skipper hat Angst und bittet die Seenotrettung, ihn abzuschleppen. Zunächst verwirrte uns

243

der vorangegangene Funkverkehr. Die Küstenstation leitete jeden Anruf an die Yacht mit:»Mayday, good question« ein. Was soll der Unsinn, immer vorweg zu sagen:»Gute Frage?« Nach einigen Minuten folgt ein offizieller Notruf der Küstenfunkstelle, dann ist klar: Das ist der Name der Yacht. Ein in der unmittelbaren Nähe befindlicher Fischkutter bietet an, das Boot sofort an den Haken zu nehmen, die Küstenwache lehnt dankend ab und schickt die Seenotretter. Unweit der Havarie liegt ein kleiner Hafen, der Hafenmeister kann die Yacht von Land aus sehen, er wird sie bergen. Kurz und gut, die Seenotretter retten den Skipper, er ist allein an Bord, der Hafenmeister kümmert sich um die Yacht, Notfall beendet, die Küstenwache sinngemäß:»Der Skipper ist abgeborgen, die Yacht steht hoch und trocken zwischen den Felsen, es ist nichts passiert, Mayday aufgehoben.«

Dieser Vorfall zeigt unter anderem, wie sorgsam man einen Yachtnamen wählen sollte.
Küstenwache (K):»GOOD QUESTION, wie ist ihre Position?« Antwort:»Gute Frage, keine Ahnung.«
K:»NO CHANCE, wir können Sie nicht orten.«
K:»Die Yacht MISTY ist im Nebel auf Grund gelaufen.«
K:»DEFIZIL, die Bergung ist schwierig.«
K:»BIG DEAL ist in Position sowieso auf Felsen gelaufen.«

Der frische Wind schiebt uns erfreulich schnell in den Firth of Forth. Obwohl die Sonne von stahlblauem Himmel scheint, ist es lausig kalt, die Kleidung wird um eine Lage Fleece erweitert. Der Firth of Forth ist eine über 20 Seemeilen tiefe Bucht, an deren südlicher Seite Edinburgh liegt. Unser Ziel ist die Marina Port Edgar, tiefer in der Bucht. Im Firth herrscht rege Großschifffahrt, Containerschiffe und Öltanker gleichermaßen. Auch hier tummeln sich unzählige Papageientaucher auf dem Wasser. Als Fahrwasser-Markierungen dienen nicht nur die üblichen roten und grünen Tonnen, ein Teil der Seezeichen ist auf Flöße montiert. Und wer nutzt diese auch noch? Seehunde. Die Plätze scheinen begehrt, manche streiten sich.

In der Marina wird am ersten freien Steg gegen 21.00 Uhr ziemlich erschöpft angelegt, obwohl der Törn sehr komfortabel war. Es muss an der Kälte liegen, auch kam der Schlaf zu kurz. Kleiner Imbiss, ein Bier und schließlich in homöopathischer Dosierung ein Whisky. Kaum in der Koje, schlafe ich nach 5,34 Sekunden ein.

Firth of Forth / Edinburgh

Der Donnerstag ist in erster Linie Ruhetag, warm scheint die Sonne. Wartungsarbeiten sind notwendig, ein wenig Putzen täte dem Boot auch gut. Nachmittags läuft das Schulschiff ROYALIST ein. Die Ausbildung der Seekadetten liegt in den Händen einer stimmgewaltigen Dame, die die Jungs im Rigg zurechtweist. Bei allen Manövern mit Leinen, die mit vielen Matrosen durchgeführt werden, wird bei der deutschen Marine rhythmisch »Hol weg, Hol weg« gerufen. Die Briten rufen: »Nos-tal-gie, Nos-tal-gie«. Mir gefällt das.

Die Marina Port Edgar liegt in South Queensferry, einem kleinen Vorort von Edinburgh. Immerhin gibt es für den Ort einen eigenen Touristenprospekt, in dem kühn die Behauptung aufgestellt wird, es sei ein lebhafter Platz. Den Beweis dazu liefert die Broschüre auf der Rückseite, über das Jahr verteilt zähle ich vier Ereignisse: Schwimmen im Forth am 1. Januar, Schneeglöckchen im März, ein Bootsrennen im Juni und eine Ausstellermesse im August. Puh, da muss man einen Terminkalender führen, sonst versäumt man noch etwas. Wirklich toll ist die viktorianische Eisenbahnbrücke, die den Forth überspannt, ein technisches Kunstwerk.

Nahe der Marina ist eine Bushaltestelle. Der Bus Richtung Edinburgh hält, wir möchten die Tickets beim Fahrer bezahlen. Überraschenderweise hat er kein Wechselgeld. Zuerst denken wir, es liegt ein Missverständnis vor, der Fahrer macht Witze, aber es stimmt, kein Kleingeld heißt aussteigen. Ein Fahrgast hilft uns aus der Patsche. Den Fahrer frage ich, warum er kein Wechselgeld mich sich führt. Er brummelt etwas, meint schließlich in deutlichster Aussprache: »Mein Job ist, einen Bus zu fahren.« In der Touristeninformation erfahren wir, dass man für hiesige Busse immer ausreichend Kleingeld in der Tasche haben muss.

Viel Historisches erwartet uns in Edinburgh. Da ist die Burg, majestätisch hoch über der Stadt auf Felsen errichtet, die unzähligen Kirchen rund herum, große herrschaftliche Häuser, der Holyrood Palace und die Royal Mile, die Burg und Palast verbindet. Auf den ersten Blick sind die Gebäude in einem ausgezeichneten Zustand, die Stadt ist sauber und absolut sehenswert. Hier könnte man locker eine Woche verbringen und hätte bei weitem nicht alle Plätze und Paläste gesehen. Kulturell scheint sich auch viel zu ereignen. Mein Maßstab sind Jazzclubs, ein Club hat beinahe täglich zwei Bands auf der Bühne, eine bis Mitternacht, die andere danach. Selbstredend sind die Programme der Theater und Konzerthallen umfangreich.

Beate hat in den vergangenen Wochen fleißig Bücher über schottische Geschichte und Legenden gelesen, sie übernimmt die Navigation in der Stadt. Zuerst gehen wir zu dem kleinen Denkmal eines Hundes, Greyfriars Bobby. Der Hund gehörte einem Polizisten, der ihn regelmäßig auf seiner Wache zu einem Landwirtschaftsmarkt mitnahm. Als sein Herrchen starb, bewachte er 14 Jahre lang dessen Grab. Er blieb seinem Herrn so treu, keiner bekam ihn dort weg. Die Geschichte ereignete sich zwischen 1858 und 1872.

Durch die Hauptgeschäftsstraßen schieben sich Massen von Menschen, für meinen Geschmack zu viele. Unter ihnen sind Studenten, die, logo, jung und leger gekleidet sind. Ihnen fehlt auch der verkniffene Gesichtsausdruck der zweiten Gruppe, der Berufstätigen. Diese tragen häufig eine Art Uniform, der schicke Büroanzug zählt für mich auch dazu. Die Deppen, die ständig im Weg stehen, so tun, als hätten sie alle Zeit der Welt, mit fragendem Blick herumschauen, auf ihrem dicken Wanst eine Kamera oder auf dem Rücken einen Rucksack tragen, gehören zur dritten Gruppe: Touristen. An den von ihnen überbevölkerten Plätzen werden mit Vorliebe Zettel für obskure Erlebnisse verteilt, zum Beispiel für Spiegel, die Gesichter verzerren. Toll, dafür reist man nach Edinburgh! Die Stadt hat gelernt, wie man das Geld aus den Taschen der Touristen saugt. Die vielen Souvenirgeschäfte, die Whiskyläden mit ihren überteuerten Waren zeugen davon. Und was soll man sagen, die Läden sind voll. Er muss wirklich fabelhaft aussehen: Schmitzens Walter im Kilt, zu Hause in Niederdorfbach.

Am Wochenende finden zwei Konzerte von Robbie Williams statt. Ausverkauft. Auf den Zufahrtstraßen weisen Schilder den Weg zum Stadion. In der Stadt bewegen sich Scharen von meist jungen Menschen in diese Richtung. Unter ihnen sind sehr, sehr viele Frauen im besten Alter und im Gegensatz zur Caledonian Region, auch viele hübsche, attraktive.

In der Zeitung lese ich, dass Robbie Williams durch die beiden Konzerte in Schottland drei Millionen Pfund verdienen wird. Das sind 1.500 Tonnen, der Mann benötigt einen Geldspeicher. Spaß beiseite, gut vier Millionen € in zwei Tagen ist nicht schlecht. Wenn das nicht erotisch macht!

Eine schöne Seite Schottlands ist die geringe Entfernung zwischen den Städten Edinburgh und Glasgow. Eine Stunde Zugfahrt, und man ist in der anderen Stadt. Mit einem Shuttle, der erstaunlich gut frequentiert ist, Fahrgäste stehen in den Gängen, fahren wir am Sonntagmittag nach Glasgow.

Mir gegenüber sitzt eine Familie, er schläft, Sohnemann ist in eine Autozeitschrift vertieft, sie liest ›NOW‹, eine Frauenzeitschrift. Auf der Titelseite steht ›Die wahre Geschichte von Tania', kleiner daneben ›Wie sie ihren idealen

Mann fand‹. Jawohl, die Welt der englischen Leserinnen hat ein Recht, alles über den idealen Mann und den Weg zu ihm zu erfahren. Im Laufe der Bahnfahrt liest sie die Zeitschrift zweimal, der schlafende Ehemann scheint nicht der ideale Typ zu sein. Schräg gegenüber sitzt ein Vater mit zwei Töchtern. Die Kinder spielen Karten und amüsieren sich, er hält das englische Gegenstück zur BILD-Zeitung, die SUN, in Händen. Von meiner Sitzposition kann ich nicht einsehen, welche Seite er liest, es ist auch nicht nötig, man sieht es an seinem Gesicht. Lächelt er, wird auf der Seite ein knapp bekleidetes Girlie abgebildet sein. Nachprüfen kann ich die These, sobald er umblättert. Die Trefferquoten sind nicht schlecht, die Zeitung hat mehrere solcher Seiten. Wenigstens für einen kleinen Moment zu Hause vergessen, sich an der Seite einer Schönheit wegträumen - es muss ein tägliches Bedürfnis der männlichen Leserschaft sein. Schweift der Blick auf die andere Zeitungsseite, ›Kabinett plant Steuererhöhung‹, ist er wieder in der Realität angekommen.

Die Fahrt endet in Queen Station, im Herzen Glasgows. Der erste Eindruck ist überwältigend. Architektonisch ist Glasgow mit Sicherheit die schönste Stadt in Großbritannien, die wir im Verlauf unserer Reise besuchten. In unmittelbarer Nähe zur Queen Station liegt George Square, auf dem sich viele Menschen in der wärmenden Sonne entspannen. Rund um den Platz werben wehende Fahnen für die Jazzwoche Anfang Juli. George Square grenzt an ein prunkvolles Verwaltungsgebäude im viktorianischen Stil, erbaut aus grauen Steinen. Reizvoll dazu der Kontrast der aus rotem Sandstein gebauten Häuser rundherum; in keiner Stadt Britanniens sahen wir so viele Sandsteinbauten wie hier.

Für Glasgow ist ein Tag Aufenthalt vorgesehen, eigentlich viel zu kurz. Um eine Übersicht über die wichtigsten Bauten und Plätze zu bekommen, schließen wir uns einer Stadtrundfahrt in einem offenen Bus an. Der Weg führt durch ein hochsommerliches Glasgow, Richtung Westen, zum Museum und der Universität. Das Museum ist komplett in

Sandstein gebaut, ein Meisterwerk. Nicht weniger beeindruckend die Universität, die älteste in Großbritannien. Richtung Kathedrale passieren wir ein Krankenhaus, kein besonders aufregendes Gebäude, dennoch ein historischer Ort. Robert Flemming arbeitete hier und entdeckte das Penicillin.

Glasgow ist auch der Moderne nicht verschlossen, kaum eine Stadt in Europa hat so viele Bauten, die eine Glasfront aufweisen. Ein Einkaufszentrum ist annähernd komplett aus Stahlrahmen und Glas erbaut, das größte seiner Art in Europa. Glasgow ist nicht nur architektonisch interessant, auch kulturell ist es äußerst rege. In der Touristeninformation liegen allein fünf Hefte aus, die die Festivals der Stadt im Juli erfassen.

In einer Straße befinden sich fünf große Theater dicht nebeneinander, dazwischen eines der größten Kinos in UK. Im Unterschied zu vielen anderen Städten – entweder schön, aber ab Sonnenuntergang ausgestorben, oder lebhaft, dafür nicht besonders ansehnlich – hat Glasgow für meine Begriffe die ideale Mischung - eine schöne, kurzweilige, interessante Stadt. Am späten Nachmittag suchen wir noch einmal die Kathedrale auf, diesmal per pedes, sehen uns die Einkaufsstraßen an, die unter anderem enorm große Buchhandlungen und Musikgeschäfte aufweisen. Auf dem Rückweg zum Bahnhof dringt von irgendwo eine Jazztrompete an unsere Ohren, eine Minute später sind wir im Pub. Am Tresen stehend, genießen wir bei einem Pint Ale die Musik eines Jazzquartetts und die urige Atmosphäre, der Zug nach Edinburgh kann warten. Glasgow verlassen wir am Abend mit dem Versprechen wiederzukommen, diese Stadt lohnt weitere Besuche.

Eigentlich wollten wir heute weiter, nach einigem Hin und Her haben wir uns ganz ›spontan‹ darauf verständigt, keine Lust zum Segeln zu haben. Der Wind ist zu stark, weht aus der falschen Richtung und überhaupt. Außerdem unterliegen wir nach wie vor dem Reiz Edinburghs. Zuerst sehen wir uns in einer der großen Buchhandlungen der Stadt um. Im Laufe unserer Reise in Irland und UK sind wir immer mehr den

Verlockungen der Buchhandlungen verfallen. Manchmal verbringen wir mehr als eine Stunde dort und wissen nicht, wo die Zeit geblieben ist. Speziell an Wochenenden sind Buchhandlungen in beiden Ländern sehr gut besucht; offensichtlich lesen Iren und Briten gerne.

Der Buchhandlung folgt die Bank of Scotland. In Edinburgh ist das Hauptquartier; einer Broschüre zufolge ist der Zutritt für die Öffentlichkeit möglich. Dort angekommen, erklärt man uns, dass ein kleines Museum zugänglich ist, der Rest des Gebäudes nicht, dort wird gearbeitet. Das Museum ist wenig interessant, ausgestellt ist ein alter Bankschalter, in Vitrinen Fotos und Geldscheine. Eine Dame erklärt Besuchern Hintergründe und fragt, wo mein Interesse liegt, in Münzen, Bank- oder Stadtgeschichte? Mein Interesse liegt in einer Aspirin, was ich selbstverständlich nicht sage, sondern verabschiede mich ganz diskret aus dem ehrwürdigen Haus. Irgendetwas hängt heute bei mir ›quer‹. Jetzt einen Vortrag über die Bogenschützen der Bank im Jahr 1803 zu hören, wäre zu viel.

Im Supermarkt erstehe ich meine Aspirin. Gängige Medikamente kann man dort kaufen, zu Preisen, die in Deutschland nicht mehr zu schreiben sind, so klein ist die Zahl.

Beate möchte ins Museum, das Royal Museum und das Museum of Scotland befinden sich in einem Gebäude. Eine große Bandbreite von Technik, über Tiere bis hin zu ägyptischen Mumien ist im Royal Museum ausgestellt. Im Museum of Scotland sind die Themen selbstredend schottisch, sie zeigen alle Bereiche des vergangenen und gegenwärtigen Lebens. Beide Museen sind so groß; man müsste mehrere Tage dort verbringen, um alles zu sehen. Und nicht zuletzt: über entsprechende Kondition sollte man auch verfügen.

Eyemouth

Am frühen Morgen verlassen wir Port Edgar und durchfahren den Firth of Forth. Eine Fähre und ein Frachtschiff bleiben die einzigen Begegnungen während des Vormittages. Schließlich erreichen wir Rock Bass, einen Felsen mit der größten Vogelkolonie Großbritanniens. Schon von weitem sind Schwärme von Möwen zu sehen, die über dem Wasser und den Brutplätzen kreisen. Die Felsoberfläche ist weiß von Vogelkot. Beim Passieren der Kolonie erleben unsere Nasen ihr eigenes Abenteuer.

Eyemouth ist Grenzstadt, die Grenze zu England, wo wir am Nachmittag einlaufen. Mitten im Hafenbecken aalt sich ein Seehund. Völlig überrascht, das Tier zu sehen, stoppe ich auf. Verletzungsgefahr. Wie sich später herausstellt, leben hier ständig vier Seehunde, einer bereits seit fünf Jahren. Obgleich es ein lebhafter Fischereihafen ist, Boote ein- und auslaufen, haben sich die Seehunde daran gewöhnt.

Eyemouth ist eine verschlafene Kleinstadt, die hauptsächlich vom Fischfang lebt, im Sommer zusätzlich vom Tourismus. Der gesamte Küstenbereich um Eyemouth hat zur See steile, abfallende Felsen, die in den Farben zwischen Rot und Schwarz variieren, der Übergang oft gleitend. Oberhalb der Felsen breiten sich saftige Wiesen und Felder aus, die in grünen und gelben Farben leuchten.

Von See sahen wir schöne Stellen um Eyemouth, einen Leuchtturm in unmittelbarer Nähe und eine große Kolonie brütender Vögel zwischen den Klippen. Kurz gesagt, eine Wanderung zu diesen Plätzen scheint verlockend. Wieder ein Hafentag.

Bei bestem Sommerwetter wandern wir gut zwei Stunden und erreichen Coldingham, nördlich von Eyemouth. Der Ort verfügt über einen kleinen Fischereihafen, eine Poststelle und eine Bushaltestelle. Damit dürften auch alle öffentlichen Einrichtungen aufgezählt sein. Coldingham liegt wie Eyemouth auf einer kleinen Anhöhe über den Klippen zur

Küste. Im Sonnenschein sieht alles fantastisch aus. Einige Häuser wurden im Stile kleiner Schlösser gebaut, mit Erkern und Türmen, verschachtelten Gebäudeteilen, deren Dächer in verschiedene Himmelsrichtungen zeigen, einfach traumhaft. Wir sollten unser Boot verkaufen und in eine solche Herberge ziehen, auch wenn es im Laufe der Zeit wahrscheinlich langweilig wird, immer am selben Platz zu leben.

Nördlich des Leuchtturms befindet sich eine große Brutkolonie von Möwen und Papageientauchern. Dort geht es sehr lebhaft zu, Vögel fliegen ständig zwischen den Brutplätzen und der See hin und her. Immer wieder gibt es Streit, mal mit dem Nachbarn, mal mit einem, der sein Nest nicht findet. Das Gekreische ist fortwährend zu hören, Möwen sind ein geschwätziges Volk. In der Luft liegt der Duft von ›Eau de Möwe‹. Sie wissen schon...

Abends werden einige folkloristische Darbietungen im Ort aufgeführt, Tanz und Musik von Dudelsackspielern. Beate schaut den Tänzern zu, die einen alten, sehr formalen Tanz aufführen. Mein Interesse gilt mehr den Pipern, so gehe ich zu deren Gruppe hinüber, die Leute machen gerade eine Pause. Eine Dame mit Dudelsack lächelt freundlich. Ich spreche sie an, ob sie mir erklären könnte, wie das Instrument funktioniert. Ich glaube, sie wird keinen Fremden mehr anlächeln. Die Sache endete damit, dass sie auf der Straße den Dudelsack zerlegt. Mein Befinden ist irgendwo zwischen »Ist mir das peinlich« und »Könnte ich das auch noch sehen« angesiedelt. Auf meine Fragen antwortet die Schottin nie mit »Yes« oder »Okay«, sondern »Aye«.

Unter den Musikern befinden sich einige Gäste, Pipers aus Holland, Leute aus Leiden und Vlissingen, die in Zeeland in einer festen Gruppe Dudelsack spielen. Offensichtlich sind Musiker wie Segler sehr kommunikativ. Schnell finde ich mit einem holländischen Piper eine Gesprächsebene, zwei Plaudertaschen treffen sich.

Eyemouth möchte uns nicht absegeln lassen, eine beachtliche Brandung steht in die Hafeneinfahrt. Zwei Fischerboote hatten am frühen Morgen erhebliche Probleme einzulaufen. Unsere ATHENE liegt an einem Fischerboot, mit dem der Eigner am Wochenende Angler aufs Meer hinausfährt. Er erzählt vom Fischen und wo die besten Plätze liegen. Nach seiner Aussage hat man mit der Angel nur eine Chance, wenn man an ein Wrack oder eine Untiefe fährt und das Boot treiben lässt. Die Fische stehen fast immer auf dem Meeresgrund, die Methode mit nachgezogenem Fischköder würde hier nicht funktionieren. Ja, das haben wir auch gemerkt, zügig segeln und angeln passt nicht zusammen.

Tags drauf sieht es besser aus, die See ist ruhig. Gemütlich segeln wir die Küste Richtung Süd entlang und laufen abends in Blyth ein. Wieder 60 sm näher an Makkum.

Rolling Home

Juni - Juli 2003

Traumhafte Törns - Möwen lieben James Cook - Nordsee Wahrzeichen - Sternschnuppe und Taube

Blyth ist nicht unbedingt eine Reise wert, die Stadt ist wenig einladend. In der Straße, die zum Hafen führt, werden viele Häuser zum Verkauf angeboten. Verlockender ist die Wettervorhersage, Wind aus Südwest, der im Tagesverlauf auf West drehen soll. Gute Bedingungen, am Nachmittag laufen wir aus mit Kurs Hartlepool. Auf See ist die Windstärke höher als erwartet, die Anzeige pendelt zwischen 20 und 25 Knoten, unsere ATHENE segelt mal wieder Höchstgeschwindigkeit. Sehr bald passieren wir Newcastle, eine Stadt, die von See schön aussieht und einen der bedeutendsten Fährhäfen an der englischen Ostküste hat, Schiffe laufen ständig ein und aus.

Hartlepool

Für 33 Meilen benötigen wir 4 Stunden und 45 Minuten, ein traumhafter Törn. Nach Passieren der Schleuse legen wir in der Marina Hartlepool an. Alan, der Manager, begrüßt uns. Mein Eindruck ist, der Mann wird nach gesprochenen Worten bezahlt. Er redet ohne Unterlass von allen Besonderheiten des Ortes, über Bingo bis hin zum besten Restaurant der Stadt, was selbstverständlich in der Marina ist, aber heute leider geschlossen hat.

Ortsbesichtigung am nächsten Tag. Hartlepool ist deutlich größer als Blyth, aber nicht unbedingt schöner. In der öffentlichen Bibliothek sehen wir im Internet die Wetterkarten für die nächsten Tage durch. Vielleicht ist es möglich, am Wochenende nach Holland zu segeln. Reisemüdigkeit macht sich breit. Nach so vielen Eindrücken eines Jahres spulen wir neue Städte mehr ab, als dass wir sie uns mit der anfänglichen Begeisterung ansehen. Mehr und mehr ist es Routine, mit der wir jetzt reisen, die überspitzt ausgedrückt, uns denken lässt: Gut, noch eine Stadt besucht. Wir sind froh, wenn wir unser Boot wieder an seinem angestammten Platz in Holland anlegen können; die Freude auf zu Hause, die Familie und Freunde, wächst. Routine im Sinne von Geübtheit ist eine Erleichterung, im Sinne von Gewohnheit das Ende eines Traumes. An diesem Punkt sollte man aufwachen.

Whitby

Endlich begegnet uns James Cook. In Whitby begann seine Laufbahn als Seemann; hier absolvierte er eine Lehre auf einer Werft, die Kohlenschiffe baute. Das Haus, in dem er wohnte, beherbergt heute ein Museum, wo Gegenstände, die man ihm zuschreibt, zusammengetragen sind. Mit einer großen Statue, auf einer Anhöhe oberhalb der Hafeneinfahrt würdigt die Stadt ihren berühmten Sohn. Cook hält einen Zirkel in der Hand und schaut hinaus aufs Meer. Besser würde er nach oben sehen und den Zirkel nehmen, um der Möwe, die auf seinem Haupt sitzt und gewisse helle Produkte auf seinen Schultern verteilt, einen Hieb zu versetzen.

Hoch über Whitby ragen die Reste einer alten Abtei, die leider nicht vollständig erhalten ist. Aber auch so lässt sich erahnen, wie gewaltig dieses Bauwerk einst war.

Whitby steht auch für Fish & Chips. Massenweise schieben sich vornehmlich britische Touristen durch den Ort. Sehr viele Menschen sind erheblich übergewichtig – wie der Michelinmann – und schlecht gekleidet. Dafür sieht man sie sehr oft Eiscreme oder fettige Fish & Chips essen. Ist das eine Überraschung? Der Hafenmeister erzählt, Magpie soll das beste Fish & Chips Restaurant Englands sein; die Leute stehen Schlange, um hineinzukommen. Tatsächlich sehen wir am Nachmittag eine lange Schlange wartender Leute. Es wird wohl wirklich gut sein.

Nochmaliges Durchsehen der Wetterkarten und die Entscheidung fällt: Auslaufen mit dem Mittagshochwasser Richtung Den Helder. Winde aus dem westlichen Quadranten mit Stärke um vier sind vorhergesagt, später abflauend. Die See ist mit slight angegeben, was mit wenig Seegang gleichzusetzen ist.

1. Seetag

Beate bereitet ein Hühnchen mit Reis zum Mittagessen vor, ich wirbele ums Boot und mache es seeklar. Um ein Uhr öffnet die Whitby Brücke, zehn Minuten später sind wir auf Kurs Südsüdost.

Das wichtigste Ereignis des Nachmittags ist die Überquerung des Nullmeridians von West nach Ost um 17.29 Weltzeit. Ade westliche Welt.

Drei Stunden später tauchen die ersten Wahrzeichen der Nordsee auf: Plattformen zur Gasförderung. Im Gebiet der südwestlichen Nordsee zähle ich auf einer Seekarte bereits 76 Stück. Diese Anlagen sind in einem Mindestabstand von 500 Metern zu passieren, ein gerader Weg quer durch die Nordsee ist somit nicht möglich, immer steht eine im Weg. Und wenn es keine Plattform ist, dann ist es gut möglich, dass man einer Untiefe ausweichen muss. Die Nordsee hat in manchen Gebieten einen begrenzten Charme.

Soeben ist die Sonne glutrot am Horizont versunken. Ich mag diese Abendstimmung, die noch warme Luft, das friedliche Bild der versinkenden Sonne und besonders die Farben des Lichtes, die Wolken, die von intensiv rot bis hin zu Pastelltönen leuchten, durchzogen von Grauschattierungen. Manchmal, mit ein wenig Glück, spielt sich der Sonnenuntergang vor fast blauem Himmel ab, der dann eine weitere Farbe hinzufügt. Für mich ist das eine Stimmung, die sagt: Wieso gibt es auf dieser Welt Probleme? Als passende Musik würde ich Louis Armstrongs »It's a wonderful world« wählen.

Einige Segler schreiben, sie mögen ganz besonders die Sonnenaufgänge auf See. Mir ist es nie gelungen, darin den schönsten Teil des Tages zu sehen. Das Licht ist grell, die Luft durch die Nacht noch kühl, oft ist es diesig und ich bin müde. Morgens, nach drei Stunden Wache, fühle ich mich wie ein Spätheimkehrer nach einer langen Nacht, der sich nur auf sein Bett freut.

Das warme Licht der letzen Sonnenstrahlen lässt auch die wenig schönen Plattformen wie Kunstwerke auf See erscheinen; sie sind rötlich beleuchtet. Mit dem Sonnenuntergang verabschiedet sich auch England, auf Flamborough Head steht ein Leuchtfeuer, das uns mit seinem Blinklicht letzte Grüße schickt.

Die Nordsee ist uns in den ersten zwölf Stunden wohlgesonnen, das Wasser ruhig, die Sicht ausgezeichnet. Der Mond, der annähernd seine volle Größe erreicht hat, leuchtet im Südwesten. Sein Licht schimmert mystisch auf dem Meer.

2. Seetag

Am zweiten Tag liegt Kurs Ost an, der Wind weht von achtern, wir segeln Schmetterling. Es ist wie beim Stricken, ein Segel links, das andere rechts, den Gedanken an schnelles Segeln momentan fallen lassen.

Im heutigen Tag liegt der navigatorische Reiz in der Abschätzung der richtigen Ankunftszeit vor Den Helder. Es ist Springzeit, der Unterschied zwischen Flut und Ebbe am größten, die Strömung zwischen den holländischen Inseln am stärksten. Ab 02.00 Uhr nachts beginnt das Wasser aufzulaufen, nach Möglichkeit möchten wir dann nicht weiter als zehn Meilen von Den Helder entfernt sein. Aktuell sind wir zu schnell, mit der jetzigen Geschwindigkeit wären wir um

Mitternacht dort. Wir genießen das ruhige Segeln vor blauem Himmel, das Rauschen der Bugwelle, den Rhythmus der See. Ein Bild, das für immer in unserer Erinnerung bleiben wird. Das Gebiet der Plattformen liegt achteraus. Im Rückblick war das Segeln bei weitem nicht so schwer, wie wir fürchteten. Zwischen den Plattformen herrschte kaum Schiffs- oder Fährbetrieb, Fischereifahrzeuge sind erheblich anstrengender zu beobachten und einzuschätzen. Der wichtigste Unterschied: Fischer fahren kreuz und quer, Plattformen sind meistens immobil. Das Passieren der Fördereinrichtungen sieht auf der Karte problematisch aus, auf See ist es einfacher, insbesondere, wenn es ruhig ist. Bei Starkwind mag es eine andere Geschichte sein.

Von großer Hilfe ist in diesem Gebiet ein Radargerät, selbst bei guter Sicht und Mondschein sind die Positionen der Anlagen schwer zu erkennen und zuzuordnen. Fährt noch ein Fahrzeug dazwischen, ist die Verwirrung aufgrund der vielen Lichter komplett. Der Radarbildschirm verschafft Klarheit. Eine hilfreiche Einrichtung ist auch unser Computernavigationsprogramm. Auf dem Bildschirm ist die Position in der Seekarte direkt zu sehen. Speziell in der Nacht, wenn man übermüdet ist, sieht man mit einem Blick, wo genau sich das Boot befindet und ob es auf Kurs ist. Die Gefahr, einen Fehler zu machen, ist deutlich verringert. Jedoch denken wir manchmal, man sollte nicht zu sehr davon Gebrauch machen. Unter dieser süßen Verlockung könnte das navigatorische Handwerk, die Routine traditioneller Navigation leiden.

Die See ist ruhig, aber die Wellen werden höher. Am späten Nachmittag flaut der Wind ab, die Wellen bleiben. Im Ergebnis bedeutet das schlagende Segel, verursacht durch ein heftig rollendes Boot, rolling home, wörtlich genommen. Diese Schiffsbewegungen setzen uns leicht zu, wir sind müde und dadurch ein wenig gereizt. Abends binden wir ein Reff ins Großsegel, so schlägt es nicht mehr so heftig und fahren eine Stunde unter Maschine weiter. Nun sind die Schiffsbewegungen wenigstens erträglich.

Wir queren zwei wichtige Schifffahrtslinien, die entlang der holländischen und deutschen Küste führen, wenige Großschiffe sind unterwegs. Schließlich nehmen wir Kurs auf Holland. Am Horizont ist der kreisende Lichtkegel des Leuchtturms Den Helder zu sehen. Ein Sabbatjahr zur See neigt sich dem Ende zu.

Wir liegen ausgezeichnet in der Zeit, meine Wache übergebe ich an Beate, die die Strecke bis zum Schulpengatt, der Ansteuerung Den Helders, segelt. Zwei Stunden später ändert sie den Kurs. Die Bootsbewegungen werden heftiger, ich wache auf. Der Wind pfeift, ATHENE rauscht durch das Wasser. Zusammen segeln wir den Rest der Strecke; es ist nicht mehr weit. Wir sind müde, aber schlafen können wir auch nicht.

Im Cockpit hockt eine Taube, beinahe wäre ich auf sie getreten. Erst im letzten Augenblick sehe ich etwas Graues dort sitzen. Der Vogel lässt sich von meiner direkten Nähe am Ruder nicht stören, er muss fix und fertig sein. Kaum sind wir im Schulpengatt, geht über uns eine Sternschnuppe nieder. Für einem Moment halte ich inne und frage mich, ob Schlafmangel meine Wahrnehmung trübt. Im Cockpit eine Taube und vor mir eine Sternschnuppe. Klingt doch grotesk, oder?

Holland

Um vier Uhr legen wir in Den Helder an, es ist fast taghell. Die Taube ist gut 15 Meilen mitgesegelt, auch jetzt möchte sie nicht von Bord. Die zum Anlegen benötigten Fender und Leinen hängen im hinteren Teil des Cockpits, es ist nun notwendig, den Vogel zu stören. Der lässt sich aber nicht aus der Ruhe bringen. Steige ich auf die eine Bank, hüpft er auf die andere und wieder zurück.

Kurz darauf liegen wir in der Koje, können aber kaum schlafen. Das größte Problem auf all unseren Nachtfahrten ist, in drei Stunden Freiwache zu schlafen. Wir liegen mehr oder weniger wach, die Ohren konzentrieren sich auf das geringste Geräusch, der Kopf arbeitet sowieso, dazu die Bewegungen des Bootes, die uns eher wachrütteln, als in den Schlaf wiegen. Uns fehlt der wichtige Tiefschlaf.

Meine Nacht endet um acht Uhr, ich kann nicht mehr liegen. Die Taube ist weggeflogen und hat uns kleinere Schisse hinterlassen, Glücksbringer?

Im Marinabüro melde ich uns an. Wie nicht anders zu erwarten, hat die Hafenmeisterin das Boot schon gesehen. Die Marina ist Teil der niederländischen Marine, die dort einen Yachtclub betreibt, der aber auch Gästen offen steht. Sie sagt, da wir erst um vier Uhr gekommen sind, möchte sie keine Liegegebühr, wenn es am Nachmittag weiter geht. Diese Großzügigkeit sind wir schon lange nicht mehr gewöhnt. Sie ergänzt: »Häufig kommen Yachten von England herüber, und ich weiß, wie sich die Leute fühlen. Schlaft euch aus und nehmt später im Offiziersgebäude eine gute Dusche... Na ja, vielleicht sehen wir uns im Laufe des Jahres noch mal wieder, wir freuen uns über Gäste.«

Nach einem Jahr Reisen sind wir wieder zurück in Holland. Einige Besonderheiten fallen sofort auf. Die Boote sind durchweg in einem ausgezeichneten optischen Zustand. Sehr viele fahren eine holländische Flagge am Heck, die man ohne Übertreibung als überdimensioniert bezeichnen kann. Im Laufe unserer Reise sahen wir nur Amerikaner und Dänen mit ähnlich großen Flaggen. Im Vergleich zu Engländern haben die Menschen hier sportliche Figuren und sind zumindest im Marinabereich gut gekleidet.

Am späten Nachmittag laufen wir nach Den Oever aus, passieren einenhalb Stunden später die Schleuse, das Ijsselmeer hat uns wieder. Mich irritieren die geringen Entfernungen. Kaum sind die Segel getrimmt, ist das Ziel in Sicht. Ich hatte die Abmessungen des Ijsselmeeres anders in Erinnerung. Wir genießen die Abendzeit auf dem Binnenmeer. Die meisten Segler sind längst Richtung Dusche gesegelt. Tagsüber ist häufiges Ausweichen die Regel, abends kann man gemütlich seine Bahnen ziehen, eine Tatsache, die uns schon vor Jahren gefiel. So auch heute.

Um 21.45 Uhr legen wir in Makkum am vormaligen Steg an, das Sabbatjahr zur See ist nach 377 Tagen und 5.500 Meilen zu Ende. Nachbarn helfen beim Anlegen. Wir hatten ihnen vor einem Jahr von unseren Plänen erzählt: »Herzlichen Glückwunsch zur vollendeten Reise und zur gesunden Heimkehr.«

Epilog

Acht Jahre sind nun seit unserer Rückkehr vergangen, unglaubliche acht Jahre. Sehen wir uns die Fotos an, lesen die damals geschriebenen Texte, so wird uns heute mehr denn je bewusst, wie wundervoll, ja märchenhaft diese einmalige Reise war. Auch wenn das Landleben uns unmerklich wieder in seine Abläufe gezogen und gefangen hat, so ist das Sabbatjahr noch sehr lebendig in unserer Erinnerung. Acht Jahre später wird uns besonders bewusst, wie gut es war, der Stimme unserer Herzen zu folgen und nicht zu warten, bis es zu spät ist.

Vor unserer Abreise lebten wir für unseren Traum und hatten zum Glück nur wenig Zeit über Sinn oder Unsinn, über entgangenen Lohn und verminderte Rente nachzudenken. Ja, man benötigt Mut, die Leinen aus dem üblichen Trott loszuwerfen, um mal etwas völlig anderes zu tun, mit allen Risiken und Schönheiten. Letztlich ist das Sabbatjahr ein Symbol für ›Selbstbestimmung‹, man tut etwas selbst und das bestimmt.

Immer wieder wurde uns die Frage gestellt, ob wir auch zusammen zurückkehrten? ›Wie? Kein Krach? Keine Streitigkeiten? Das gibt es doch nicht!‹ So oder ähnlich war manche Bemerkung. Uns erschreckt noch heute die Vorstellung, ein Boot sei der Ort, um Konflikte auszutragen. Hin und wieder hatten wir im Hafen das zweifelhafte Vergnügen, den fetzigen Wortgefechten einer Crew zu lauschen. An Bord ist die Natur, das Segeln und der Weg zu sich selbst spannend genug.

Für Bekannte und Nachbarn waren wir ›die Weltumsegler‹ auch wenn wir ihnen immer wieder erklärten, dass wir ›nur‹ im europäischen Teil des Atlantiks unterwegs waren. Für sie war die Fahrt so weit, die Reise so lang, dass sie sich nicht mit dieser Kleinigkeit abgaben. Gelegentlich machten wir auch weniger schöne Erfahrungen. Man traf sich, wir durften ein paar Worte erzählen, es folgte ein kurzer Dank für die vielen netten E-Mails von unterwegs, und schon wurden die Gespräche auf die nervenden Kollegen oder den kläffenden Hund in der Nachbarschaft geleitet.

In solchen Momenten war ein es eigenartiges Gefühl, wieder zu Hause zu sein. Dieselbe Wohnung, derselbe Geruch, dieselbe Umgebung. Wir hatten ein Füllhorn des Lebens erlebt, hatten zahlreiche Menschen getroffen, deren Geschichten gehört, Länder und Bräuche gesehen und erlebt. Zu Hause schien die Zeit stehen geblieben zu sein, nur wir hatten uns verändert.

Das Jahr zur See hat unsere Einstellung zum Leben geändert: Nutze den Tag, erlebe ihn, mach etwas daraus. Schauen Sie sich um: Manche Menschen träumen ihr Leben, andere leben ihren Traum.

An Bord erwarteten uns neue Aufgaben, die gelöst werden mussten. In diesem Punkt unterscheidet sich das Landleben nicht. Wir mussten uns mit der Natur auseinandersetzen, mit technischen Problemen, und waren wir auch noch so gut vorbereitet! Es ist also mitnichten so, als hätte man auf See die große Freiheit und träumt sich bequem in der Sonne sitzend mit einem Drink in der Hand in die Ferne. Nein, eine Reise mit dem Boot muss man sich erarbeiten, Rückschläge sind zu verkraften. Man kann nicht weglaufen, kündigen oder jemanden beschuldigen. Die Natur ist der große Meister, dem man sich unterwerfen muss. An Land sind es die gesellschaftlichen Regeln. Hier, wie auf dem Wasser, ist es die Kunst, für sich das Beste daraus zu machen, mehr noch, seinen Weg zu finden und ihn mit Freude zu gehen. Man muss wissen, wann man sich zurücknimmt und wann sich eine Chance bietet. Nur Starrköpfe glauben – wie oft erlebt –, auch bei angekündigtem Schlechtwetter, samt Familie, den Hafen verlassen zu müssen. Frustriert kehrten sie um und klagten lauthals. Das Schlimme war, die Herrschaften suchten den Fehler nicht unbedingt bei sich selbst, sondern im Wetterbericht. Großartig! Das wird später spannende Segelliteratur...

Die ersten Monate zu Hause waren für den Autor nicht ganz einfach. Zunächst waren da die vielen Bekannten und Freunde, mit denen ich in Gedanken immer noch unterwegs war. Nachrichten aus der Ferne ließen mein Herz einen

Sprung machen. Wie gerne wäre ich dort gewesen! Es war nicht einfach, die tägliche Routine zu beginnen, ja, sie überhaupt an mich heranzulassen.

Beate hingegen fand schneller in den Alltag zurück, freute sich wieder auf die Freunde, ihre Kollegen und die Wohnung. Noch heute sehe ich ihr Lächeln, als sie ins Bad ging und sich dort austobte, auch wenn sie in solchen Dingen anspruchslos ist. Letztlich ließ auch ich mich von den Bequemlichkeiten an Land bestechen; Strom und Wasser, wann immer benötigt, keine Sorge um das Boot, das Auto fährt beinahe zu jeder Zeit sicher von einem Ort zum anderen.

Schließlich fand ich doch meinen Platz und erkenne heute, wie wichtig das Sabbatjahr war; die Begegnung mit Menschen, die in ihrem Leben etwas bewegen, motivieren mich nachhaltig.

Und unsere ATHENE? Geplant war, das Boot zu verkaufen; wir haben es mehrfach halbherzig versucht, trafen Kaufinteressenten, dann war das Thema vom Tisch. Seit ein paar Jahren ist Skandinavien unser Revier. Wir segeln ebenso sportlich wie gemütlich und genießen jede Minute. Eine Seglerin sagte, jedes Boot habe seine Bestimmung, ATHENE ist unsere.

Würden wir wieder ins Sabbatjahr starten? Unbedingt! Manchmal spielen wir sogar mit dem Gedanken an Wiederholung. Jedoch ist inzwischen das Landleben so abwechslungsreich und spannend, dass wir davon auch nicht loslassen möchten.

Der Traum der vollgesetzten Segel, der warme Wind auf der Haut, der spektakuläre Sonnenuntergang und das Boot, das sich langsam auf die offene See hinausschiebt - dieses Erlebnis werden wir für immer in unseren Herzen tragen. In diesem Sinne, nur Mut!

Jürgen Föhr im April 2011

Segelyacht Athene

Länge	11,55 m
Länge Wasserlinie	9,28 m
Breite	3,30 m
Tiefgang	1,85 m
Verdrängung	13 t
Material	Stahl
Bauwerft	Harlinger Jachtbau
Baujahr	1990
Segelfläche am Wind	80 m²

1990 ließen unsere schweizerischen Vorbesitzer das Boot in Holland bauen und ausrüsten. 1998 hatte ATHENE ihre Langfahrt in den warmen Wassern des Pazifiks beendet. Wir kauften das Boot im Frühjahr des folgenden Jahres.

Uns überzeugte sofort die hervorragende Verarbeitung der Cumulant, die hellen Kabinen, die praxisgerechte Gestaltung der Inneneinrichtung und die Seetauglichkeit. Das Boot setzt weich in die See ein und gibt der Crew die Möglichkeit, sich auf den Rhythmus der Wellen einzustellen. Auch müssen wir unter Segel keinen Vergleich mit modernen Fahrtenyachten scheuen. ATHENE kann mit vielen dieser Boote gut mithalten, hoch am Wind hat sie sogar Vorteile. Auf längeren Strecken ließen wir uns nur von der ausgebauten Genua I ziehen und erreichten ohne sportlichen Ehrgeiz Etmale zwischen 130 und 140 sm. Unser bisheriger Bestwert lag bei 155 sm. Bei einem Fahrtenschiff ist die Geschwindigkeit jedoch zweitrangig, wichtiger ist die Sicherheit und das Seeverhalten.

Informationen rund um unser Boot und weitere Reisen haben wir unter unter www.athene-tour.com zusammengestellt.

Allzeit guten Wind wünscht die Athene-Crew

Beate und Jürgen Föhr

Die Reiseroute

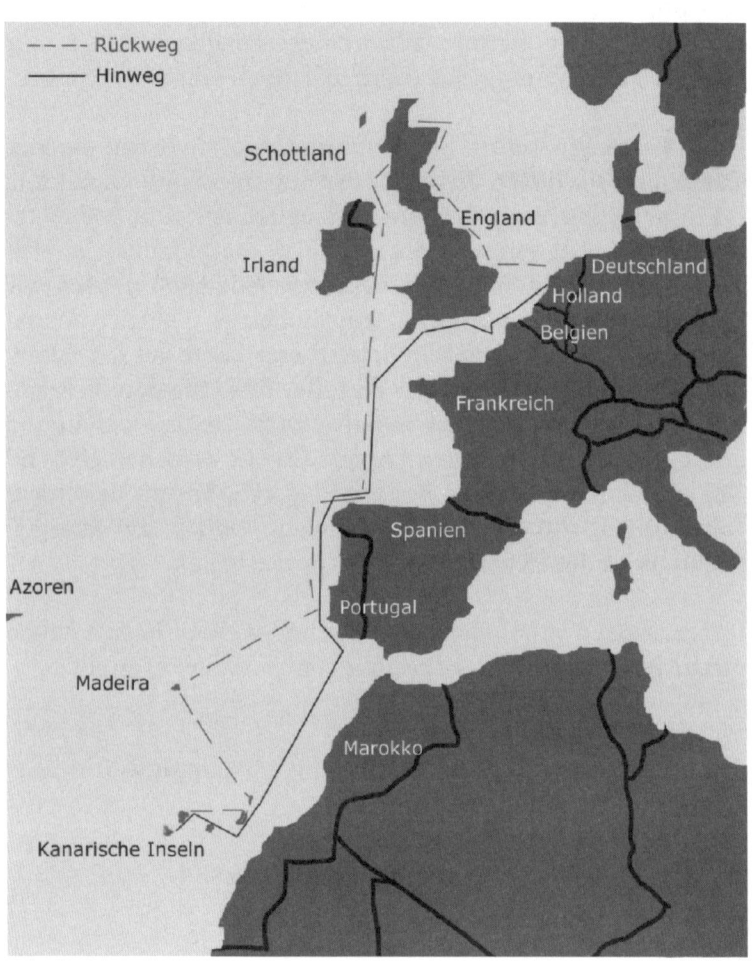

Juli bis September 2002:

Holland - Belgien - Frankreich - England - Spanien - Portugal

Oktober 2002 - März 2003:

Lanzarote - Fuerteventura - Gran Canaria - Teneriffa - Gomera - Teneriffa - Lanzarote

April bis Juli 2003:

Madeira - Portugal - Spanien - Irland - Schottland - England - Holland

Glossar

achtern	hinten
Achterstag	das hintere Drahtseil zum Halten des Mastes
Backbord	die linke Schiffseite
Backskiste	Kasten unter der Sitzbank zum Aufbewahren von Gegenständen
Berthing Master	hilft der Bootscrew beim An- und Ablegen
Bft	Windstärke benannt nach dem englische Admiral Sir Francis Beaufort (1774-1857)
Bilge	die tiefste Stelle im Schiff
Bug	der vordere Teil des Schiffes
Cockpit	der Teil an Deck für Besatzung
Cumulant	Typbezeichnung des Bootes
Dalben	Pfähle zum Festmachen, meist aus Holz
dichtholen	die Schot eines Segels anziehen
Dingidock	Anlegestelle für ein kleines Beiboot
Dirk	eine Leine zum Halten des Großbaumes
eingeweht	zuviel Wind, Segeln ist nicht ratsam
Einhandsegler	segelt allein; eine Hand für sich, eine fürs Boot
Etmal	die zurückgelegte Strecke in 24 Stunden
Fall	Leine zum Setzen oder Bergen eines Segels
Fender	Puffer zum Schutz des Rumpfes
fieren	Leine nachgeben
Genua	ein besonders großes Vorsegel
GPS	Abkürzung für Global Positioning System, ein Navigationsgerät
Großsegel	das am Großmast angeschlagene Segel
Halse	mit dem Heck durch den Wind drehen
Heck	der hintere Teil des Schiffes
Huk	Küstenvorsprung, »Ecke«

Knoten, kn	Geschwindigkeit in Seemeilen pro Stunde
Mooringboje	eine Tonne zum einfachen Festmachen
Pilker	künstlicher Köder zum Fischen
Querstrahlruder	quer zur Fahrtrichtung eingebauter Antrieb zum besseren Manövrieren
reffen	Segelfläche verkleinern
Ria	Meeresarm
Rigg	Mast, einschließlich aller Drahtseile und Taue
rollen	pendeln um die Längsachse des Bootes
Rollreffanlage	Eine Anlage zum Aufrollen des Vorsegels
Schapp	Schrank oder Fach in einem Boot
Schot, Schoten	Leine zum Trimmen eines Segels
Schwell	Wellen durch vorbeifahrende Schiffe oder Dünung, die in den Hafen läuft
Seemeile, sm	eine Entfernung von 1852 Meter
Sextant	Navigationsinstrument zur Positionsbestimmung
Slup	ein Segelboot mit einem Mast
Springzeit	Gezeiten, höher auflaufendes Hochwasser
Steuerbord	die rechte Seite des Schiffes
Tampen	ein kurzes Stück Tauwerk
Verkehrstrennungsgebiet	ein Gebiet mit getrennten Fahrspuren für entgegengesetzte Richtungen
Vorstag	vorderes Drahtseil zum Halten des Mastes
Wanten	seitliche Drahtseile zum Halten des Mastes
Winsch	zum kraftvollen Trimmen und Setzen von Segeln

Danke

Ohne den warmen Rückenwind der Crew an Land wäre die Reise nicht möglich gewesen und das Buch niemals erschienen.

Ganz herzlich möchte ich danken:

Dedi und Ben Altenhofen
Monika Berresheim Kleinke
Viktoria Bogo
Trudel und Hannes Elzer
Kirsten Grafe
Doro und Hans Schmitt
Ruth Schüller
Annette Schumacher
Katharina Siebenborn
Dagmar und Uwe Stirba
Roman Werel und Familie
Cornelia Wichmann
Dagmar und Peter Woelflick
Georg Zimmer

und den vielen Freunden, Bekannten und Verwandten, die in Gedanken mitsegelten und uns von zu Hause unterstützten.

Und nicht zuletzt Beate, die weiterhin mit mir durch's Leben segelt.